KB117506

들으면 말이 되는

이보영의 120분 영어회화 트레이닝

들으면 말이 되는
이보영의 120분 영어회화 트레이닝

지은이 이보영
펴낸이 임상진
펴낸곳 (주)넥서스

개정 3판 1쇄 발행 2023년 3월 15일
개정 3판 2쇄 발행 2023년 3월 20일

출판신고 1992년 4월 3일 제311-2002-2호
주소 10880 경기도 파주시 지목로 5
전화 (02)330-5500 팩스 (02)330-5555

ISBN 979-11-6683-473-8 13740

가격은 뒤표지에 있습니다.
잘못 만들어진 책은 구입처에서 바꾸어 드립니다.

www.nexusbook.com

이보영 강의 · 지음

넥서스

INTRO

제가 학생이던 시절 함께 공부하던 사람 중에 유명한 영어 어휘 학습교재인 〈*Vocabulary 33000*〉이라는 어마어마한 책을 자그마치 **7**번이나 읽었다는 분이 있었습니다. 처음에는 아무도 그 말을 곧이들으려 하지 않았죠. 그런 책을 한 번이라도 공부한 적이 있는 사람이라면 쉽게 이해하겠지만, 작지도 않은 지면에 맨 꼭대기부터 저 아래까지 한가득 깨알같이 적혀 있는 영어 단어들이 주는 위압감은 실로 대단하잖아요?

"아니, 그런 책을 어떻게 7번씩이나 봤다는 거예요?"
"정말이래도! 내일 한번 가져와 볼게!"

다음 날 그분은 정말로 너덜너덜해진 문제의 책을 학교로 가져와 우리에게 보여 주었습니다.

"자, 봐! 나 정말 이거 7번 봤다니까."

우리는 벌어진 입을 쉽게 다물 수 없었죠. 그러나 사실 그분의 말을 전혀 믿지 않은 것은 아니었습니다. 그분은 수업 첫머리마다 어디선가 주워들은 농담을 꺼내어 분위기를 띄우려고 애쓰곤 했는데, 어찌나 많은 어휘를 알고 있었던지 아주 간단한 얘기를 하려 해도 그와 관련된 수많은 어휘가 한꺼번에 떠올라 그중 무엇을 써야 할지 고민하는 모습이 역력했거든요. '아프다'라는 말을 하려는데 **sick**이 좋을지 **ill**이 좋을지 고민하는 것부터 시작해서 그보다 좀 더 복잡한 내용이라도 말하려고 하면 **"Well..."** 해놓고는 이마를 매만지기 일쑤였으니, 이 농담을 끝까지 들어주고 또 반은 예의상 재미있다고 해야 했던 우리는 고역이 아닐 수 없었습니다. 오죽하면 한 친구가 급기야 다음과 같이 말했을 정도니 말이죠.

"오빠, 오늘은 농담 안 하면 안 돼요?"

이 지면을 통해 제일 먼저 말하고 싶은 것은 많은 것을 알고 있는 것과 그것을 적절하게 효율적으로 사용하는 것은 별개의 문제라는 것입니다.

우리가 영어로 말하려고 할 때도 이와 비슷한 현상이 일어납니다. 머릿속으로 맴도는 단어도 많고, 문장 형식도 이것저것 떠오르는데 그중 무엇을 어떻게 배열해서 말로 뱉어내야 하는지 고민하는 데만도 한참을 허비하게 되죠. 물론 영어를 아주 잘하는 한국 사람들도 같은 고민을 합니다. 영어가 우리 생활 속에서 모국어만큼 많이 쓰이는 것이 아니라 어쩌다가 특별한 목적을 위해서만 쓰이는 환경에서라면 이런 방황은 지극히 당연한 일입니다. 다만 어떤 식으로 이 귀찮고 답답한 과정을 최소화할지가 관건일 뿐이죠.

이제부터 꺼내는 '왜 영어로 말이 안 될까?'에 대한 생각은 이미 여러분들이 깊이 이해하고 있는 것을 제가 정리한 것에 불과할지 모릅니다. 하지만 이 기회에 다시 시작하는 마음으로 자신의 모습을 들여다보는 것에 의의를 두고 같이 한번 살펴보기로 하죠.

저자 이보영

영어로 말하기 어려운 이유 6가지

문제 분석 1

문법 중심의 교육을 받아 왔다
➡ 완벽한 문장이 아니면 말하기를 아예 포기한다

비영어권 국가에서 영어를 가르치는 교사들 사이에서 공공연한 사실 중 하나는 바로 '동양인들은 하도 남의 눈을 의식해서 남 앞에서는 웬만하면 말을 잘 하지 않으려고 한다.'라는 것입니다. 바로 이런 점 때문에 영어를 가르치기가 상당히 어렵다는 것은 쉽게 상상이 가시겠죠? 우리말에 '가만히 있으면 중간은 간다.'라는 말이 있습니다. 살면서 이 말이 정말 맞다 싶을 때가 많죠. 다른 사람들 앞에서 나의 결점을 들추어내고 싶지 않은 것은 누구라도 마찬가지니까요. 더구나 영어가 그 사람이 갖고 있는 실력을 대변해 준다는 인식이 은근히 팽배해 있는 한국 사회에서는 자칫 단어 하나 잘못 말했다가 망신이라도 당할까 봐 "How are you? Fine, thank you." 같이 입에 붙은 몇 마디를 넘어서게 되면 차라리 입을 다물어 버리겠다는 생각은 나름대로 이유가 있어 보입니다.

> "차라리 외국인하고 얘기하는 경우에는 그냥 몇 마디라도 용감하게 말하겠는데, 곁에 우리나라 사람 하나만 있으면 갑자기 말이 목구멍 속으로 쑤욱 들어간다니까요?"
>
> "아니, 왜요?"
>
> "외국 사람이야 내가 못해도 그런가 보다 하고 대충 이해해 줄 텐데 한국 사람이야 어디 그런가요? '어디 넌 얼마나 하나 좀 보자.' 하는 듯이 눈에 불을 켜잖아요. 그러니 주눅이 들 수밖에요. 실수하면 괜히 더 창피하고요."

Ring a bell to you?(독자 여러분께도 와닿는 바가 있나요?)

대한민국만큼 사람들이 남의 영어 실력에 민감하게 반응하는 곳도 보기 힘들죠. 그렇다고 완벽한 문장을 다 만들어서 심호흡까지 몇 번 하고 나서 말할 여유가 주어지지 않으면 아예 입을 여는 것조차 포기하겠다는 생각은 결코 도움이 되지 않습니다! 설상가상으로 우리 주변을 보면 그렇게 포기하는 모습을 보면서 으레 그러려니 하더군요. 이런 전반적인 분위기가 사람들로 하여금 일단 말을 해야 실력이 향상되는 영어 말하기 연습을 더 주저하게 합니다.

문제 분석 2

생각하는 시간이 너무 길다
➡ 겨우 문장을 만들면 대화는 저만치 달아나 있다

두뇌도 운동을 시켜야 한다는 말을 들었습니다. 사람의 기억력도 근육과 같아서 자꾸 쓰지 않으면 퇴행해 버린다는 것이죠. 그래서 뛰고 달리는 것처럼 생각도 자꾸 해야 머리가 제 기능을 발휘하게 된다는 얘기입니다. 시험이 닥쳐온다든가 하는 특별한 이유가 없이도 틈이 날 때마다 뭔가를 자꾸 기억해 내려고 훈련하는 것은 정신적인 젊음을 유지하는 데 도움이 됩니다. 이를 위해 구체적으로 할 수 있는 일로 버스나 전철 기다릴 때 멍하니 있지 말고 〈구구단 2단부터 9단까지 외워 보기〉, 〈한 번 찾아본 전화번호 다시 보지 않고 기억하기〉 같은 연습이 있다고 하네요.

영어로 말하고자 할 때 자기가 아는 단어, 표현, 그리고 문법사항들을 어떻게 적재적소에 배열할지 머릿속에서 고민한다는 것이 이젠 더 이상 나만의 문제가 아니라는 것입니다. 그러나 거기에 소요되는 시간이 줄어들지 않고 항상 그대로인 것은 앞서 말했듯 운동 부족 탓이 큽니다.

나와 상대방 단 둘이 얘기하는 상황이면 좀 낫죠. 내가 애써 머릿속으로 생각하는 동안 적어도 대화는 더 이상 진전되지 않으므로 외국인 상대가 참고 기다려 줄 테니까요. 그러나 대화하는 사람이 둘 이상일 때, 특히 그중에서 나만 영어 원어민이 아닐 때의 사정은 다릅니다. 내가 겨우 끼어들 틈새를 찾아내 굳은 의지와 용기를 모아서 말할 문장을 머릿속으로 낑낑대며 만들고 있는 동안 나머지 사람의 대화를 실은 기차는 어느새 저만치 앞서가고 있는 것을 경험한 적이 있을 것입니다. 이제는 머릿속으로 문장을 만드는 시간을 좀 줄여 봅시다. 훈련을 하면 얼마든지 가능합니다. 시간적인 압박을 스스로 가하면서 시계의 침, 분침의 이동을 의식하면서라도 자꾸 훈련해야 합니다.

문제 분석 3

급한 마음을 먹을수록 안 된다
➡ 머릿속을 날아다니는 단어들이 정리되지 않는다

제 말이 빠르다고요? 저도 말을 빨리 하는 습관을 고칠 필요가 있다는 것은 잘 알고 있습니다. 이것을 느끼기 시작한 것은 아마도 방송을 시작하고부터가 아닌가 싶네요. 사실 저는 사람들이 내게 "말을 참 빨리 하시네요."라는 말을 자주 하는 것이 그리 달갑지는 않습니다. 더 솔직히 말하자면 창피하기까지 하답니다. 모교의 한 교수님께서는 "영어를 잘하지 못하면 빨리 할 수도 없다."라고 위로 섞인 말씀을 하신 적이 있는데, 사실 저 자신은 그게 결코 영어 말하기 공부에 별 도움이 되지 않는다고 믿습니다. 왜냐하면 제가 영어로 말을 빨리 하는 이유의 뿌리에는 '이런, 이왕 하기 시작한 말, 어떻게든 빨리 후다닥 해치워 버려야지!'라는 생각이 자리하고 있다는 것을 알기 때문입니다. 차분히 말을 하는 중에도 끊임없이 '생각'하고, 그 '생각'의 줄기를 놓치지 않고 착실하게 따라가면서 다음 얘기를 이어가려면 계속해서 상당히 긴장하게 됩니다. 그러나 대개는 그런 것이 귀찮고 또 힘들어서 아예 처음부터 '귀찮은 거 어떻게든 대충 넘어가고 보자.'라는 생각을 하게 되니 결과적으로 말을 빨리 끝맺게 되는지도 모르겠다는 생각이 듭니다.

이 모든 게 급한 성격 탓일지도 모르지만 영어 말하기 훈련에는 이런 현상이 결코 긍정적이지 않습니다. 특히 한창 영어 공부 중이라면, 아니 이제 본격적으로 말하기를 시작하려는 입장이라면 더더욱 그렇습니다. 언뜻 보면 영어를 빨리 하는 것이 곧 유창하게 말하는 것처럼 보여서 부럽기까지 한 적이 있는데, 영어를 공부하는 입장에서는 그렇게만 볼 일이 아닙니다. 원론적인 얘기겠지만 역시 차근차근 또박또박 '생각하면서' 말의 줄기를 이어가는 게 가장 이상적인 자세랍니다.

유창함이나 정확함이 아직 자리를 제대로 잡지 않은 상황에서 무조건 빨리 말하려는 경향은 결국 말을 필요 이상으로 더듬게 해서 궁극적으로는 대화 그 자체를 어렵게 만드는 요인이 되기도 합니다. 언젠가 영화에서 봤던 어떤 배우의 연설 장면처럼 또는 내가 아는 어떤 사람처럼, 보따리를 한꺼번에 좍 풀어헤치듯 말을 한 줄기로 한 번에 풀어내겠다는 생각은 처음부터 버리는 게 좋습니다.

영어라는 언어는 한 번에 그렇게 되지도 않을 뿐더러 그런 기대는 앞으로의 훈련에 방해만 될 뿐이니까요.

문제 분석 4

대화의 내용, 주제에 대한 상식이 부족하다
➡ 준비되지 않으면 할 말이 없다

저는 다들 모인 자리에서 영어를 못해서 가만히 있는 거나 영어는 잘하는데 할 말이 없어서 가만히 있는 거나 남이 보기에는 똑같아 보인다는 말을 기회가 생길 때마다 합니다. 아무 때나 의미 없는 말이라도 해야 한다는 것은 물론 아니죠. 그러나 일단 영어 말하기를 훈련하겠다고 결심했다면, 호시탐탐 말을 할 기회를 노릴 필요가 있답니다.

외국인들과 함께 얘기를 나눌 수 있는 자리에서, 그날따라 컨디션도 좋고 이제야말로 평소에 갈고 닦은 영어 실력을 발휘할 때가 왔다고 생각했는데 막상 끼어들 틈이 없어서 결국 입 다물고 있을 수밖에 없는 경우가 생기곤 합니다. 이건 내가 영어를 잘 못해서가 아니라 알고 있는 영어의 지식을 이용해서 '말'로 표현할 '내용'을 가지고 있지 않기 때문입니다. 그러나 외국에서 온 사람들은 한국의 현 정치상황, 경제적 여건, 사회적인 이슈 등에 대해서 나름대로의 견해를 거침없이 주고받습니다. 가만히 듣다 보면 별 뾰족한 얘기도 아닌 것 같은데 전체적인 대화의 수레는 거침없이 굴러가고 있죠. 거기서 느껴지는 박탈감은 아예 영어를 잘 몰라서 말을 하지 않는 경우만큼이나 클 수 있습니다. 듣고 보면 별 말도 아닌 것 같은 저런 얘기들을 난 왜 하지 못하고 가만히 보고만 있나 싶으니까요.

똑같이 우리나라의 정치상황에 대한 얘기라도 한국 사람끼리 하느냐 아니면 외국인들과 하느냐에 따라 나누는 내용이 달라질 수 있습니다. 이미 웬만한 것은 서로 다 알고서 하는 얘기와 낯선 이방인과 보다 구체적인 내용에 대해 주고받는 얘기는 근본적으로 대화의 전개 방향이 달라집니다. 영어로 하는 대화에 좀 더 적극적으로 참여하기 위해서는 그 주제가 아무리 평소에 잘 알고 있는 것이라고 하더라도 영문 일간지나 주간지 등에서 관련된 읽을거리 등을 조금씩 봐두는 것이 도움이 됩니다.

문제 분석 5

기본적인 문법 원칙을 무시한다
➡ 문장을 어떻게 만드는지 모른다

문법!

이 두 음절의 말이 주는 중압감과 위엄이 어느 정도인가는 누구 말마따나 글로 표현하기 불가능할 정도입니다. 그만큼 우리는 오랫동안 영어 문법에 대해 벅찰 정도의 부담을 가져 왔습니다. 이러한 부담과 그로 인한 일종의 거부감은 급기야 '영어를 하는 데 실용성이 중요하지 문법 같은 것은 필요 없다.'라는 생각에까지 힘을 실어 줄 정도였습니다. 마치 우리나라 학교의 영어 교육을 문법 중심의 교육이 다 망쳐놓은 듯이 말이죠. 그렇지만 실용적인 영어 학습에 문법이 필요 없다니, 참으로 위험한 발상이 아닐 수 없습니다.

> "여기가 어디입니까?"
>
> "나는 이보영입니다."
>
> "한반도의 긴장완화를 위해 한국을 포함한 극동 아시아 지역 국가들 간에 긴밀한 협조가 요구된다."

위와 같은 간단한 말에서부터 복잡하고 난해한 문장을 말하고 이해하기에 이르기까지, 어디부터 어디까지를 하나의 묶음으로 이해한다든가 문장의 맥을 따라 어느 말이 어느 구절과 관련되는가를 이해하는 것은 꼭 필요한 과정입니다. 그리고 이를 위해서 무엇보다 중요한 것이 바로 **문법**입니다.

우리가 얘기하는 문법은 우리가 이제껏 듣도 보도 못한 거창한 것을 가리키는 것이 아닙니다. 의미를 갖고 있는 수많은 단어들이 도대체 어떤 순서로, 어떤 형태로 변하여 서로 묶이거나 떨어지게 되는가를 이해하는 것입니다.

우리말을 '학생, 는, 이다, 나.' 하는 식으로 구사한다면 이것은 단어들 간에 어떠한 연결고리도 없는 단순한 나열에 불과하게 됩니다. 이것이 '나는 학생이다.'라는 분명한 뜻을 담은 '말이 되는 문장'이 되려면 먼저 '나'라는 주어가 와야 하고, 그것을 주인으로 만들어 주는 조사 '는'이 바로 뒤에 따라와야 하며, 주어인 '나'를 보충하고 설명해 주는 '학생'이 그 다음으로 오고 나서, 마지막으로 '학생'을 완성시키고 문장을 완성시키는 '이다'라는 말이 붙어야만 합니다.

영어에도 의미를 전달하고 상대방의 의사를 제대로 이해하기 위해 지켜 주어야 하는 기본원칙이 있습니다. 이를 단지 '문법'이라는 이름으로 부르는 것뿐입니다.

예를 들어, '나는 학생이다.'라는 말을 외국인에게 이해시키려 한다고 합시다. 영어도 우리말 순서처럼 I student am.이라고 할 수 있나요? 천만에요! 영어를 사용하는 사람들끼리 통하는 말의 원칙, 약속이 분명히 있습니다. 학문적인 접근이 아니라 일반적인 의사소통을 하기 위해 필요한 문법 지식은 중학교 2학년 정도의 수준이라고 보면 무난합니다. 특히 '말하는 데 필요한 영문법'이라면 조금 더 융통성을 보일 수도 있습니다. 최소한 중학교 1, 2학년 정도의 문법 지식을 익혀 놓지 않는다면 속 시원히 의사소통을 하기에는 항상 어딘가 답답함을 느끼게 될 것입니다.

문제 분석 6

무엇을 연습해야 할지 모른다
➲ 한 번 말해 보는 것이 중요하다는 것을 모른다

회화 교재를 펼쳐 보고 '거의 다 아는 말이군.' 하고 다음 장으로 쓱 넘어간다면 이는 그 책을 회화 교재가 아니라 읽기 교재로 여기고 있는 거나 다름없습니다. 회화는 말로 해야 합니다. 남이 한 말을 그대로 따라한 것이든 자기의 생각을 말로 표현한 것이든 상관없이 자꾸 말을 해 보세요.

Keep practicing!

외국인이든 한국인이든 소위 영어 전문가들은 영어회화 공부를 할 때 좌우간 '연습'을 많이 해야 한다고 말하곤 합니다. 그렇다면 과연 무엇을 '연습'하라는 것일까요? 이는 결국 '말을 하라'라는 말입니다.

학원이나 학교에서 만나는 외국인 선생님들로부터, TV 등 각종 매체들로부터 보고 듣는 수없는 말, 말, 말들을 그냥 지나치지 마세요. 그것들이 진정 내가 말하고자 하는 내용이라고 여기고 가슴으로 받아들여서 그들처럼 말해 보는 것을 연습하세요. 버스나 전철을 타고 갈 때, 혹은 거리를 걸어갈 때, 설거지할 때라도 귀에 흘러 들어오는 영어를 건성으로 흘려버리는 것이 아니라 집중해서 듣고 부지런히 따라 말하기를 반복하세요. 그리고 몇 시간, 며칠, 또는 몇 주가 지난 후에 같은 내용을 반복해서 다시 말하는 식으로 꾸준히 반복 연습하는 것입니다. 그러지 않고서는 영어를 모국어로 쓰는 사람들이 자신들의 생각을 말로 표현하는 데 사용하는 낯선 원칙에 익숙해질 수 없습니다.

아무리 많은 단어와 이디엄, 숙어, 패턴을 잘 알고 있더라도 내 입으로 한 번 말해 보지 않으면 그건 결코 나의 생각을 담은 '말'이 되지 못합니다. 값비싼 회화 교재를 구입해 놓고는 버스 안에서, 전철 안에서 열심히 눈으로 묵독한다? 그것도 귀에는 이어폰까지 끼고서! '듣기'가 '말하기'로 밀접하게 이어지는 중요한 과정임에는 틀림이 없습니다. 그렇지만, '듣는 것'은 '듣는 것'으로 그치기 쉽고 머릿속으로 이해하는 수동적인 과정이기 때문에, 능동적으로 '표현하는' 과정인 말하기로 저절로 이어지는 것은 결코 아니랍니다.

영어로 말 잘하게 되는 6가지 습관

해결 습관 1

자꾸 듣고 따라 한다
➡ 듣고 그치는 것이 아니라 따라 해야 이해한다

라디오 방송, TV 방송, 수업 중에 듣게 되는 MP3, 동영상, 팟캐스트 뭐든지 영어를 만나는 곳에서는 귀를 바짝 기울이이세요!

집중하지 않으면 귀에 들어오지 않습니다. '그냥 귀를 열어 놓고 영어를 흘려듣는 것'은 영어가 갖는 고유한 리듬에 내 귀를 익숙하게 하기 위한 터전을 닦는 것일 뿐입니다. '관심을 가지고 들어서 이해하겠어.'라는 의식적인 노력을 기울이지 않으면 뭘 얻었는지 알 수 없게 되어 버리는 경우가 많죠. 그러고 나선 따라 하는 겁니다.

그들의 말이 너무 빨라서 무슨 말을 하고 있는 건지 내용을 이해할 수 없고, 그래서 따라 말하고 싶어도 못하겠다 싶겠지만 바로 이럴 때 MP3를 이용해 보세요. 듣고 일시정지 버튼을 누르고 따라 말하고 다시 듣고 또 일시정지…, 이런 과정을 반복하면서 그들이 생각을 표현하는 일반적인 표현 방식을 익히는 겁니다. 따라 말할 때에는 말하는 사람이 처해 있는 상황 때문에 저 말을 하는 것이구나 하는 것까지 생각하면서 자신도 마치 그 상황에 처한 듯이 상상하며 따라 하는 것이 중요합니다. 단순히 기계적으로 들리는 '소리'를 그대로 따라 하는 것은 '말'을 하려는 과정이 아니라 그냥 '소리'를 흉내 내는 것에 불과하니까요!

해결 습관 2

소리 내서 뭐든지 자꾸 읽는다
➡ 영어라는 언어의 틀을 이해하는 기본이다

영어 공부에서 가장 주된 무게 중심은 '읽기'에 있다고 해도 과언이 아닙니다. 요새 같이 '소리'를 강조하는 시절에 의외라고요? 앞서 말했듯이 어떠한 영어 공부라도 적어도 중학교 1, 2학년 정도의 어휘와 문법 체계에 대한 기본적인 지식은 갖추어야 할 수 있는데, 바로 이 두 가지 체계를 가장 효율적으로 익히는 길이 바로 '읽기'에 있기 때문입니다. 우리는 '읽기'라고 하면 대개 '정확한 독해'를 떠올리고는 대단히 귀찮고 힘든 일로 판단해 버리는 경향이 있습니다. 하지만 '읽기'라는 말에 어렵고 두꺼운 소설책이나 용어조차 잘 이해되지 않는 시사주간지만을 떠올릴 필요는 없습니다. 건물 간판에 쓰인 온갖 이름, 재미있는 광고 카피같이 짧고 함축적인 것부터 시작해서 아동용 동화책에 나오는 짧은 글들까지 천천히 뜯어 보세요. 그 의미를 생각해 보고, 나아가 '과연 나도 이런 식의 표현이 가능할까? 이렇게 표현하기까지 어떤 생각의 과정을 거쳤을까?'라는 생각까지 하게 된다면 아주 효과적인 읽기 공부가 될 것입니다.

이러한 '읽기'가 과연 '말하기'와 어떠한 관계가 있냐고요? 영어라는 '말'이 어떤 체계로 되어 있는지 그 '틀'을 이해하기 위해서는 다양한 읽기를 습관화할 필요가 있습니다. 어차피 우리는 외국어로서 영어를 공부하는 입장이니 읽을 때에도 눈으로만 읽지 말고 가능한 한 입으로 내 귀에 분명히 내 목소리가 들리도록 하는 것이 좋습니다. 그 의미를 곱씹어 보면서 반복해 읽어 보세요. 앞서 말했듯이 읽을 때마다 다른 사람이 된 듯 목소리도 좀 바꾸어 가면서 '이번에는 틀리지 말고 한 번에 죽 읽어 봐야지!', '이번엔 좀 더 천천히 읽어 봐야지…', '이번엔 앵커가 된 듯이 읽어 볼까?' 하는 식으로 다양하게 읽는 훈련을 해 보는 겁니다.

학생이라면 교과서를 위와 같은 방식으로 자꾸 읽는 것도 도움이 되겠네요. 신문기사를 읽는다면 될수록 관심이 가는 분야의 글부터 읽어 보세요. 아무리 읽어도 머릿속으로 그 내용이 하나도 매력적으로 느껴지지 않는다거나 이해가 되지 않는다면 자신에게는 그다지 의미 있는 학습이 되지 못하니까요. 어휘나 문장 구성방식(문법)이 스스로에게 그다지 큰 부담이 되지 않는다고 느껴지는 것부터 여유를 가지고 시작해 볼 일입니다.

해결 습관 3

영화를 이용한다
➡ 읽는 것을 보고 듣는 것으로 확장한다

읽기를 할 때에는 관심이 있는 것부터 손을 대기 시작하는 것이 무엇보다 중요합니다. 이런 점에서 요즘 사람들에게 쓸모가 꽤 있을 법한 '읽을거리'로 영화 대본을 권하고 싶군요. 요즘 인기 있는 TV 드라마 대본이면 보다 현실성이 있을 테니 더욱 좋겠습니다.

인터넷에 영화 관련 웹 사이트를 뒤지다 보면 유명 영화들의 대사만 모여 있는 곳을 쉽게 발견할 수 있는데, 먼저 자신이 가장 좋아하는 영화배우가 나오는 영화, 또는 인상 깊었던 영화를 찾아보세요. 그러나 목적은 '영어 공부'이므로 단순히 재미만 있어도 안 되겠고, 배우들의 말이 워낙 빠르다거나 전쟁, 액션물이라서 평소에는 잘 쓰지 않는 용어가 불쑥불쑥 튀어나온다거나, 어느 한 계층의 생활상만 다루어 제한된 언어만 나오는 영화, 슬랭투성이거나 요즘은 잘 쓰지 않는 말이 많이 나오는 아주 오래된 영화는 피하는 것이 좋겠군요.

비교적 배우들의 대사 전달이 명확하고 전체적인 내용 흐름이 복잡하지 않으면서 실생활과 거리가 그리 멀지 않은 내용으로 고르면 적절합니다. 그렇게 선택한 영화의 대본을 보면서 영화를 감상해 보세요. 마치 자신이 주연배우가 된 듯이 감정을 넣어서 대사를 읽다 보면 조금 특정한 대사 표현에 익숙해지고 자기 나름대로 말을 약간 바꾸어 보는 재미도 느끼게 됩니다. 물론 시간이 조금 지난 후에 말이죠!

해결 습관 4

혼자 있을 때에도 계속 영어로 말해 본다
➲ 상황 훈련을 통해 '내 말'을 만들어간다

'영어에 미쳤다'라는 것은 무슨 말일까요? '영어에 미쳐 보라'라는 말은 영어 공부에 푹 빠진 나머지 일상생활에 지장을 초래할 정도가 되라는 것이 아닙니다. 진정 영어에 미쳐 있는 사람은 남이 놀 때나 잘 때 잠깐의 틈을 내어 영어에 집중하죠. 남들이 쉽게 실천에 옮기지 않는 일을 하는 것이 유별나게 보여서 '영어에 미쳤다'라고 하는 것인지 모르지만 그 시작은 의외로 간단합니다. 특히 영어 말하기에 미쳐 보고자 한다면 언제 어디서든 혼자서도 계속 영어로 말해 보는 것을 권합니다. 화장실에서 혼자 거울을 보면서도 좋고, 버스나 지하철 정거장에서 누군가를 기다리면서 크게 티가 나지 않을 정도로 중얼거리는 것도 좋습니다. 그냥 가벼운 주제 한 가지를 정해서 생각이 따라가는 대로 말해도 됩니다. 또는 예전에 경험했던 대화의 한순간을 기억하면서 마치 다시 그때가 된 듯이 '이렇게 말했던 것을' 또는 '이렇게 말할 것을' 영어로 바꾸어 해 보는 거죠. 혼자서라도 영어로 중얼거려 보는 것은 영어로 대화할 기회가 왔을 때 망설이거나 당황하지 않고 순탄하게 대화를 시작하는 능력을 키워 줍니다.

책이나 신문 혹은 인터넷에서 나의 관심을 끌고 흥미가 있는 내용의 글을 여러 번 읽으면서 그 내용을 이해하고 또 의미를 표현하는 방식을 대충 익혔다면, 그 다음 단계에서는 이것을 마치 내가 하는 말인 것처럼 말하기용으로 연습할 수 있습니다. 신문 등에서 아주 어렵고 복잡하고 긴 문장을 읽었더라도 그 글에서 무슨 말을 하려는 건지 충분히 이해했다면 보다 간단하고 짧은 여러 개의 문장으로 나누어 쉬운 말로 옮겨볼 수 있습니다. 처음부터 욕심 내지 말고, 한 번에 두 문장 정도의 글을 나만의 말로 바꾸는 훈련을 스스로 거듭해 보세요. 시간이 어느 정도 지나면 한 문단, 그 다음은 한 개의 기사, 나아가 글 전체를 '나의 말'로 바꾸어 말해 보는 겁니다.

해결 습관 5

한꺼번에 다 말해 버리려 하지 않는다
➡ 실수를 방지하고 논리적 말하기를 연습한다

기억을 더듬어 내려가면 말을 빨리 하는 제 습관은 초등학교 4학년 때부터 본격적으로 훈련되기 시작했다고 할 수 있습니다. 당시 담임 선생님께서는 누가 과연 국어 교과서를 틀리지 않고 가장 빨리 읽을 수 있는지 매일같이 시합을 붙이곤 하셨는데, 성적에서나 무엇에서나 크게 두드러지는 일이 없었던 제게는 '국어 교과서 빠르게 읽기'에서 두각을 나타내는 것이 큰 자랑거리처럼 여겨졌답니다. 먼 날이 되어서야 이해한 것이지만 결국 그 선생님은 우리들에게 국어 교과서를 여러 번에 걸쳐 주의 깊게 읽는 습관을 들이고자 하셨던 것 같습니다. 어쨌든 선생님은 빨리 그리고 정확히 읽는 습관이 성적과도 관련이 깊다는 오해를 성공적으로(?) 우리들에게 심어 주셨습니다.

그러나 앞서도 말했지만 지금 제게 그 습관은 커다란 콤플렉스가 아닐 수가 없습니다. 말을 또박또박 천천히 하는 사람이 그렇게 부러울 수가 없어서 방송을 하면서 '오늘은 또박또박 말해야지!' 하고 항상 각오를 다지는데, 그다지 발전하지 못한 것 같아요. 한국말도 이런데, 영어를 익히는 입장에서 말을 빨리 한다는 것이 실제 말하기에는 과연 얼마나 도움이 될 수 있을까요? 영어를 잘하니까 빨리 할 수 있는 거라는 말은 '영어를 잘할 수 있게 된 다음'으로 미루어 둡시다. 공부하는 입장에서는 길고 복잡한 문장을 틀리지 않고 한 번에 술술 말하는 것이 부러울 수 있지만, 그렇다고 함부로 따라 할 것은 못 된답니다. 빨리 하려다 보면 실수가 잦게 되고, 그러다 보면 말이 논리를 잃고 뒤엉키게 되니까요.

이때 도움이 되는 방법 하나 알려 드릴까요? 복잡한 문장을 주어, 동사, 보어 정도로 된 여러 개의 단순하고 짧은 문장들로 나누어 보세요. 마치 여러 개의 기차 칸들이 서로 연결되어 하나의 긴 열차의 행렬을 만들 듯 생각을 조리 있게 말로 풀어 보는 것입니다. 이를 위해서는 일단 생각 자체를 단순화할 필요가 있습니다. 조목조목 말로 담을 내용을 마치 수납함에 잘 나누어 정리하듯 먼저 간단하게 구획을 나누고 여러 개의 칸에 나누어 담아내는 것이죠. 예를 들어 볼까요?

There is a man whose father is a fisherman who used to live in Busan where his family has lived for many years.

이렇게 장황한 문장을 아래와 같은 식으로 나누어 보자는 것입니다.

I know a man. / His father is a fisherman. / He lived in Busan. / There his family has lived for many years.

어때요? 힘도 덜 들고 전달하고자 하는 내용을 보다 정확히 전달할 수 있지 않나요?

해결 습관 6

남이 말하는 것을 잘 생각하며 듣는다
➡ 적극적인 태도만이 '말이 되게' 해 준다

영어회화는 꼭 유명한 회화 교재나 강의, 방송을 통해서 배우는 것만은 아닙니다. 우리 주변에서 어렵지 않게 만날 수 있는 외국인 친구, 선생님, 하다못해 거리에서 우연히 마주치는 외국인 관광객들 역시 훌륭한 공부거리를 제공합니다. 적어도 회화에 있어서만큼 말이죠.

여기서 제 얘기를 잠깐 하자면, 사실 저는 제 영어회화가 최근 10여 년 사이에 가장 크게 발전했다는 것을 느낍니다. 물론 그 전에 학교 교과서를 공부하고 강의를 들으면서 나름대로 익혀 온 회화 실력도 있었죠. 하지만 '아, 영어회화가 이렇게 되는 거구나.' 하는 '감'을 익히게 된 것은 사실 영어 방송 때문에 외국인과 본격적으로 일하면서부터였습니다. 각종 회의와 리허설 때마다 그들의 말에 바짝 귀를 기울이고 듣다가 제가 아는 말이 나오면 일단 반갑더군요. 그러다가 낯선 표현이 나오면 바로바로 물어보고, 이어서 그것을 활용하고 교정 받는 과정이 반복되기 시작했습니다. 그리고 상대가 하려는 말이 무엇인지 대충 이해하는 정도에서 조금 더 나아가 '저 사람들은 저런 생각을 저런 식으로 표현하는구나.' 하고 그들의 '표현 방식'에 귀를 기울이기 시작한 것이 큰 도움이 되었습니다. 한 마디로 '좋은 귀'를 가지는 것이 중요한 것 같았습니다.

위와 같은 과정에서는 될수록 한 사람의 말을 귀 기울여 듣는 것도 좋습니다. 그러면 그 사람의 '언어 습관'을 어느 정도 파악할 수 있게 되고, 그러다 보면 나도 그 사람이 평소에 즐겨 쓰는 표현 방식을 내 것으로 만들 수 있게 되기 때문입니다. 물론 같은 영어권 출신 사람이라도 풍부한 어휘력을 갖추고 조리 있게 말을 잘하는 사람이라면 더욱 좋겠죠.

영어권 사람들이 어느 한 가지에 대해 말하는 것을 가만히 듣다 보면 몇 가지 특징을 발견할 수 있습니다. 우선 똑같은 생각이라도 우리말로는 한 마디로 끝나고 말 것을 이런저런 말을 덧붙이고 예를 들기도 하면서 부연 설명을 하여 전체적으로 말이 길어지는 것처럼 느껴진다는 것입니다. 이것은 대화 상대에 대한 배려일 수도 있고 될수록 자신의 말을 정확히 가감 없이 이해해 주기를 바라는 데에서 비롯된 습관일 수도 있습니다. 그렇지만 간단한 문장들로 여러 번 강조, 반복하거나 예까지 들어 주면서 자신의 의사를 분명히 전달하려는 그들의 얘기에 끝까지 귀 기울여 보세요. 아울러 우리는 머릿속으로 생각하는 것을 멈춰서는 안 되겠죠? '아, 저 말은 저런 식으로 하는군!' 하면서 그들의 '표현 방식'을 익히는 기회로 삼아야 하니까요!

이 책의 특징

1 쉽게 듣고 말하는 120분 강의로 시작한다!

수많은 교재로 공부했지만 꾸준히 따라 듣기도 힘들고 입에도 붙지 않는 영어회화. 이제 영어 학습자들의 친근한 가이드가 되어 온 이보영 선생님의 듣고 말하는 120분 강의로 다시 시작해 보세요. 120분 동안 듣고 따라서 말해 보면 영어회화가 편안해집니다.

2 이보영 선생님의 영어회화 감각을 전수받는다!

외국 유학 한 번 가 보지 않고 영어 선수가 된 이보영 선생님의 영어 감각은 대체 어디에서 오는 것일까요? 내용은 다 알겠는데 왜 스스로 말하기는 어려운 것일까요? 하고 싶은 말을 만들어 내는 감각, 영어의 리듬감을 살리는 감각, 이보영 선생님이 꼭 필요한 요소만 쏙쏙 알려줍니다.

3 영어회화, 기초적인 상황별 기본회화로 입을 뗀다!

영어로 말이 안 되는 분들에게 복잡하고 다양한 상황별 영어회화를 공부하게 한다? 그보다는 얼핏 보기에는 쉬운 말이라도 입에서 나올 수 있게 하는 것이 중요합니다. 120분 영어회화는 영어 말하기에 있어 필수적인 기능들을 뽑고, 그에 따라 기본이 되고 바로 쓸 수 있는 표현들을 정리했습니다.

4 영어회화, 다양한 표현으로 앞서간다!

단순한 한 가지 상황에 한 가지 패턴을 소개하는 기존의 책들과는 달리, 유사한 상황에서 쓸 수 있는 다양한 표현들을 폭넓게 소개하고 있어서 자신의 상황에 맞는 표현을 골라 쓸 수 있어 더욱 재미있습니다.

이 책의 100% 활용 방법

Step 1 120분 강의를 먼저 들으세요!

이보영 선생님의 강의 MP3는 일반 기존의 강의들처럼 작정하고 앉아서 듣는 것이 아닙니다. 등하교 시, 출퇴근 시, 혹은 다른 일을 하면서 자연스럽게 들으세요. 계속 따라 말하는 것이 내 것으로 소화하는 지름길이라는 것도 잊지 마세요!

Step 2 책과 함께 '훈련 MP3'로 연습하세요!

강의를 충분히 듣고 익히셨다면, Exercise와 정답이 녹음된 훈련 MP3로 자신의 실력을 확인하세요. '문장 만들기'와 '대화 완성하기'로 이루어진 Exercise를 따라 하고 확인하다 보면 어느새 듣기와 말하기에 친숙해진 자신을 발견할 수 있을 것입니다.

Step 3 핵심 문장 자동암기 트레이닝으로 마무리하세요!

영어 말하기는 훈련을 통해서 가능합니다. 핵심 문장을 반복해서 듣고 말하는 트레이닝 MP3를 통해서 영어 말하기의 자신감을 얻을 수 있습니다. 실전에서 100% 활용할 수 있도록 문장을 선별했기에 자신 있게 영어로 말할 수 있을 것입니다.

영어력 upgrade 부가 학습자료

리스닝 테스트 듣고 받아쓰는 dictation 훈련을 통해 리스닝 실력을 확인한다.

단어 노트 영어의 가장 기본은 어휘력이다. 각 강의 주요 단어를 정리하여 사전을 찾는 번거로움을 덜어 준다.

단어 Quiz 영어는 반복해서 외우지 않으면 잊어버리게 된다. 단어 Quiz를 통해 배운 단어를 확인한다.

* 부가자료는 www.nexusbook.com에서 다운받을 수 있습니다.

이 책의 구성

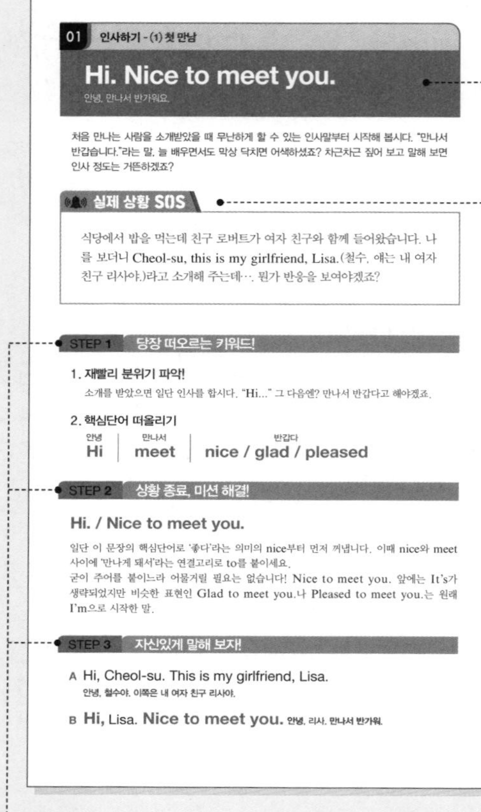
01 인사하기 - (1) 첫 만남

Hi. Nice to meet you.

안녕, 만나서 반가워요.

처음 만나는 사람을 소개받았을 때 무난하게 할 수 있는 인사말부터 시작해 봅시다. "만나서 반갑습니다."라는 말, 늘 배우면서도 막상 닥치면 어색하셨죠? 차근차근 짚어 보고 말해 보면 인사 정도는 거뜬하겠죠?

실제 상황 SOS

식당에서 밥을 먹는데 친구 로버트가 여자 친구와 함께 들어왔습니다. 나를 보더니 Cheol-su, this is my girlfriend, Lisa.(철수, 얘는 내 여자 친구 리사야.)라고 소개해 주는데…. 뭔가 반응을 보여야겠죠?

STEP 1 당장 떠오르는 키워드!

1. 재빨리 분위기 파악!
소개를 받았으면 일단 인사를 합시다. "Hi..." 그 다음엔? 만나서 반갑다고 해야겠죠.

2. 핵심단어 떠올리기
안녕 Hi | 만나서 meet | 반갑다 nice / glad / pleased

STEP 2 상황 종료, 미션 해결!

Hi. / Nice to meet you.

일단 이 문장의 핵심단어로 '좋다'라는 의미의 nice부터 먼저 꺼냅니다. 이때 nice와 meet 사이에 '만나게 돼서'라는 연결고리로 to를 붙이세요.
굳이 주어를 붙이느라 어물거릴 필요는 없습니다! Nice to meet you. 앞에는 It's가 생략되었지만 비슷한 표현인 Glad to meet you.나 Pleased to meet you.는 원래 I'm으로 시작한 말.

STEP 3 자신있게 말해 보자!

A Hi, Cheol-su. This is my girlfriend, Lisa.
안녕, 철수야. 이쪽은 내 여자 친구 리사야.

B Hi, Lisa. Nice to meet you. 안녕, 리사. 만나서 반가워.

기본 표현/패턴

영어회화의 기본적인 기능을 어떤 순서로, 어떤 내용으로 하나하나 익히는지 알려 줍니다. 기본 뼈대가 되는 패턴을 알려 줍니다.

실제 상황 SOS

표현을 쓸 만한 구체적인 실제 상황을 재미있게 소개하고 있어서 표현을 사용하고 싶은 의욕을 높여 줍니다.
학습의 WARM-UP 단계!

문제 상황 종료_ STEP 1, 2, 3

STEP1 당장 떠오르는 키워드!

어떤 말을 어떻게 해야 하는지 센스 있는 분위기 파악과 더불어 필요한 단어들을 떠올리는 과정입니다. 이 과정은 영어를 외국어로 배우는 사람이라면 누구도 피해갈 수 없는 과정이지요. 그렇지만, 실력이 늘수록 이 단계는 짧아질 수 있습니다.

STEP2 상황 종료, 미션 해결!

STEP1에서 떠올린 단어들을 차근차근 이어 가며 문장을 만들어 봅니다. 빨리 말하는 것보다는 매끄럽고, 조리있게 말하는 것이 중요합니다.

STEP3 자신 있게 말해 보자!

앞의 STEP1, 2에서 이끌어 낸 표현을 이용한 간단한 대화로 마무리합니다. 오늘 배운 표현이 있는 쪽 역할을 맡았다고 생각하고, 연기하듯 소리 내어 말해 보세요.

도전! 조금 실력이 붙으면 해 볼 만한 말들

I've **heard** a **lot about** you. 당신 얘기 많이 들었어요.

hear about [누구]라고 하면 그 사람에 대한 말을 평소에 듣는다는 뜻이다. I hear a lot about you.(당신에 대해 많이 듣는다.) 또는 I hear a lot of good things about you.(당신에 대해 좋은 얘기를 많이 듣는다.)라고 표현하기도 한다.

I've been **looking forward** to **meet**ing you.
만나 뵙고 싶었어요.

look forward to meeting…는 '~을 만나기를 학수고대하다'라는 뜻. 이때 중간에 쓰인 to 다음에는 to부정사처럼 동사원형이 오지 않고 동명사가 온다는 것에 유의!

변신! 다른 상황에서 응용할 표현들

It's **good** to **be** here. 여기 오니까 좋다.

It's **good** to **have** you here. 당신이 여기 와서 좋다. / 반갑다.

"(내가) 여기 오게 되어서 좋다."라고 할 때에는 It's good to be here.라고 한다. 반면에 초대 받고 온 상대에게 "(당신이) 와 줘서 (내가) 고맙고 기쁘다."라고 할 때에는 It's good to have you here.라고 한다. 이때 각 문장의 중간에 쓰인 to는 '~을 하게 되어서'라는 원인, 이유, 계기를 말할 때 쓰이는 to이다. '좋다, 반갑다, 다행이다'라는 점을 강조하려고 할 때에 good 대신 great를 쓰기도 한다.

완성! 네이티브처럼 말하기

Great to **meet** you.
(가볍지만 만나서 대단히 반갑다고 할 때) 만나서 반가워.

(It's a) **Pleasure** to **meet** you.
(약간 격식을 갖추어 인사할 때) 만나서 반가워.

(I'm) **Glad** to **meet** you.
(가볍게 반갑다고 할 때) 만나서 반가워.

What an **honor** to **meet** you.
(개인적으로 대단히 영광스럽다고 말하고 싶을 때) 만나서 영광이에요.

도전! 조금 실력이 붙으면 해 볼 만한 말들

유사한 상황에서 쓸 수 있는 또 다른 표현들, 두세 개만 더 알아두세요! 좀 더 길게 말하기, 돌려서 말하기, 주어 바꿔 말하기 등을 훈련합니다. 색으로 굵게 강조된 부분을 강하게 읽어 보면서 리듬 언어인 영어의 감각을 익히세요.

변신! 다른 상황에서 응용할 표현들

언뜻 보면 비슷해 보이지만 조금씩 다른 의미인 표현들, 앞에서 배운 표현을 활용해서 익힐 수 있는 다른 표현들을 알아 봅시다. 색으로 굵게 강조된 부분을 강하게 읽어 보면서 리듬 언어인 영어의 감각을 익히세요.

완성! 네이티브처럼 말하기

앞서 학습한 상황에서 사용할 수 있는 다양한 표현들을 소개합니다. 네이티브 음성으로 직접 녹음되어 있어서 듣고 바로 따라할 수 있습니다. 다양한 표현들을 소화하는 것은 언어적 감각을 다양하게 키울 수 있는 무한한 표현의 창고입니다.

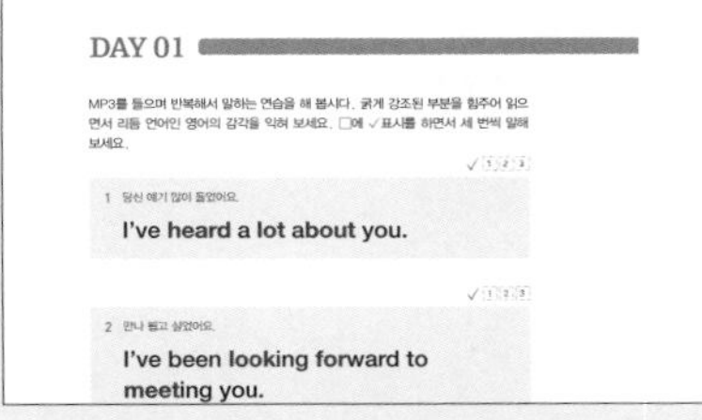
DAY 01

MP3를 들으며 반복해서 말하는 연습을 해 봅시다. 굵게 강조된 부분을 힘주어 읽으면서 리듬 언어인 영어의 감각을 익혀 보세요. □에 ✓표시를 하면서 세 번씩 말해 보세요.

1 당신 얘기 많이 들었어요.
I've heard a lot about you.

2 만나 뵙고 싶었어요.
I've been looking forward to meeting you.

핵심 문장 자동암기 트레이닝

100% 실전에 활용 가능한 핵심 문장을 반복해서 듣고 말하는 연습을 해 보세요. 회화에서 자주 쓰는 핵심 표현들을 반복해서 말하기 연습을 하여 통째로 외워 버립시다.

CONTENTS

Lecture 1

영어로 입을 뗀다.
영어로 말하기 시작한다!

사람과 사람이 만나고,
서로 알게 되어 가까워지는 과정에는
바로 이런 말들이 필요합니다.
기본적인 대화를 익혀서 자신감을 가지면
모르는 말도 물어 가며 이어 갈 수 있는
융통성이 생깁니다.

미리 보는 활용 만점 표현들

01 인사하기

(1) Hi. Nice to meet you.
(2) How are you doing?
(3) Fine, thanks.

02 만남과 헤어짐

(1) What is your…?
(2) What a surprise!
(3) See you around.

03 대화의 시작

(1) So, how was…?
(2) Did you hear…?
(3) Guess what I…!

04 감사 · 사과하기

(1) Thank you for…
(2) You're welcome.
(3) I'm sorry…
(4) That's all right.

05 기분 좋게 말하기

(1) I like your…
(2) You didn't have to.

01 인사하기 - (1) 첫 만남

Hi. Nice to meet you.

안녕, 만나서 반가워요.

처음 만나는 사람을 소개받았을 때 무난하게 할 수 있는 인사말부터 시작해 봅시다. "만나서 반갑습니다."라는 말, 늘 배우면서도 막상 닥치면 어색하셨죠? 차근차근 짚어 보고 말해 보면 인사 정도는 거뜬하겠죠?

실제 상황 SOS

식당에서 밥을 먹는데 친구 로버트가 여자 친구와 함께 들어왔습니다. 나를 보더니 Cheol-su, this is my girlfriend, Lisa.(철수, 얘는 내 여자 친구 리사야.)라고 소개해 주는데…. 뭔가 반응을 보여야겠죠?

STEP 1 당장 떠오르는 키워드!

1. 재빨리 분위기 파악!

소개를 받았으면 일단 인사를 합시다. "Hi..." 그 다음엔? 만나서 반갑다고 해야겠죠.

2. 핵심단어 떠올리기

안녕	만나서	반갑다
Hi	meet	nice / glad / pleased

STEP 2 상황 종료, 미션 해결!

Hi. / Nice to meet you.

일단 이 문장의 핵심단어로 '좋다'라는 의미의 nice부터 먼저 꺼냅니다. 이때 nice와 meet 사이에 '만나게 돼서'라는 연결고리로 to를 붙이세요.

굳이 주어를 붙이느라 어물거릴 필요는 없습니다! Nice to meet you. 앞에는 It's가 생략되었지만 비슷한 표현인 Glad to meet you.나 Pleased to meet you.는 원래 I'm으로 시작한 말.

STEP 3 자신있게 말해 보자!

A Hi, Cheol-su. This is my girlfriend, Lisa.
안녕, 철수야. 이쪽은 내 여자 친구 리사야.

B **Hi,** Lisa. **Nice to meet you.** 안녕, 리사. 만나서 반가워.

도전! 조금 실력이 붙으면 해 볼 만한 말들

I've heard a lot about you. 당신 얘기 많이 들었어요.

hear about [누구]라고 하면 그 사람에 대한 말을 평소에 듣는다는 뜻이다. I hear a lot about you.(당신에 대해 많이 듣는다.) 또는 I hear a lot of good things about you.(당신에 대해 좋은 얘기를 많이 듣는다.)라고 표현하기도 한다.

I've been looking forward to meeting you.

만나 뵙고 싶었어요.

look forward to meeting…는 '~을 만나기를 학수고대하다'라는 뜻. 이때 중간에 쓰인 to 다음에는 to부정사처럼 동사원형이 오지 않고 동명사가 온다는 것에 유의!

변신! 다른 상황에서 응용할 표현들

It's good to be here. 여기 오니까 좋다.

It's good to have you here. 당신이 여기 와서 좋다. / 반갑다.

"(내가) 여기 오게 되어서 좋다."라고 할 때에는 It's good to be here.라고 한다. 반면에 초대 받고 온 상대에게 "(당신이) 와 줘서 (내가) 고맙고 기쁘다."라고 할 때에는 It's good to have you here.라고 한다. 이때 각 문장의 중간에 쓰인 to는 '~을 하게 되어서'라는 원인, 이유, 계기를 말할 때 쓰이는 to이다. '좋다, 반갑다, 다행이다'라는 점을 강조하려고 할 때에 good 대신 great를 쓰기도 한다.

완성! 네이티브처럼 말하기

Great to meet you.

(가볍지만 만나서 대단히 반갑다고 할 때) 만나서 반가워.

(It's a) Pleasure to meet you.

(약간 격식을 갖추어 인사할 때) 만나서 반가워.

(I'm) Glad to meet you.

(가볍게 반갑다고 할 때) 만나서 반가워.

What an honor to meet you.

(개인적으로 대단히 영광스럽다고 말하고 싶을 때) 만나서 영광이에요.

01 인사하기 - ⑵ 안부 인사

How are you doing?

어떻게 지내세요?

인사하고 나면 꼭 따라오는 것이 안부를 묻는 말. “안녕? … 어, 그럼 안녕!”하고 지나갈 것이 아니라면 “어떠세요? 잘 지내세요?(How are you? / How are you doing?)”라는 말 정도는 붙여 봅시다.

실제 상황 SOS

우리말에 “어떻게 지내?”, “잘 지내냐?”와 같이 친구에게 건네는 말이 있는가 하면, “잘 지내셨습니까?”, “평안하십니까?”와 같이 예를 갖춰 하는 말이 있듯이 영어에서도 상대에 따라 말하는 방식이 달라진답니다.

STEP 1 당장 떠오르는 키워드!

1. 재빨리 분위기 파악!

같은 말이라도 억양에 따라서 굉장히 다르게 들릴 수가 있습니다. 일단 만난 사람을 누구인지 파악하자마자, 친구라면 가볍고도 반갑게, 직장 상사라면 끝에 Sir, Mr. 등을 붙여 예의 바르게 말하면 되겠죠.

2. 핵심단어 떠올리기

어떻게	지내다	당신이
how	**do / doing**	**you**

STEP 2 상황 종료, 미션 해결!

How / are you / doing?

요사이 어떻게 지내고 있는지에 대한 질문이므로 be+동사+-ing의 현재진행형으로 묻습니다. How are you doing?이라고 실제로 말할 때에는 are you 부분이 잘 들리지 않는다는 것에 유의하세요!

STEP 3 자신있게 말해 보자!

A Good morning, Mr. Kim. **How are you doing?**
안녕하세요, 김 선생님. **요새 어떻게 지내세요?**

B I'm fine, thanks. How about you? 덕분에 잘 지내죠. 그 쪽은 어떠세요?

도전! 조금 실력이 붙으면 해 볼 만한 말들

How's it going? 요즘 어때?

What's up? 별일 없어?

아주 가깝고 격의 없는 사이라면 What's up?이라고 할 만도 하다. 상대가 먼저 What's up?이라고 물어온 경우라면 적절한 답변을 생각해 보자. 별일 없으면 Nothing much.라고 해도 좋고, 그냥 웃으면서 Hi.라고만 해도 좋다.
How are you?라고 물었을 때 가장 안전한 답변은 그냥 Good. 또는 Fine. 정도. 괜히 앞에 It's나 I'm을 혼동해서 잘못 붙이면 이상해질 수도 있다.

변신! 다른 상황에서 응용할 표현들

Good to see you (again)! (오랜만에 다시 만나) 반갑네요!

see를 강조해서, 문장 끝은 내려가도록 말한다.

우리말도 "지인~짜 반갑다."라고 강조하듯이 **It's so ~ good to see you again!**이라고 강조해서 말할 수 있다.

Long time no see! 정말 오랜만이다!

오랫동안 못 만났다는 것을 강조하는 간단한 표현. 각 단어에 모두 힘을 주어 말하되, 간격을 조금씩 띄어서 말하기도 한다.

완성! 네이티브처럼 말하기

How are you?
(가장 흔한 가벼운 인사) 어떻게 지내?

What's up?
(가볍게 가까운 사이에서의 인사) 어떻게 지내?

What's new?
(가끔 보는 사이에서 하는 가벼운 인사) 어떻게 지내?

01 인사하기 - ⑶ 대답하기

Fine, thanks.

네, 잘 지내요.

How are you doing?이라는 질문에 가장 안전하게 대답하는 말은? 다소 진부할지 몰라도 Fine.이나 Good.으로 답하면 무난합니다. 나아가 thank you나 thanks를 붙이면 훨씬 부드럽고 공손하게 들립니다. 개인주의가 팽배한 서양 문화권에서 안부를 묻는 것은 예의상이더라도 상당히 마음 써주는 일임을 기억하세요.

실제 상황 SOS

잘 지내냐는 말에 대한 답은 크게 잘 지낸다, 못 지낸다, 둘 중 하나. 하지만 웬만큼 친한 사이가 아니라면 좋지 않다는 말은 잘 하지 않습니다. 안부를 물은 상대와 상황에 따라 적절히 대답해 보세요!

STEP 1 당장 떠오르는 키워드!

1. 재빨리 분위기 파악!

잘 지낸다는 말은 Fine. 정도면 충분하지만, 그 말만 하고 냉큼 돌아서지 마세요. 일단 물어봐 줘서 고맙다는 인사와 함께 상대방의 안부도 물어보면 좋잖아요.

2. 핵심단어 떠올리기

잘 지내다	고맙다	넌?
fine	**thanks**	**you?**

STEP 2 상황 종료, 미션 해결!

Fine, / thanks. / And you?

Thanks. 대신 Thank you.라고 해도 좋습니다. 이어서 상대의 안부까지 물으려면 And how are you?라고 되물을 수 있는데, 이 경우는 간단한 인사이니만큼 And you? 또는 And yourself?라고만 물어도 좋습니다.

STEP 3 자신있게 말해 보자!

A Hi, Cheol-su! How are you doing? 안녕, 철수! 요새 어떻게 지내?

B **Fine, thanks. And you?** 덕분에 잘 지내. 넌?

도전! 조금 실력이 붙으면 해 볼 만한 말들

좋을 때

Good. / Super. 아주 좋아.

Couldn't be better, thanks. 이보다 더 좋을 순 없지.

그저 그럴 때 (긍정적인 분위기)

Okay. 지낼 만해.

Not bad. 나쁘지 않아.

좋지 않을 때

So-so. 그럭저럭.

Terrible. 엉망이야.

I'm tired. 힘들어.

변신! 다른 상황에서 응용할 표현들

What's wrong? 어디가 좋지 않은데? / 뭐가 잘못됐는데?

I don't feel good.과 같은 말을 들으면 친구로서 당연히 걱정한다. 그러면 자연스럽게 몸 어디가 아픈지, 어디가 잘못되었는지, What's wrong?이라고 물어볼 수 있다. 다른 사람에게서 이런 질문을 받았을 때, 별 이유 없이 그냥 피곤한 것 같다고 적당히 답하고 싶으면 I don't know. Maybe I'm tired. 열이 난다든지 하는 특별한 이유가 있으면 I think I have a fever.와 같은 표현으로 대화를 이어 나갈 수 있다.

완성! 네이티브처럼 말하기

I'm doing great, thanks.
저야 잘 지내죠.

Okay, I guess.
뭐 잘 지내요.

Can't complain.
이 정도면 뭐 괜찮게 지내는 편이죠.

Just hanging in there.
간신히 먹고 살아요.

Exercise 01

Part Ⅰ 문장을 만들어 보세요.

박자에 맞추어 문장을 점점 늘려가며 따라해 보세요.

meet you
Nice to meet you.

about you
a lot about you
I've heard a lot about you.

meeting you
looking forward to meeting you
I've been looking forward to meeting you.

be here
good to be here
It's good to be here.

doing?
are you doing?
How are you doing?

see you
Good to see you.

no see
Long time no see.

thank you
Fine, thank you.
Fine, thank you. And you?

▶▶ 정답 및 해석 p. 240

Part Ⅱ 대화를 완성하고 따라해 보세요.

1 우선, MP3를 듣기 전에 대화 속 괄호 안에서 맞는 것을 고르세요.
그리고, MP3를 듣고 따라하면서 자신이 고른 것이 맞는지 확인하세요.

아침 / 회사 / 새로 전근 온 과장을 만나는 철수

철수 **Good (afternoon / evening / morning), ma'am.**

과정 **Good morning. You must be Cheol-su, right?**

철수 **(Not really / That's right). Nice (meeting you / to meet you).**

과정 **My pleasure.**

철수 **I've heard (a little / a lot) about you.**

과정 **Only the good things, I hope.**

철수 **(Of course / Not at all). I've (been waiting to / been looking forward to) meeting you.**

2 먼저 대화를 영어로 완성한 후, MP3를 듣고 따라하면서 확인하세요.

동창회 / 대학 동창을 오랜만에 만난 선희

선희 얘들아, 안녕! 정말 오랜만이다!

동창 반갑다, 야!

선희 너희들 정말 빨리 만나 보고 싶었어.

동창 **Yeah, me, too!**

선희 이렇게 오니까 참 좋다!

02 만남과 헤어짐 - (1) 기본 정보 묻기

What is your...?

~가 어떻게 되세요?

처음 만난 사람의 이름, 주소 또는 전화번호를 물어야 한다면 What's your...?로 시작하면 됩니다. 그러나 상황에 따라 정중하게 May I have your...?(실례지만 당신의 ~을 알 수 있을까요?)와 같이 표현해야 할 때도 있습니다.

실제 상황 SOS

갓 입사한 신입사원과 엘리베이터에서 마주쳤습니다. 흠, 한눈에 호감이 가는걸? 간단한 인사를 한 후 점심이나 같이 할까 하는 중입니다. 바쁘게 움직이던 틈을 타서 이름과 전화번호를 물어봐야 할 텐데….

STEP 1 당장 떠오르는 키워드!

1. 재빨리 분위기 파악!

"이름이 뭐예요?"라고 가볍게 물을 수 있는 사람인가, 아니면 "실례지만 성함이 어떻게 되세요?"라고 말해야 할 상대인가? 척 보면 아실 수 있겠죠?

2. 핵심단어 떠올리기

무엇?	당신의 이름 / 전화번호 / 주소
What	**your name / phone number / address**

STEP 2 상황 종료, 미션 해결!

What is / your name?

'~가 뭐예요?'라는 문장이 기본입니다. '무엇'에 해당하는 What으로 시작하는 의문문이 되겠죠. 이때 what과 your name 사이의 be동사를 깜빡 놓치지 않게 주의하세요! 자기가 말하기에 편한 대로 What is 또는 What's라고 한꺼번에 입에 붙도록 연습하는 것이 중요합니다.

STEP 3 자신있게 말해 보자!

A **What is your name?** 성함이 어떻게 되세요?

B My name is Michael. Michael Burns. 마이클입니다. 마이클 번스요.

도전! 조금 실력이 붙으면 해 볼 만한 말들

May I have your name? 성함이 어떻게 되시죠?

What is your name and address, please?
성함하고 주소 좀 알려 주시겠어요?

정중한 표현으로 Can you give me...?라고 할 수 있는데, "당신의 이름을 받아 두어도 되겠습니까?"라는 의미.

직업상 손님들의 개인 정보에 대해 묻는 경우나 격식을 차려야 하는 상황이라면 May I have your...?가 좋다. 아니면 What's your ...? 뒤에 please를 붙여 말하거나 Your name, please? 정도가 좋다.

변신! 다른 상황에서 응용할 표현들

Sorry, what's your name again?
죄송하지만 이름이 뭐라고 하셨죠?

다시 물어봐야 할 때는 again을 뒤에 붙여 What's your name again?이라고 물을 수 있다.

What do you do? / Where are you from?
어떤 일을 하세요? / 어디 출신이세요?

What do you do in your spare time?
여가시간엔 어떤 일을 하세요?

처음 만난 사람의 신상을 너무 캐묻는 듯한 인상을 주지 않도록 조심하자. 같은 질문이라도 So are you from Japan? / Are you from the States? 하는 식으로 상대방이 Yes나 No로 답할 수 있는 간단한 질문부터 시작하는 것도 좋다.

'여가 시간'이나 '짬'에 해당하는 것이 spare time. 말 그대로 여분의 시간이다.

완성! 네이티브처럼 말하기

What's your card number?
(도서관 등 다양한 상황에서 '회원증' 번호를 물을 때) 카드 번호가 뭐죠?

What's your email address?
(이메일 주소를 물을 때) 이메일 주소가 뭐죠?

What's your mailing address?
(우편물을 받을 주소를 물을 때) 우편 주소가 어떻게 되죠?

02 만남과 헤어짐 - (2) 예기치 못한 만남

What a surprise!

어머, 이게 웬일이에요!

전혀 만날 것으로 예상하지 못한 사람을 생각지도 못한 순간에 만났다면? 놀라움, 반가움과 함께 어떻게 여길 오게 되었을까 하는 생각까지, 묻고 싶은 말이 한두 가지가 아니겠죠. 하지만 일단 '놀라움'부터 표현하고 봅시다.

실제 상황 SOS

회사에 출근을 했는데 이게 웬일? 미국에서 만나 알게 된 피터가 와 있는 게 아니겠어요! 놀라기는 피터도 마찬가지. 알고 보니 한국으로 장기 출장을 왔다는군요. 이렇게 놀라울 데가!

STEP 1 당장 떠오르는 키워드!

1. 재빨리 분위기 파악!

우연히 만나서 놀랍고도 반갑다는 분위기를 팍팍 풍겨 봅시다. '놀라움' 하면 먼저 surprise를 떠올릴 수 있겠죠? 그런 다음 얼마나 놀랐는가를 생각해 보면 "이거 정말 놀라운데!", "이 얼마나 놀라운 일인지!"라는 감탄문이 됩니다.

2. 핵심단어 떠올리기

이거 정말 / 얼마나	놀라운 일
What...!	**a surprise**

STEP 2 상황 종료, 미션 해결!

What a surprise!

surprise를 명사로 써서 놀라운 일 그 자체를 a surprise라고 할 수 있습니다. '아니 이렇게 ~일 수가!'라는 식의 감탄문을 만들 때에는 What a 다음에 명사를 붙입니다. 필요한 경우 명사 앞에 형용사를 넣어서 꾸며줄 수도 있습니다.

STEP 3 자신있게 말해 보자!

A **What a surprise!** 이게 웬일이야!
What are you doing here, Peter? 여긴 어쩐 일이야, 피터?

B Choel-su? Is that you? 철수? 너 철수 맞아?

도전! 조금 실력이 붙으면 해 볼 만한 말들

오랜만에 우연히 만났을 때

What **brings** you here? 여긴 어쩐 일이야?

(It's a) **Small world!** 세상 참 좁다! / 널 여기서 보게 되다니!

못 만난 기간을 언급할 때

It's been a **while**! / It's been **ages**!
본 지 꽤 됐지! / 본 지 굉장히 오래됐지!

It's been 3 **years** already! 본 지 3년이나 됐네!

a while은 '한동안'이라는 막연한 기간. 좀 더 강조하려면 a long while이라고 할 수도 있다. ages는 a long while보다 더욱 긴 기간을 나타내는 표현이다.

변신! 다른 상황에서 응용할 표현들

What a **pity**! 유감천만이야.

What a **great idea**! 정말 기가 막히게 좋은 생각이다!

What a **lovely day**! 날씨 참 좋다!

pity는 '가엾다', '안타깝다', '안됐다'라는 의미를 다 포함할 수 있는 단어다.

완성! 네이티브처럼 말하기

What **fancy** to **see** you here!
(고전적인 표현이지만 가끔씩 반 장난으로 세련되게 말하고 싶을 때) 여기서 보다니 웬일이야?

의외의 장소에서 우연히 만났을 때 웃으며 말할 것. 그렇지 않으면 "넌 또 여기 왜 온 거야?"라는 식으로 불쾌하게 받아들일 수 있다.

What are you **do**ing here?
여기 대체 왠일이야?

Are you **here** to **meet someone**?
누구 만나러 왔니?

Yes/No 답변을 요하는 질문으로, 상대방이 답변하기 부담스럽지 않게 묻는 말이다.

02 만남과 헤어짐 - ⑶ 헤어질 때

See you around.

그럼 또 봐요.

가볍게 작별 인사할 때 활용해서 쓸 수 있는 말이 See you.입니다. "다음 일요일에 보자."라고 하려면 See you next Sunday.라고 하고, "곧 또 보자."라는 간단한 인사는 See you around / late.와 같이 활용할 수 있죠.

실제 상황 SOS

헤어질 때 흔히 쓰는 Good-bye.는 직장 동료 사이라면 모르지만 친한 친구에게 쓰기에는 약간 격식을 차린 표현입니다. 그럼 그 외에 작별을 고하는 말이라면? 자주 만나는 친구에게는 가볍게 "그럼 또 (곧 다시) 보자.", "내일 보자."라고 하죠. 영어로도 그렇게 말해 봅시다.

STEP 1 당장 떠오르는 키워드!

1. 재빨리 분위기 파악!

"안녕, 또 보자!"와 "그럼 또 뵙겠습니다."는 분명 그 대상이 다른 말. 같은 "다시 보자."도 조금 다르게 요리해야 하겠군요! 인사할 때와 마찬가지로 상대가 누구인지 유념하세요.

2. 핵심단어 떠올리기

또 (곧 다시)	보자	너, 당신
around / later	**see**	**you**

STEP 2 상황 종료, 미션 해결!

See you around.

'내가 당신을 만날 것이다.'라는 의미로 I'll see you around.라고도 하고, 별 뜻 없이 또 보자는 말로 See you around.라고도 합니다. 이때 around는 '머지않은 미래'에 가볍게 만나자는 의미로 덧붙인 말. See you again.이라고 하면 언제 또 만날지 기약 없이 헤어지는 경우에 하는 인사에 가깝습니다.

STEP 3 자신있게 말해 보자!

A Where are you going? 어디 가는 거니?

B To the library. 도서관 가.

A Okay. **See you around.** 그래. 그럼 또 보자.

도전! 조금 실력이 붙으면 해 볼 만한 말들

Bye for now. (일단) 그럼 안녕.

Take care. 몸조심해. / 잘 지내요.

for now는 '지금 당장은'이란 뜻으로 앞으로 언제든지 다시 만날 수 있다는 뜻을 내포하는 말이다. Take care.는 헤어질 때 나누는 가장 무난한 인사말이다. 특별히 "잘 지내라."라고 당부하고 싶다면 Take good care of yourself.라고 하기도 한다.

변신! 다른 상황에서 응용할 표현들

I look forward to seeing you soon.

곧 만나 뵙게 되기를 바랍니다.

look forward to...는 '~하기를 고대하다, 기대하다'라는 뜻으로, to 다음에는 명사나 동명사가 온다. 이 표현은 팩스나 이메일로 사무적인 서신을 보낼 때 유용하게 쓸 수 있는데, 예를 들어 "빠른 답신을 기다리겠다."라는 말은 We look forward to hearing from you soon.이라고 한다.

Let's get together some time. 언제 한 번 만나자고요.

막연하게 "언젠가 또 만나자."라고 가볍게 제안하는 말로, get together는 '모이다'라는 뜻이다.

완성! 네이티브처럼 말하기

I'll see you later.

그럼 나중에 보자.

I guess I'll see you later then.

(나중에 만날 것을 정한 다음) 그럼 그때 보지 뭐.

See you soon.

(머지않아 다시 만나기로 한 다음) 그럼 곧 보자구.

Exercise 02

Part Ⅰ 문장을 만들어 보세요.

박자에 맞추어 문장을 점점 늘려가며 따라해 보세요.

surprise
What a surprise!

a while
been a while
It's been a while!

idea
a great idea
What a great idea!

name
your name
What's your name?

your phone number
have your phone number
May I have your phone number?

do
you do
What do you do?

around
See you around.

some time
get together some time
Let's get together some time.

▶▶ 정답 및 해석 p. 240

Part Ⅱ 대화를 완성하고 따라해 보세요.

1 우선, MP3를 듣기 전에 대화 속 괄호 안에서 맞는 것을 고르세요.
그리고, MP3를 듣고 따라하면서 자신이 고른 것이 맞는지 확인하세요.

도서관 / 대출증을 만들려는 철수

사서 **(Will I / May I) have your name and phone number please?**

철수 **Sure. My name is Lee Cheol-su, L-E-E C-H-E-O-L S-U. And the number is 555-1243.**

사서 **Okay. And (what do you do / what's you do)? Are you a student?**

철수 **Well, I'm a computer programmer. I work at a computer company.**

2 먼저 대화를 영어로 완성한 후, MP3를 듣고 따라하면서 확인하세요.

우연히 옛 친구 미라를 만난 철수

미라 **Excuse me, aren't you Cheol-su?**

철수 너 미라 아냐?

미라 **Oh, my gosh! Long time no see!** 여긴 어쩐 일이야?

철수 **I was making my library card. I live near here.** 그런 너는 여기서 뭐 하는 거야?

미라 **I work here! Hey,** 우리 언제 한 번 뭉치자!

철수 **Sure.** 그럼 또 보자!

03 대화의 시작 - (1) 개인적인 경험

So, how was...?

그래, ~은 어땠어요?

인사하고 안부를 물은 뒤 대화가 좀 더 이어지기를 바란다면, 상대방의 신상에 관한 얘기를 꺼내는 것도 좋은 방법입니다. 최근에 여행을 다녀온 사람이라면 So, how was your trip?(그래, 여행은 어땠어?), 또 휴가를 보내고 온 친구에게라면 So, how was your vacation?(휴가/방학은 어땠니?)과 같이 말이죠.

실제 상황 SOS

아는 사이라면 최근 그 사람의 근황은 어느 정도 알고 있을 것입니다. 그에 대해 구체적인 안부를 물어봄으로써 대화를 이어 나가 봅시다.

STEP 1 당장 떠오르는 키워드!

1. 재빨리 분위기 파악!

그 사람의 신상에 관해 알고 있는 것을 얼른 떠올리자! 마침 저 친구가 주말에 여행을 다녀왔다니 거기에 대해 물어보면 되겠군요. 여행은 trip이고…. 그러면 어떻게 물어보면 좋을까요?

2. 핵심단어 떠올리기

(일단 운을 떼고)	어땠어	너의 여행
So	**how**	**your trip**

STEP 2 상황 종료, 미션 해결!

So, / how was / your trip?

이때 '네가 다녀온 여행'은 간단히 소유격 your를 이용하여 your trip이라고 표현합니다. 이때 시제에 조심하세요. 이미 과거에 한 일에 대해 묻는 것이므로 be동사는 과거형인 was가 되어야 합니다.

STEP 3 자신있게 말해 보자!

A **So, how was your trip?** 그래, 여행은 어땠어?

B It was great. 대단했지.

도전! 조금 실력이 붙으면 해 볼 만한 말들

How are things with you? 요즘 어떻게 지내?

How's life treating you? 요즘 사는 게 어때?

things는 누군가의 주변에 일어나는 여러 가지 일들을 한꺼번에 가리키는 말로 How are things going with you?라고도 표현한다. things 대신 '생활, 삶'의 전반을 가리키는 말로 life를 쓸 수도 있는데, 이 경우 "인생이 당신을 어떻게 대해 주느냐?"라는 식으로 다소 시적인 표현이 된다.

변신! 다른 상황에서 응용할 표현들

So, how is your wife? 그래, 아내는 잘 지내?

So, how is your family doing? 그래, 가족들은 어떻게 지내나요?

So, how's that project going? 저, 그 프로젝트는 잘돼 가고 있나?

So, how is...?를 이용해 사람들의 안부뿐 아니라 일의 현재 상황이 어떤지를 묻는다. So, ...는 "그래서…" 하고 상대방의 주의를 끄는 역할을 한다.

Tip 주변 사람(들)의 안부를 묻는 대상이 단수일 때는 How is, 복수일 때는 How are로 문장을 시작한다는 것에 주의하자. 또 현재 진행 중인 상태를 강조하기 위해서 뒤에 doing을 붙여 말하기도 한다.

완성! 네이티브처럼 말하기

So tell me, how was your field trip?
(더 어리거나 지위가 낮거나 아주 편하고 친한 사람에게) 그래 현장 학습은 어땠는지 좀 말해 봐.

Did you have fun in Vegas?
(상대가 Vegas를 다녀온 것을 알고 있는 상황에서) 베가스에서는 재미있었어요?

상대방이 대답하는데 부담을 줄이기 위해 Yes/No 답변이 가능한 질문을 할 수 있다.

What did you do in Vegas? 베가스에선 뭘 했어요?

상대방이 이미 베가스를 다녀온 것을 알고 있는 상황에서 뭘 했는지 구체적으로 물을 때 사용한다.

Did you see any shows? (어떤 공연이라도) 공연은 봤어요?

베가스가 공연으로 유명한 곳임을 알고 있는 상황에서 Yes/No 질문을 할 때 사용한다.

03 대화의 시작 - (2) 소식 꺼내기

Did you hear...?

~라는 얘기 들었어요?

사람과 사람 간의 대화가 시작되는 순간, 공통 관심사를 찾아봅시다. 모두 관심을 가질 만한 화제를 꺼내는 거죠. 예를 들어 이렇게 말이죠. Did you hear the news? They're making *Terminator 4*!(소식 들었어요? 〈터미네이터 4편〉을 만든대요!)

실제 상황 SOS

이제껏 독신을 고집하던 친구 제인이 결혼을 발표했답니다. 다들 알면 깜짝 놀랄 일이죠. 상대가 흥미 있어 할 만한 소식을 내가 먼저 꺼내어 봅시다.

STEP 1 당장 떠오르는 키워드!

1. 재빨리 분위기 파악!

화제를 던질 때 "얘, 소식 들었니?"라고 말을 시작하면 상대방이 "어, 뭔데?" 하며 호기심을 가지게 되죠. 상대방이 솔깃할 만한 얘기로 말문을 열어 봅시다!

2. 핵심단어 떠올리기

~했어요?	듣다	제인	결혼하다
Did you	hear	Jane	get married

STEP 2 상황 종료, 미션 해결!

Did you hear / that Jane / is getting married?

'결혼하다'는 get married로 표현하는데, 앞으로 곧 할 예정인 일에 대해 말할 때는 be getting married라고 하는 것이 자연스럽습니다. 한꺼번에 많은 정보를 다 말하려 하지 말고 여러 개의 짧은 문장을 이어 말하는 것도 좋습니다.
Did you hear about Jane? She's getting married!

STEP 3 자신있게 말해 보자!

A **Did you hear about Jane?** 제인 얘기 들었어?

B What about her? 제인 얘기 뭐?

A She is getting married next week! 걔 다음 주에 결혼한대!

B What?! I didn't know that! 뭐? 난 그거 몰랐는데!

도전! 조금 실력이 붙으면 해 볼 만한 말들

Did you know that Jane is getting married?
제인이 결혼한다는 것 알았어?

I can't believe this! Jenny is getting married!
이럴 수가! 제니가 결혼한대!

I can't believe this!라고 일단 말문을 열면 기막히게 놀라운 일이 있다는 것을 강력하게 드러낼 수 있다. 좋은 일과 별로 좋지 않은 일 모두 쓸 수 있다. 상대의 주의를 확실하게 끌 수 있는 표현!

변신! 다른 상황에서 응용할 표현들

So, I heard that Jane is getting married.
참, 제인이 결혼한다는 말을 들었는데요.

Did you hear...?보다는 놀라움이나 충격의 정도가 덜하다고 느껴지는 표현 방법. 역시 about으로 이어지는 간단한 구 또는 비교적 긴 that절이 이어질 수 있다.

So, I heard that you're getting married.
그래, 곧 결혼한다면서요?

완성! 네이티브처럼 말하기

Oh, you won't believe this. 오, 정말 믿기지 않을 거야.

상대방의 주의를 끌면서 얘기를 시작하려고 할 때 사용한다.

Okay, are you ready for some juicy gossip?
자, 엄청나게 흥미로운 소문 좀 들어 볼래?

상대가 들으면 놀랄 것 같은 남의 얘기/소문을 들려주려고 할 때 사용한다.

A few days ago Mary told me... 며칠 전에 메리가 그러는데….

구체적으로 정황부터 설명하면서 얘기를 꺼내려고 할 때 사용한다.

03 대화의 시작 - (3) 호기심 자극

Guess what I...!

내가 ~했는지 들으면 깜짝 놀랄걸요!

쇼킹한 뉴스거리가 있을 때 Did you hear that Jane is getting married?(너 제인이 결혼한다는 얘기 들었니?)라고 곧바로 얘기해도 됩니다. 하지만 Guess what I heard!(최근에 내가 무슨 얘길 들었게!)라고 시작하면 상대방의 호기심을 더 많이 부추기게 됩니다.

실제 상황 SOS

느닷없이 나보다 별로 더 잘난 것 없는 것 같던 옛 동창이 복권에 당첨되었다는 소식을 듣고 충격을 받았답니다! 다른 친구에게 이 사실을 말해 주고 싶은데 어떻게 할까요?

STEP 1 당장 떠오르는 키워드!

1. 재빨리 분위기 파악!

상대방이 궁금해 할 만한 얘기를 꺼낼 때 약간 뜸을 들이면 상대방의 호기심은 더해지죠. 그럼 그렇게 주의를 끌려면? "내가 어떤 소식을 들었게? 한번 맞춰 봐!" 하고 뭔가 대단한 소식이 있는 것처럼 얘기를 꺼냅니다.

2. 핵심단어 떠올리기

추측하다	듣다
Guess	**hear**

STEP 2 상황 종료, 미션 해결!

Guess / what I heard!

'듣다'는 hear, '(내가) 들은 것'은 관계대명사 what을 이용해서 what I heard라고 표현할 수 있습니다. 만일 '내가 본 것'이라면? what I saw라고 하면 되겠죠! 이 다음에 좀 더 자세히 무엇을 어디서 봐서 혹은 들어서 전하는 것인지 덧붙여 말하기도 합니다.

STEP 3 자신있게 말해 보자!

A **Guess what I heard!** 내가 무슨 얘기 들었게!

B What? 뭔데?

A Jack won the lottery! 잭이 복권 당첨됐대!

도전! 조금 실력이 붙으면 해 볼 만한 말들

Guess what I found out! 최근에 내가 알게 된 게 있는데 뭐게?

Guess whom I just saw! 내가 방금 누구를 봤는지 알아요?

Guess... 다음에 사람에 대해서 말하고자 하면 who나 whom, 그 밖의 사물 등은 what으로 이어 말한다. find out은 '모르던 것을 알게 되다'라는 의미로 상당히 흔하게 쓰는 표현. 따라서 최근 들은 소식 등을 호기심을 유발하며 얘기하고자 할 때는 Guess what I found out!이라고 한다.

변신! 다른 상황에서 응용할 표현들

You'll never believe what I heard!
내가 들은 이 소식, 말해도 넌 안 믿을 거야.

You won't believe what Bill told me!
빌이 나한테 뭘 말해 줬는지 들어도 안 믿을걸!

You'll never believe... 또는 You won't believe... 같은 표현은 직역하면 '당신은 ~를 들어도 믿지 않을 것이다.'라는 말이 되어 버린다. 물론 실제 얘기할 때는 '안 믿을 것'이라고 선수를 쳐서 도리어 궁금증을 유발하는 반어적 표현. 상대방이 들으면 그 충격이 상당히 클 것을 예상하고 하는 말이다.

완성! 네이티브처럼 말하기

Guess what happened to me this morning!
오늘 아침에 나 별일 다 봤어!

자신에게 있었던 놀라운 일에 대해 말하려고 할 때 주의를 환기하면서 사용한다.

Okay, guess what? 있잖아, 무슨 일이 있었는지 알아?

일단 본론은 꺼내기 전, 주의부터 끌려는 표현이다.

Something just amazing happened!
엄청나게 멋진 일이 있었어!

아주 멋지고 훌륭한 일이 있었다고 말하며 주의를 끌 때 사용한다.

Exercise 03

Part Ⅰ 문장을 만들어 보세요.

박자에 맞추어 문장을 점점 늘려가며 따라해 보세요.

trip
your trip
How was your trip?

going?
that project going?
How is that project going?

Jane
hear about Jane
Did you hear about Jane?

getting married
she's getting married
Did you hear that she's getting married?

heard
what I heard
Guess what I heard!

found out
what I found out
Guess what I found out.

Bill told me
what Bill told me
You won't believe what Bill told me.

▶▶ 정답 및 해석 p. 240

Part Ⅱ 대화를 완성하고 따라해 보세요.

1 우선, MP3를 듣기 전에 대화 속 괄호 안에서 맞는 것을 고르세요.
그리고, MP3를 듣고 따라하면서 자신이 고른 것이 맞는지 확인하세요.

공원 / 미라의 친구 민경과 순영

민경 **Did you (listen / hear) about Mi-ra?**

순영 **What about her?**

민경 **Did you (know / see) that she's seeing someone?**

순영 **What?! Oh, I can't believe this!**
I'm her best friend and I didn't know about that!

민경 **Well, guess what I (looked out / found out) about her boyfriend.**

순영 **What?**

민경 **I (guessed / heard) he already has a girlfriend.**

2 먼저 대화를 영어로 완성한 후, MP3를 듣고 따라하면서 확인하세요.

회사 근처 식당 / 철수의 동료들

현진 오늘 내가 철수에 대해서 뭘 알게 됐는지 알아?

민식 **What?**

현진 들어도 믿지 못할걸. 듣자 하니 새로운 여자 친구가 생겼다고 하더라.

민식 **No way! He already has a girlfriend!**

현진 난 정말 믿을 수가 없어! **I mean I know Cheol-su. And he's not that kind of guy!**

민식 **And Sun-hee is such a nice girl. He can't do this to her!**

04 감사·사과하기 - (1) 감사 표현하기

Thank you for...

~에 대해서 감사합니다.

영어권에서 Thank you.나 Excuse me.는 거의 습관적으로 쓰는 말입니다. 누군가에게 도움을 받았을 때뿐만 아니라 식당에서건 가게에서건 아끼지 말고 쓰세요. 간단히 Thank you.라고만 해도 되지만 특별히 어떤 일에 감사를 표현할 때에는 뒤에 for를 붙여 '~에 대해 감사하다'라고 표현합니다.

실제 상황 SOS

도무지 풀리지 않는 계산 문제. 친구의 설명을 듣고야 겨우 이해를 했습니다. 시간을 내서 애써 도와줬으니 고맙다는 말은 기본이죠!

STEP 1 당장 떠오르는 키워드!

1. 재빨리 분위기 파악!

"야, 도와줘서 진짜 고맙다." 이쯤은 말해야 친구가 다음에 또 도와주겠죠? '진심으로' 고마워하는 내 마음을 잘 전하도록 구체적으로 말해 봅시다.

2. 핵심단어 떠올리기

고맙다	도움
Thank you	**help**

STEP 2 상황 종료, 미션 해결!

Thank you / for your help.

Thank you와 help 사이에 '~때문에'라는 뜻의 전치사 for를 사용했습니다. 우리말에서는 굳이 '당신의 도움'이라고 표현하지 않지만, 영어에서는 소유격 your를 사용해서 '당신이 준', '당신으로부터'라는 의미를 밝혀 줍니다.

STEP 3 자신있게 말해 보자!

A **Thank you for your help.** I appreciate it.
도와줘서 고맙습니다. 정말 감사드려요.

B You're welcome. 천만에요.

도전! 조금 실력이 붙으면 해 볼 만한 말들

Thanks a lot. 정말 고마워요.

I appreciate it. 감사드립니다.

Thanks.나 Thanks a lot.과 같은 말은 친구 사이에서 또는 간단히 마무리되는 상황에서 가볍게 쓸 있는 말이다. '상당히 고맙다', '애써 줘서 고맙다'라는 뜻을 강조할 때는 I appreciate it.이라고 덧붙인다.

변신! 다른 상황에서 응용할 표현들

It's very kind of you. (그런 행동을 하다니) 참 친절하시군요.

당장 내게 해준 호의에 감사하는 말. 이 말을 과거시제인 It was로 바꾸어 시작하면 "내게 정말 친절한 일을 해주셨어요."라고 상대의 행동을 칭찬하는 듯이 말하는 것이 된다.

I would appreciate it. 그렇게 해 주시면 정말 감사하겠습니다.

appreciate는 상대방이 일부러 꼭 그렇게 해 주지 않아도 되는데도 불구하고 순전히 나를 위해 수고를 마다하지 않았음을 잘 안다는 뜻으로 쓸 수 있는 말이다. 주어 I 다음에 would를 넣어서 I would appreciate it.이라고 하면 이미 도움을 받고 나서 하는 말이 아니라 도움을 받기 전에 미리 "그렇게 해 준다면 정말 고맙겠다."라고 하는 말이 된다.

완성! 네이티브처럼 말하기

Thank you for your patience. 참고 기다려 주셔서 감사합니다.

상점이나 기관 등에서 고객이 비교적 오래 기다렸을 때 혹은 남을 기다리게 했을 때 사용한다.

You are too kind. 너무 친절하시네요. (그래서 제가 민망할 정도예요.)

상대방의 친절함에 무안할 정도로 감사할 때 사용한다.

It'll be greatly appreciated.
(그렇게 해 주신다면) 상대방이 대단히 감사해할 겁니다.

(간곡하게 부탁하면서) 앞서 부탁을 한 뒤 사용한다.

04 감사·사과하기 - ⑵ 감사에 대한 응답

You're welcome.

천만에요.

누가 Thank you. 하고 고마움을 표현해 왔을 때 묵묵부답으로 간단히 미소만 지어 보이는 것은 한국 사람들끼리나 통할 법한 행동이죠. 이쪽에서도 "천만에요."라고 답해 줍시다. Thank you.에 대해 가장 무난하게 쓸 수 있는 일반적인 응답을 익혀 볼까요?

실제 상황 SOS

버스를 기다리는데 온갖 짐을 이고 지고 안고 들고…, 혼자 애쓰는 외국인을 만났습니다. 가방 몇 개를 버스에 올려 주니 Thank you so much for your help.라며 고마워 어쩔 줄을 모르는데, 어떻게 답할까요?

STEP 1 당장 떠오르는 키워드!

1. 재빨리 분위기 파악!

"남아도는 것은 힘뿐인데 뭘 그런 걸 가지고 고맙다고 하세요?"가 너무 길다면 "아이, 뭘요." 또는 "천만에요."로도 충분합니다. 모르는 사람이니까 약간은 격식을 차려 얘기하는 게 좋겠죠?

2. 핵심단어 떠올리기

천만에요.

You're welcome

STEP 2 상황 종료, 미션 해결!

You're welcome.

Welcome이라는 단어가 무의식 중에 가장 먼저 떠오르긴 하지만, 그렇다고 앞에 있는 You're를 빠뜨리면 전혀 다른 의미인 '환영합니다.'라는 말이 되니 주의! 중간에 very나 quite처럼 강조하는 말을 넣기도 합니다.

STEP 3 자신있게 말해 보자!

A Thank you so much for your help. 도와주셔서 정말 감사해요.

B **You're** quite **welcome.** 아유, 천만에요.

도전! 조금 실력이 붙으면 해 볼 만한 말들

Don't mention it. 그런 말씀 마세요.

Don't mention it.이라고 하면 "그런 말씀 하지 마세요."의 뜻으로, 고맙다는 말을 하지 않아도 된다는 말이다. 앞에 please를 붙여 더욱 공손하게 말하기도 한다.

My pleasure. 제가 좋아서 하는 일인 걸요.

Anytime. 언제든 도와드릴게요.

변신! 다른 상황에서 응용할 표현들

It was nothing. (그 정도는) 아무것도 아닌걸요.

상대방이 고마움을 표시했을 때 별로 힘든 일도 아니었다는 의미로도 쓰이지만, 무슨 일이 있었느냐는 질문에 '아무것도 아니다.'라는 뜻으로 쓸 수도 있다.

A: What was it? 그게 뭐였어?
B: It was nothing. 아무것도 아니었어.

I'm glad I could help. 도움이 돼서 기쁘네요.

완성! 네이티브처럼 말하기

Sure. 에이, 뭘요.

내가 당신을 도와준 것이 당연한 것이었다는 뜻으로 가볍게 응수하는 말이다.

No problem. 천만에요.

당신을 돕는 것이 나로서는 아무런 불편함이나 어려움이 없었다는 뜻이다.

Not at all. I thank YOU. 전혀요. 제가 감사하죠.

전혀 고마워할 일이 아니며 오히려 내가 당신에게 더 감사해야 할 일이라는 뜻이다.

04 감사·사과하기 - (3) 사과하기

I'm sorry...

~해서 죄송해요.

붐비는 거리에서 지나가는 사람의 어깨를 치고 가도 '그랬나 보다…' 만원 버스에서 누군가의 발을 밟아도 '밟았나 보다…' 이러면 안 되는 것 아시죠? 잘못하거나 실수한 일이 있다면 꼭 사과를 합시다. 그럼 간단한 사과에서 구체적인 이유를 들어 사과하기까지 시도해 볼까요?

실제 상황 SOS

버스가 갑자기 급정거하는 바람에 옆 사람의 발을 밟고 말았습니다! 게다가 그 사람은 외국인! 굉장히 미안한 표정만 짓고 말 것인가, 아니면 뭔가 사과라도 한마디 할 것인가? 당연히 사과를 해야죠!

STEP 1 당장 떠오르는 키워드!

1. 재빨리 분위기 파악!

미안하다면? 일단 sorry인데… "발을 밟아서 미안해요, 괜찮으세요?"라고 줄줄 얘기할 수 있으면 좋겠지만, 우선 진심으로 미안하다는 뜻만 전달해도 상대방의 기분을 풀어줄 수 있습니다. 미안한 이유는 그 다음에 설명해도 늦지 않답니다.

2. 핵심단어 떠올리기

미안합니다	정말
sorry	**so**

STEP 2 상황 종료, 미션 해결!

I'm / so sorry.

그냥 Sorry.라고만 해도 괜찮습니다. '대단히' 미안하다고 하려면 I'm really sorry. 또는 I'm so sorry.라고 강조해 봅시다. 미안한 이유는 간단히 about 또는 that을 이용하여 덧붙일 수도 있지만, 일단 Sorry. 또는 I'm so sorry.라고 한 다음, 이어서 I stepped on your foot.이라고 자기가 실수한 사실을 얘기해도 됩니다.

STEP 3 자신있게 말해 보자!

A **I'm so sorry.** I stepped on your foot. **정말 죄송해요.** 발을 밟았네요.

B That's all right. 괜찮아요.

도전! 조금 실력이 붙으면 해 볼 만한 말들

I'm terribly sorry. 정말로 죄송합니다.

I apologize. 사과드립니다.

그냥 I'm sorry.라고만 하는 것보다는 중간에 부사인 so나 very를 넣어서 사과의 뜻을 더욱 강조하기도 한다. 격식을 차릴 때에는 terribly라는 부사를 쓰기도 한다. 또 동사 apologize를 써서 I apologize.라고 하거나 명사 apology를 이용해 My apologies.라고 하기도 한다. 역시 격식을 차린 표현들이다.

It's my fault. 내 잘못입니다.

아주 편한 사이에서는 my fault 대신 my bad라고 하기도 한다.

Sorry about last night. 어젯밤 일에 대해 죄송하게 생각합니다.

어떤 일에 대해 사과하려고 할 때에는 Sorry about 뒤에 명사를 이어 표현할 수 있다.

변신!! 다른 상황에서 응용할 표현들

I'm so sorry to hear that. 그렇다니 정말 유감이네요.

이런 경우는 미안하다는 말이 아니라 상대방이 처한 상황이나 그 사람에게 들은 얘기에 유감을 표시하는 말이 된다. "정말 안됐구나."라고 동정하는 말에 가깝다.

완성! 네이티브처럼 말하기

Oops, (It's) My bad. 이크, 제가 실수했네요.

자신의 실수를 바로 인정하는 표현이다.

My deepest apology. 정말 진심으로 죄송해요.

진심으로 격식을 갖춰 사과하는 표현이다.

It won't happen again. 앞으로 이런 일은 다시 일어나지 않을 것입니다.

앞으로 같은 실수나 상황이 벌어지지 않을 거라고 확신을 줄 때 사용한다.

04 감사·사과하기 - ⑷ 사과에 응답하기

That's all right.

괜찮습니다.

누군가 사과를 했을 때 정말 엄청난 잘못을 저지른 경우가 아니라면 대개 "괜찮아요."라고 하죠. 오히려 상대방이 너무 마음을 쓸까 봐 신경 쓰지 말라고(Please don't worry.) 하기도 합니다. 가장 일반적이고 편안한 표현으로는 That's all right. / That's alright.이 있죠.

실제 상황 SOS

같이 식사하던 중 옆 사람이 실수로 물을 엎질러 I'm terribly sorry.라며 어쩔 줄 몰라 할 때, 무슨 말을 어떻게 해야 할까요?

STEP 1 당장 떠오르는 키워드!

1. 재빨리 분위기 파악!

뭐 그쯤이야. "괜찮습니다. 그냥 물인데요 뭐. 그냥 두면 마를 거예요. 걱정하지 마세요."와 같은 말이 떠오르는데…. 얼른 괜찮다는 말을 해야 상대방이 좀 덜 미안하게 여기겠죠?

2. 핵심단어 떠올리기

괜찮다	물	마르다	금방
all right / alright	water	dry	soon

STEP 2 상황 종료, 미션 해결!

That's all right. / It's just water. / It'll dry soon.

OK나 all right / alright는 꼭 앞에 That's를 붙여 말합니다. 뒤이어 '단지 물일 뿐'이라는 것을 강조하기 위해 just가 있으면 좋겠군요. 곧 마를 것이라고 덧붙일 때는 미래형 문장을 만들기 위해 will을 붙이는 것도 잊지 마세요!

STEP 3 자신있게 말해 보자!

A I'm terribly sorry! 정말 죄송합니다!

B **That's all right.** It's just water. It'll dry soon.
정말 괜찮아요. 그냥 물인 걸요. 곧 마를 거예요.

도전! 조금 실력이 붙으면 해 볼 만한 말들

Please don't worry. 신경 쓰지 않으셔도 돼요.

No harm done. 별 피해 입은 것도 없는 걸요.

사과에 대해 공손하게 대답하는 경우의 표현들. Please don't worry.는 크게 신경 쓸 일이 아니라고 안심시키는 말이 된다. No harm done.은 '그 어떤 손해, 피해도 입은 것이 없다'라는 것을 뜻하는 간단한 표현이다.

Forget it. 잊어버리세요.

It's nothing. 괜찮아요. 별일 아닌데요 뭐.

사과에 비교적 간단히 대답하는 표현들. Forget it.은 Please don't worry.와 비슷한 뜻으로 "아예 잊어버려라."라는 말이 된다. It's nothing.은 사과에 답할 때뿐만 아니라 내 호의에 대해 상대방이 고마워하면 "별일 아닌 걸요."라고 대답할 때에도 쓸 수 있다.

변신! 다른 상황에서 응용할 표현들

Forget it. 관둬.

마치 "관두자 관둬."라고 스스로 포기하듯 말할 때, 그리고 "됐으니까 신경 쓰지 마세요."라고 할 때에도 Forget it.이라고 할 수 있다.
또 절대로 들어줄 수 없으니 일찌감치 포기하라고 할 때에도 Forget it.이라고 강한 어투로 표현할 수 있다.

A: Mom, I want that toy truck! 엄마, 나 저 장난감 트럭 사 줘!
B: Forget it! You already have two! 안 돼! 넌 벌써 두 개나 있잖아!

완성! 네이티브처럼 말하기

That's okay. 괜찮아요.

That's alright. 만큼 흔한 표현이다.

Don't worry about it. 신경 쓰지 않으셔도 되요.

상대방이 무안하지 않도록 '신경 쓸 일 없다'고 하는 말.

It happens. 뭐 그럴 수도 있죠. / 이런 일은 흔하게 있는데요, 뭐.

흔하게 있을 수 있는 일임을 강조하는 표현. That's okay.라고 하고 바로 이어서 말할 수 있다.

Exercise 04

Part I 문장을 만들어 보세요.

박자에 맞추어 문장을 점점 늘려가며 따라해 보세요.

help
your help
Thank you for your help.

it
appreciate it
I really appreciate it.

you
kind of you
very kind of you
It's very kind of you.

help
I could help
I'm glad I could help.

hear that
sorry to hear that
I'm sorry to hear that.

right
all right
That's all right.

worry
don't worry
Please don't worry.

Part Ⅱ 대화를 완성하고 따라해 보세요.

1 우선, MP3를 듣기 전에 대화 속 괄호 안에서 맞는 것을 고르세요.
그리고, MP3를 듣고 따라하면서 자신이 고른 것이 맞는지 확인하세요.

회사 휴게실 / 철수를 만난 현진

현진 **Hi, Cheol-su. How's it going?**

철수 **Not bad.**

현진 **(What's / How's) Sun-hee?**

철수 **She's fine, thanks.**

현진 **Cheol-su, I (felt / heard) something strange about you.**

철수 **What are you talking about?**

현진 **Can I tell you something I heard about you?**

철수 **I (would appreciate / would help) it.**

현진 **Okay.**

2 먼저 대화를 영어로 완성한 후, MP3를 듣고 따라하면서 확인하세요.

식당 / 철수와 현진

철수 정말 믿을 수가 없군! **You know me! That's not true!**

현진 **Okay, I believe you.**

철수 **Anyway, thank you for telling me about that rumor.** 정말 고맙게 생각해.

현진 무슨 그런 말을. 도움이 되었다니 다행이다.

철수 그리고 미안하다. **I made you guys worried about me.**

현진 괜찮아.

05 기분 좋게 말하기 - (1) 칭찬하기

I like your...

당신의 ~가 정말 멋진데요.

헤어스타일을 바꾸거나 새 옷을 산 친구에게 I like your sweater.(스웨터 정말 예쁜데.)와 같이 말해 주면 빈말이라도 기뻐할 겁니다. 상대방의 외모에 대해 칭찬하는 것은 딱히 어떤 화젯거리가 떠오르지 않을 때 대화를 시작하는 말로도 제격입니다. 세상에 칭찬을 싫어하는 사람은 없으니까요.

실제 상황 SOS

어느 날 친구가 헤어스타일을 멋지게 바꾸고 나타났네요. 어쩜 내가 평소에 하고 싶었던 것을 대담하게 시도하다니! 한마디 안 할 수 없군요!

STEP 1 당장 떠오르는 키워드!

1. 재빨리 분위기 파악!

마음에 든다는 것은 즉, '내가 보기에 좋다'는 말이지요? 헤어스타일 자체를 주어로 해서 '예쁘다', '멋지다' 등으로 말해도 되지만 그런 생각도 '내 마음에 들어서'이므로 '마음에 든다'라고 표현합니다. 억지로 heart나 mind 같은 단어들 떠올리지 마시고요!

2. 핵심단어 떠올리기

좋다	새로운	헤어스타일
like	**new**	**hair style**

STEP 2 상황 종료, 미션 해결!

I like / your new hair style!

일단 I like...라고 말을 시작한 다음 '상대방이 하고 있는 ~'을 바로 붙여 말합니다. '당신이 하고 있는 그 새로운 헤어스타일'이라는 말을 표현할 때는 간단히 소유격 your를 사용해서 your new hair style이라고 말해 주세요.

STEP 3 자신있게 말해 보자!

A **I like your** new hair style! 새 헤어스타일 멋진데!

B Thanks. 고마워.

도전! 조금 실력이 붙으면 해 볼 만한 말들

I like that scarf you're wearing.
당신이 하고 있는 스카프 참 좋은데요.

역시 상대방이 걸치고 있는 스카프나 옷이나 헤어스타일 등을 칭찬하는 말이다. I like 뒤에 '당신이 지금 하고 있는 그 스카프'라는 식으로 that scarf you're wearing이라고 구체적인 대상을 덧붙인 것이다.

That's a nice dress. 멋진 드레스네요.

더 간단히 칭찬하는 말로 That's a nice...라고 할 수 있다. 역시 뒤에 you're wearing 같이 수식하는 말을 붙일 수 있다.

변신! 다른 상황에서 응용할 표현들

I like that idea. 그거 좋은 생각 같은데요. 마음에 들어요.

상대의 소지품이나 물건뿐 아니라 생각에 대해서도 위와 같이 찬사를 던질 수 있다.

That suits you well. 그거 당신에게 잘 어울리네요.

옷이나 장신구가 상대에게 '잘 어울린다'라고 말하는 것도 칭찬의 한 방법이다.

완성! 네이티브처럼 말하기

I really like your new haircut.
새로 자른 머리 모양이 정말 마음에 드는걸.

상대방의 특징을 집어서 칭찬하는 표현. 더 가깝고 다정하게 들릴 수 있다.

It's so you. 그건 완전 너다 너. / 정말 너와 잘 어울린다.

가볍고 격의 없이 친한 사이에서 칭찬하는 표현. 이때 so와 you에 힘을 주고 약간 길게 발음한다.

That's a nice jacket you're wearing.
너 입고 있는 재킷 근사하다.

우선 특징적 대상을 집어서 간단히 칭찬한 다음(That's a nice jacket) 그것을 지칭하는 자세한 내용(you're wearing)을 이어 말한다.

05 기분 좋게 말하기 - (2) 인사치레

You didn't have to.

이러지 않으셔도 되는데요.

누군가에게 선물이나 도움을 받았을 때 가끔 감사하다는 말로 부족할 때가 있죠. "어머, 이렇게까지 안 하셔도 되는데. 뭘 이런 걸 다…." 영어로도 이렇게 말할 때가 있습니다. 이때 상대방이 벌써 한 일에 대해서는 과거형으로 표현해야 합니다.

실제 상황 SOS

휴가 때 미국 고향 집에 다녀온 친구가 그 지역 특산품이라며 선물을 내놓을 때, 그냥 Thank you.라며 받기만 해도 될까요? 아니면 뜻밖의 선물에 좀 더 예의를 차리는 한마디는 어떨까요?

STEP 1 당장 떠오르는 키워드!

1. 재빨리 분위기 파악!

"아니, 뭐 이런 걸 다….", "이러지 않아도 되는데."에서 포인트는 '~하지 않아도 되었다'라는 부분이죠. 생각지도 못한 선물에 대해 '정말 고맙다'라는 말에 이어 '이렇게까지는 안 해도 되는데'라는 말을 덧붙여 봅시다.

2. 핵심단어 떠올리기

이렇게	하지 않았어도 되는데
this	**didn't have to**

STEP 2 상황 종료, 미션 해결!

You / didn't have to.

인사치레니만큼 입에 붙은 관용 표현이므로 You didn't have to.까지만 말해도 상대방은 나머지 내용을 이미 다 이해하고 있기 때문에 do this는 굳이 붙이지 않아도 됩니다. didn't have to를 아예 한 덩어리로 익혀 한꺼번에 입에서 나오도록 하는 것이 중요합니다.

STEP 3 자신있게 말해 보자!

A I got this for you. 이거 너 주는 거야.

B For me? Oh, **you didn't have to.** 나한테? 와, 뭐 이럴 것까지야.
Thank you so much. I love it. 정말 고마워. 너무 좋다.

도전! 조금 실력이 붙으면 해 볼 만한 말들

You shouldn't have. 이럴 필요 없었는데….

You didn't need to do this. 이러시면 안 되는데….

선물은 꼭 줘야 하는(need to) 것은 아니므로, 고맙다는 의미로 You shouldn't have. 혹은 You didn't need to do that.이라고 표현하는 것이다. 그 다음에는 That's so nice of you. / I really appreciate it. / Thank you so much. 같은 말들이 자연스럽게 따라오는 것이 좋다.

변신! 다른 상황에서 응용할 표현들

You shouldn't have said that. 그런 말은 하지 말지 그랬어.

인사치레가 아니라 정말로 해서는 안 되는 말을 했을 경우에 쓰이는 표현이다. 예를 들어 상대방이 말실수를 했을 때, 그런 말은 하지 않는 게 더 좋았을 것이라는 뜻으로 할 수 있다. 원래 'shouldn't have+동사의 과거분사' 형태는 해서는 안 되는 일을 했다고 지금 후회하고 자신을 책망하는 투로 쓰인다.

I don't know if I deserve this.
이런 것 받을 자격이 있는 건지 모르겠네요.

선물뿐 아니라 상 등을 받을 때에도 유용한 표현. I don't know if…라고 하면 나 자신이 이런 것을 받을 자격, 즉 deserve this인지 아닌지를 모르겠다고 하는 겸손한 표현이다.

완성! 네이티브처럼 말하기

You really shouldn't have 정말 이러지 마셨어야 했는데요.

가장 일반적인 상황에서 흔하게 하는 말. 감사와 무안을 강하게 표현한 것.

Exactly what I needed. 바로 내가 필요로 했던 거예요.

선물을 받고 기뻐하며 감사함을 적극적으로 표현할 때 사용한다.

Oh, you stop! 야, 너 정말 왜 이러니!

친한 사이에서 상대방의 선물이나 행동이 뜻밖이거나 지나칠 정도로 고맙다고 할 때. 이때 you와 stop을 강하게 발음한다.

Exercise 05

Part Ⅰ 문장을 만들어 보세요.

박자에 맞추어 문장을 점점 늘려가며 따라해 보세요.

hair style
your new hair style
I like your new hair style!

wearing
that scarf you're wearing
I like that scarf you're wearing.

dress
nice dress
That's a nice dress!

idea
that idea
I like that idea!

well
suits you well
That suits you well!

have to
didn't have to.
You didn't have to.

said that
shouldn't have said that
You shouldn't have said that.

Part Ⅱ 대화를 완성하고 따라해 보세요.

1 우선, MP3를 듣기 전에 대화 속 괄호 안에서 맞는 것을 고르세요.
그리고, MP3를 듣고 따라하면서 자신이 고른 것이 맞는지 확인하세요.

커피 숍 / 선희와 철수

철수 **I (like your / think that) new hair style.**

선희 **Thanks. (Yours / That) is a nice shirt you're wearing. The color (suits / fits) you well.**

철수 **Thanks. Hey, I got something for you. Here.**

선희 **Oh, you really (won't have to / shouldn't have). Oh, my gosh!**

철수 **Do you like it?**

선희 **I LOVE it! But this is so expensive! I don't know (if I reserve / if I deserve) this.**

철수 **You know, I'm so sorry about what happened between me and Mi-ra.**

선희 **Who's Mi-ra?**

2 먼저 대화를 영어로 완성한 후, MP3를 듣고 따라하면서 확인하세요.

호프 집 / 민식과 철수

민식 **What? She didn't know about you and Mi-ra?**

철수 **That's right.** 그런 얘긴 하지 말았어야 했는데! **I was a fool!**

민식 너 정말 그런 말은 할 필요가 없어.

철수 **So, I'm thinking of introducing them to each other.**

민식 흠, 그거 좋은 생각 같다. **Maybe they can be friends.**

Lecture 2

영어 말귀가 통한다.
영어로 사람들을 사귄다!

하고 싶은 일, 해 주고 싶은 일,
부탁하고, 부탁받는 일.
효과적으로 표현하지 못하면 얼마나
불편할까요? 일단 행동으로 보여 주는
데에도 한계가 있는 법.
영어로 확실하게 표현하는 방법을
알아봅시다.

미리 보는 활용 만점 표현들

06 권유하기

(1) Would you like…?
(2) Why don't you…?

07 받아들이기

(1) Yes, please. I'd like some…
(2) Yes, I'd love to.

08 사양하기

(1) No, thank you.
(2) I'd love to, but I can't.

09 부탁하기

(1) Would you please…?
(2) Can you…, please?
(3) I'd like you to…

10 승낙·거절하기

(1) Sure, I can do that.
(2) I'm sorry, but…
(3) I really don't think I can.

11 조언하기

(1) I think you should…
(2) I don't think you can…

12 조언 받아들이기

(1) I think you're right.
(2) I see your point, but…

13 허락받기

(1) May I…?
(2) Would it be okay if I…?

06 권유하기 - (1) 사물을 권할 때

Would you like...?

~ 드실래요?

누군가와 함께 있다가 먹을 것, 마실 것 등을 권하면 어색하던 분위기가 많이 편해집니다. 이때 "커피라도 좀 드실래요?(Would you like some coffee?)" 또는 "뭐 마실 것 좀 드릴까요?(Would you like something to drink?)" 등의 표현이 좋겠죠.

실제 상황 SOS

사무실에 손님이 찾아왔습니다. 사장님은 아무래도 30분은 더 있어야 돌아오실 것 같고, 기다리는 동안 커피라도 좀 드시겠냐고 물어봐야 할 것 같습니다. 말을 어떻게 꺼낼까요?

STEP 1 당장 떠오르는 키워드!

1. 재빨리 분위기 파악!

Coffee?라고만 해도 굳이 안 될 것은 없습니다만, 그래도 손님인데 조금 더 예의를 차려 봅시다. 정중하게 권하는 상황이라면, 일단 Would you에 like까지 한꺼번에 떠올리는 것이 중요합니다. 그 다음에 구체적인 대상을 붙여 말해 봅시다.

2. 핵심단어 떠올리기

~ 드릴까요?	커피
Would you like	**coffee**

STEP 2 상황 종료, 미션 해결!

Would you like / some coffee?

coffee 앞에 a cup of를 붙여서 '커피 한 잔'이라는 말을 만들 수도 있지만, 가장 무난하고 안전하게 말하려면 some을 붙여 말하는 것이 좋습니다.

STEP 3 자신있게 말해 보자!

A **Would you like** some coffee? **커피 좀 드실래요?**

B Yes, please. **네. 부탁드려요.**

도전! 조금 실력이 붙으면 해 볼 만한 말들

What can I **get** you? 뭘 드릴까요?

Can I **get** you **something**? 뭐라도 좀 갖다드릴까요?

How about some **can**dy? 사탕 좀 드실래요?

상대방에게 뭔가를 가져다주는 상황이라면 일단 get you를 떠올려 보자. What can I get you?는 "뭘 가져다줄까?"라고 묻는 말. Can I get you something?은 이와 비슷해 보이지만 뭔가 가져다주기를 원하는지 묻는 말이다. 아예 How about...에 권하고자 하는 것을 바로 이어 붙여 '~는 어때?'라고 제안하듯 권하기도 한다.

"커피나 차 드실래요?"와 같이 구체적으로 권할 때에는 **Would you like** some coffee or tea?라고 하고, 막연하게 "뭘 드릴까요?"라고 할 때에는 **What would you like** to drink?라고 한다.

변신! 다른 상황에서 응용할 표현들

Would you **like** to **order** now? 이제 주문하시겠습니까?

먹을 것, 마실 것 같은 사물을 권할 때뿐 아니라 '~하시겠습니까?'라고 어떤 행동을 정중히 권할 때에도 'Would you like to+동사원형'의 형태를 써서 표현할 수 있다.

He's in the **meet**ing right now. Would you **like** to **leave** a **mes**sage or **call again lat**er?
지금 회의 중이십니다. 메시지를 남기시겠어요, 아니면 나중에 다시 거시겠어요?

완성! 네이티브처럼 말하기

Would you **care** for some **wine**? 와인을 드시겠습니까?

식당이나 회사 등, 격식을 갖추어 공손하게 권할 때. care for는 want의 공손한 표현이다.

Why don't I **get** you some **coff**ee?
(다소 적극적으로 권할 때) 제가 커피를 좀 가져다 드려야겠네요.

Do you **want** to **go get** some **snack**?
(격의 없이 가볍게 권할 때) 간식 좀 먹으러 갈래?

06 권유하기 - (2) 행동을 권할 때

Why don't you...?

~해 보지 그러세요?

"앉아요."라는 말보다는 "좀 앉으시죠?" 또는 "앉지 그러세요?"라는 말이 더 정겹고 부드럽죠. 영어로는 Why don't you...?로 시작하는 표현을 사용합니다.

실제 상황 SOS

친구가 귀여운 주머니가 달린 스웨터가 마음에 드는지 자꾸만 들었다 놨다 하는군요. 마음에 들면 한번 입어 보면 될 텐데 말이죠.

STEP 1 당장 떠오르는 키워드!

1. 재빨리 분위기 파악!

계속 보는 것보다 한번 입어 보면 확실히 마음을 정할 수 있을 텐데. 신경 쓰지 말고 입어 보라고 해야겠네요. "그렇게 마음에 들면 한번 입어 보지 그래?"라고 가볍게 권해 봅시다.

2. 핵심단어 떠올리기

~해 보지?	입어 보다	그 스웨터 / 그 옷
Why don't you	**try on**	**that sweater / it**

STEP 2 상황 종료, 미션 해결!

Why don't you / try it on?

'옷을 입다'에 해당하는 표현으로는 wear 또는 put on이 있습니다. put on은 '옷을 입는 행위, 과정'을 중시할 때 쓰는데, 모두 자신의 소유인 옷 등을 입는다는 뜻이죠. try on은 새 옷을 처음으로 입어 본다는 의미. 대명사 it을 이용해 말할 때는 try it on이라고 하고, 명사 the sweater를 말할 때는 try on the sweater 혹은 try the sweater on이라고 합니다.

Why don't you wear your coat? **당신 코트 입지 그래요?**
Why don't you put on your jacket? **너 웃옷 입지 그래?**

STEP 3 자신있게 말해 보자!

A This sweater is really nice. **이 스웨터 정말 좋은걸.**

B **Why don't you try it on?** **한번 입어 보지 그래?**

도전! 조금 실력이 붙으면 해 볼 만한 말들

Feel free to try it on. 맘껏 입어 봐.

I think you should try it on. 그거 입어 보면 좋겠다.

'망설이지 말고 마음껏 ~해 봐.'라고 할 때 Feel free to...라고 한다. I think you should...라고 시작하면 '꼭 ~해 봐.'라고 상대방에게 강력하게 권유하는 표현이 된다.

변신! 다른 상황에서 응용할 표현들

Why don't you write to me? 왜 내게 편지를 쓰지 않니?

Why don't you...?가 제안하는 말이라고 배우고 나면, 그럼 '왜 ~하지 않느냐?'라는 말은 어떻게 표현하는지 궁금해하는 분들이 많다. 사실 "좀 쉬지 그러니?"와 "왜 쉬지 않니?"는 모두 Why don't you take a break?로 표현할 수 있다. 다만 상황에 따라 다른 뜻으로 받아들일 수 있다. 왜 하지 않는 건지, 이유가 알고 싶다면 Why don't you에서 Why에 힘을 주어 말한다. 단순히 권유하기 위해 Why don't you...라고 할 때는 Why don't you 모두 일정한 강세로 약간 빠르게 말한다.

완성! 네이티브처럼 말하기

Please take a seat. 어서 앉으시죠.

단호하지만 가볍게 권하는 표현이다.

Why not take a break now? 지금 휴식 좀 취하죠, 뭐.

안 될 것 없으니 해 보자고 가볍지만 강하게 권하는 표현이다.

Shall we all go together? 우리 다 같이 갈까요?

상대방을 좀 더 존중하는 입장으로 권하는 표현이다.

Exercise 06

Part Ⅰ 문장을 만들어 보세요.

박자에 맞추어 문장을 점점 늘려가며 따라해 보세요.

coffee
some coffee
Would you like some coffee?

something
get you something
Can I get you something?

with me
go shopping with me
Would you like to go shopping with me?

candy
some candy
How about some candy?

on
try it on
Why don't you try it on?

on
try it on
you should try it on
I think you should try it on.

on
try it on
Feel free to try it on.

Part Ⅱ 대화를 완성하고 따라해 보세요.

1 우선, MP3를 듣기 전에 대화 속 괄호 안에서 맞는 것을 고르세요.
그리고, MP3를 듣고 따라하면서 자신이 고른 것이 맞는지 확인하세요.

철수 집 / 철수와 선희

철수 **Uh… Can I (get you / give you) something to drink?**

선희 **No, I'm fine. Thank you.**

철수 **(Would you / How about) a beer or something?**

선희 **I said I'm fine. Besides, I'm not feeling well. I can't eat anything.**

철수 **Oh, then, (will you / would you) like to go see some movies tonight?**

선희 **No, I'm not in the mood.**

철수 **Come on, you still don't believe me, do you?**

2 먼저 대화를 영어로 완성한 후, MP3를 듣고 따라하면서 확인하세요.

백화점 / 철수와 미라

미라 **Hey, Cheol-su! Hi!**

철수 **Oh, hi, Mi-ra! Good… to see you here.**

미라 **Nice sweater!** 너 그거 아무래도 꼭 입어 봐야겠다. **You'll look great in it.**

철수 **Yeah? Well…**

점원 **You just met your friend? How nice! We have a little reception room over there.** 거기서 편하게 얘기 나누시죠.

철수 **Oh, no, thank you. I was just going to leave.**

점원 **Okay, then,** 이 재킷 입어 보시겠습니까?

철수 **No, thanks. I… I'll come later. Sorry, Mi-ra! See you around!**

07 받아들이기 - (1) 사물을 받아들이기

Yes, please. I'd like some...

네, ~을 주세요.

누가 Would you like something to drink? 하고 물어오면 흔쾌히 받아들이거나 아니면 부드럽게 사양합니다. 일단 제의를 수락하는 쪽부터 생각해 볼까요? 더 구체적으로는 내가 마시고 싶어 하는 것까지 말해 봅시다.

실제 상황 SOS

비행기를 타면 자주 들을 수 있는 말, Would you like something to drink? 자, Yes.라고만 하고 가만히 있으면 스튜어디스가 또 한 번 질문해 오겠죠. 그럼 내가 마시고 싶은 것까지 말해 봅시다.

STEP 1 당장 떠오르는 키워드!

1. 재빨리 분위기 파악!

Yes나 No를 분명히 한 다음 원하는 음료를 떠올려 말해 봅시다. Yes, coffee.라고만 해도 뜻은 통하겠지만, 정중히 물어보는 말에는 어느 정도 예의를 갖추어 대답해 보도록 하세요.

2. 핵심단어 떠올리기

주세요.	콜라
would like	**cola**

STEP 2 상황 종료, 미션 해결!

Yes, please. / I'd like / some cola.

cola는 a cola라고 해도 되고 some cola라고 표현해도 됩니다. 또 cola 대신 coke라는 말을 쓰기도 하죠. '원하다'라는 뜻의 would like를 실제 발음할 때는 주어와 이어져서 'd like 정도로 짧게 말합니다. 여기서는 I'd like가 되겠네요.

STEP 3 자신있게 말해 보자!

A Would you like something to drink? 뭐 마실 것 좀 드릴까요?

B **Yes, please. I'd like some** cola. 네. 콜라 좀 주세요.

도전! 조금 실력이 붙으면 해 볼 만한 말들

Yes, please. Coffee would be very nice.
네, 커피가 참 좋겠네요.

'~가 좋겠네요.'라는 식으로 아예 처음부터 원하는 것을 말할 수 있다. Coffee would be nice.(커피가 좋겠네요.), Just water would be nice.(그냥 물이 좋겠네요.) 같은 식으로 말하면 된다.

Yes, please. I'd love some coffee. 네, 커피 좀 주세요.

would like... 대신 would love...를 쓰면 더욱 적극적으로 요청하는 표현이 된다.

변신! 다른 상황에서 응용할 표현들

That would be nice. 그러면 좋겠네요.

상대방이 어떤 제안을 했을 때 "그거 좋겠네요."라고 대답하는 경우에 이렇게 말해 보자. Can I give you some advice?(충고 좀 드려도 될까요?)라는 말에 "그럼요. 그렇게 해 주시면 좋겠네요."라고 하려면 Sure, that would be nice.라고 대답한다.

완성! 네이티브처럼 말하기

Sure. I would love some. 네, 좀 주시면 좋지요.

상대가 권하는 것을 적극적으로 기쁘게 받는 표현이다.

Actually that sounds good. 듣고 보니 그거 좋겠는데요.

미처 생각 못 했는데 듣고 보니 좋을 것 같다고 하는 표현이다.

Well, thank you. I'll take just a little.
아, 네. 감사합니다. (근데) 조금만 주세요.

약간 조심스럽게 감사하며 받을 때, 그러나 약간만 달라고 덧붙여 말하는 표현이다.

07 받아들이기 - ⑵ 행동을 받아들이기

Yes, I'd love to.

그럼요, 물론이죠!

생일 파티나 결혼식, 저녁 식사 등에 초대받는 건 기분 좋은 일이죠. "우와, 생일이었어요? 물론 가야죠!" 이왕 수락할 거라면 초대한 사람이 기분 좋도록 흔쾌히 합시다. Sure, I'd love to.(물론이죠.)라든지 With pleasure.(기꺼이.)라고 말해 보세요.

실제 상황 SOS

직장 동료가 드디어 결혼식 날짜를 잡았다고 합니다. Can you come to my wedding?이라고 묻네요. 결혼식에 올 수 있냐고? 물론이죠!

STEP 1 당장 떠오르는 키워드!

1. 재빨리 분위기 파악!

그럼, 그럼, 물론 가야지! 미국인들의 결혼식은 어떤지 궁금하기도 하고 말이죠. 자, 그렇다면 정확한 의사 표현과 더불어 상대방의 초대에 얼마나 가고 싶은지 적극적으로 드러내 주는 것이 좋겠죠?

2. 핵심단어 떠올리기

~하고 싶다	가다	결혼식
would like / love to	**go**	**wedding**

STEP 2 상황 종료, 미션 해결!

Yes, / I'd love to.

좀 더 예의를 차리면서 '나도 가 보았으면 한다.'라는 의지를 나타낼 때는 단순히 'want to+동사원형'으로 표현하기보다 'would like to+동사원형'을 쓰는 것이 더 어울립니다. 가고 싶어 한다는 의지를 좀더 강조하고 싶을 때는 like 대신 love를 쓰면 더 흔쾌하게 수락하는 대답이 됩니다. 상대방의 질문에 '결혼식에 가다'라는 의미가 포함되어 있으므로 대답할 때 to 뒤에 굳이 go to your wedding이라고 덧붙일 필요없는 것 아시죠?

STEP 3 자신있게 말해 보자!

A Can you come to my wedding? 내 결혼식에 와줄 수 있어?

B **Yes, I'd love to!** 그럼, 가고 말고!

도전! 조금 실력이 붙으면 해 볼 만한 말들

I wouldn't miss it for the world.

세상이 끝나는 한이 있어도 그렇게 할게.

이 세상을 다 주고 바꾸자고 해도 놓치지 않겠다. 즉 그 어떤 일이 있더라도 꼭 하고 말겠다는 강한 의지를 재미있게 표현한 것이다. 상대방의 초청 등에 대해 "물론 꼭 가고 말고! 내가 안 가면 누가 가나?"라는 식으로 강조하여 말하는 격.

Sure thing. 물론이지.

Absolutely! 아무렴!

상대방이 Do you want to go to the movies?(영화 보러 갈래?)라고 물었을 때 "당연하지!" 하고 대답하는 정도의 어감으로 쓸 수 있다. Sure thing!의 경우 격식을 차리지 않아도 되는 상황에서 편하게 쓰인다.

변신! 다른 상황에서 응용할 표현들

You bet! 내기해도 좋아!

상대방의 질문에 대단히 자신이 있다면 You bet.이라고 대답할 수 있다.

완성! 네이티브처럼 말하기

Gladly. 기꺼이요.

상대가 부탁하거나 권할 때 이를 허락하는 정도가 아니라 기꺼이 기쁘게 하겠다고 할 때 사용한다.

I'll be more than happy to do so.

저로서는 무척 기쁘게 그렇게 하겠습니다.

약간 격의 있게 기꺼이 그렇게 하겠다고 말할 때 사용한다.

I'll be there no matter what. 무슨 일이 있어도 꼭 갈께요.

강한 어조로 반드시 그렇게 하겠다고 할 때 사용한다.

Exercise 07

Part Ⅰ 문장을 만들어 보세요.

박자에 맞추어 문장을 점점 늘려가며 따라해 보세요.

cola
some cola
I'd like some cola.

nice
very nice
Coffee would be very nice.

coffee
some coffee
I'd love some coffee.

nice
would be nice
That would be nice.

to
I'd love to!
Yes, I'd love to!

bet
You bet!

world
for the world
miss it for the world
I wouldn't miss it for the world!

Part Ⅱ 대화를 완성하고 따라해 보세요.

1 우선, MP3를 듣기 전에 대화 속 괄호 안에서 맞는 것을 고르세요. 그리고, MP3를 듣고 따라하면서 자신이 고른 것이 맞는지 확인하세요.

철수의 집 / 민식, 민식의 여자 친구 정희, 철수

철수 **It's very (glad / nice) to meet you, Jung-hee. I've (listened / heard) (something / a lot) about you from Min-sik.**

정희 **Oh, yeah? What did you tell him about me?**

민식 **Only the good things, of course.**

철수 **(Could you / Would you) like something to drink?**

정희 **Oh, just water (could / would) be very (nice / good), thanks.**

철수 **No problem. Oh, the pictures I took at the club just came out. Want to see them?**

민식 **Of course (I would / I'd love to)!**

2 먼저 대화를 영어로 완성한 후, MP3를 듣고 따라하면서 확인하세요.

철수의 집 / 민식, 민식의 여자 친구 정희, 철수

민식 **Anyway, you can come, can't you?**

철수 **Hey,** 세상을 다 준대도 내가 네 결혼식에 빠질 수는 없지!

민식 **Thanks. By the way, can you give us a ride to the airport after the wedding?**

철수 당연히 되고 말고! **And don't forget to confirm your flight.**

민식 그럼! **But I'm worried about the traffic.**

철수 **I'll put all the luggage in the car right after the wedding. How about that?**

정희 그렇게 해 주면 좋겠네요.

08 사양하기 - (1) 물건을 사양하기

No, thank you.

아뇨, 괜찮습니다.

누가 나에게 권하는 것을 거절할 때 너무 매정하거나 무례하지 않게 No라고 하는 방법은? 일단 가장 중요한 No를 말하고, 이어서 '그래도 감사합니다.'라는 뜻을 전합니다. 부득이 거절할 수밖에 없는 이유를 간단히 덧붙이면 더욱 좋겠지요?

실제 상황 SOS

신혼부부의 집들이에 초대받았습니다. 요리를 잔뜩 먹어서 이미 나는 배가 부른 상태. 그런데 주인이 좀 더 먹으라고 권합니다. 하지만 난 이제 배가 불러서 더 이상은…!

STEP 1 당장 떠오르는 키워드!

1. 재빨리 분위기 파악!

배가 부른데도 억지로 먹을 필요까지는 없습니다. 상대방이 기분 나쁘지 않게 사양을 하면 되니까요. "아뇨, 됐습니다."라고 정중히 거절하고, 가능하다면 이유까지도 말해 보세요.

2. 핵심단어 떠올리기

감사하지만 됐습니다.	배	꽉 차다 / 배부르다
Thank you but	**stomach**	**full**

STEP 2 상황 종료, 미션 해결!

No, thank you. / I'm full.

No, thank you.라고 해도 되고, Thank you but…으로 시작해도 됩니다. 어쨌든 '못 먹겠다'라는 의사는 분명히 해 두세요. 배가 부르다는 것을 '배'가 '꽉 찼다'라고 풀이해서 My stomach is full.이라고 하면 어색한 말투가 된답니다. 굳이 stomach 같이 어려운 단어를 생각해 내느라 고생할 것 없이 간단히 I'm full.이라고만 해도 충분합니다.

STEP 3 자신있게 말해 보자!

A Would you like some more? 좀 더 드시죠.

B **No, thank you.** I'm full. 아뇨, 괜찮습니다. 배가 불러서요.

도전! 조금 실력이 붙으면 해 볼 만한 말들

Not for me, thank you. 고맙습니다만, 저는 됐습니다.

Not for me.는 여럿이 함께 있을 때 "다른 사람은 어떨지 몰라도 나만큼은 안 되겠다."라는 식으로 말하는 표현이다. 물론 I can't.에 간단히 Thank you.만을 덧붙여도 무방하다.

I'll pass! 난 빠질래!

아주 친밀한 사이에서 뭔가를 사양할 때에는 아무 격의 없이 "난 빠질게!"라는 뜻으로 위와 같은 표현을 쓸 수도 있다.

변신! 다른 상황에서 응용할 표현들

No, thanks. I'm just looking around.
괜찮습니다. 그냥 둘러보는 거예요.

먹는 것에 대한 제안뿐 아니라 도움을 제안받는 경우에도 이렇게 거절하면 된다. 상점에서 점원이 May I help you?라고 물었을 때 이렇게 답할 수 있다. No, thank you.라고만 하기에 아쉬움이 남는다면 "그냥 구경하는 중이에요."라는 뜻으로 I'm just looking around. 같은 표현을 더하는데, looking around 대신 browsing이라는 단어를 쓰기도 한다.

완성! 네이티브처럼 말하기

Thanks but no thanks. 고맙지만, 됐어요

가볍게, 그러나 부드럽게 거절하는 표현이다.

Not me. 난 아니에요. / 안 할래요.

친한 사이에서 격의 없이 다소 강하게 거절하는 표현이다.

No, I can't take this. 아니요, 저 이거 못 받아요.

상대방이 준 물건에 대해서 도저히 받을 수 없다고 사양할 때 사용한다.

08 사양하기 - (2) 행동을 사양하기

I'd love to, but I can't.

마음은 굴뚝 같지만 안 되겠네요.

상대방이 신경 써서 초대해 줬지만 부득이 거절할 수밖에 없다면? 될수록 상대방이 기분 상하지 않도록 얘기하는 게 중요하겠죠. '정말 가고 싶지만 어쩔 수 없는 이유로 가지 못한다.'라는 식으로 말해 봅시다. 간단한 이유를 함께 말하면 더욱 좋습니다.

실제 상황 SOS

친한 친구가 주말에 파티를 한다고 합니다. 하지만 공교롭게도 이번 주말엔 아버지의 생신이 끼어 있어 어쩔 수 없이 거절할 수밖에 없겠네요.

STEP 1 당장 떠오르는 키워드!

1. 재빨리 분위기 파악!

"정말 가고 싶어. 하지만…" 하고 내가 어쩔 수 없는 이유로 가지 못한다는 것을 알립시다. 먼저 가고 싶은 마음이 굴뚝 같다는 것부터 확실히 하세요. 이어서 '그러나 안 되겠다.'라는 의사를 분명히 하고 그 이유까지 말할 수 있으면 좋겠지요.

2. 핵심단어 떠올리기

가고 싶다	그러나	안 된다
I'd love to (go)	but	no / can't

STEP 2 상황 종료, 미션 해결!

I'd love to, / but I can't.

안 된다는 내용의 부정적인 말을 하고자 하면 대뜸 No부터 떠오르는 것이 사실. 그러나 때와 상황에 맞는 다른 표현도 알아두고 적절히 쓸 수 있도록 연습하는 것이 중요합니다. 여기서는 No, I can't.라고 해도 되고 그냥 I can't.라고만 해도 되지만 No.라고만 하지는 마세요. 가고 싶은 마음이 굴뚝 같다는 걸 강조하려면 would like to보다 would love to를 써 보는 게 좋겠죠?

STEP 3 자신있게 말해 보자!

A Can you come to my birthday party? 내 생일 파티에 올 수 있어?

B **I'd love to, but I can't.** 정말 가고는 싶은데 안 되겠다.

도전! 조금 실력이 붙으면 해 볼 만한 말들

I wish I could, but I already have plans.

나도 그럴 수 있으면 좋겠는데 이미 다른 계획이 있어서요.

이런 식으로 '~할 수 없는 이유'를 간단하게나마 구체적으로 말해 주는 것이 예의. '다른 선약'을 언급할 때는 I already have[made] (other) plans.가 좋다.

I'll try, but I really don't think I can make it.

꼭 가려고 노력은 해 보겠지만, 실은 정말 못 갈 것 같아요.

try 부분을 약간 올려 말해서 '노력은 해 보겠다'라는 의지를 가볍게 전달하고 난 후, 실은 가기 힘들겠다고 조심스럽고도 솔직하게 말하자. 이때 '초대 받은 자리에 가다'라는 뜻으로 make it이라고 한다는 것을 알아두자.

변신! 다른 상황에서 응용할 표현들

Thank you for asking though.

그래도 어쨌든 물어봐 주셔서 고마워요.

Sorry, but I can't.라고 말한 후, '그래도 물어봐 주셔서 감사한다.'라고 덧붙일 때 많이 쓰는 표현. 맨 끝의 though는 '그래도, 그럼에도 불구하고'라는 뜻이다.

Thank you, but I think I can do it myself.

고맙습니다만, 혼자도 할 수 있을 것 같아요.

누가 도와주면 고맙긴 하지만 분명 혼자 해내야 할 때도 있는 법. Thank you, but...에 '혼자 할 수 있다'라는 표현인 can do it oneself를 덧붙이면서 정중히 거절해 보자.

완성! 네이티브처럼 말하기

I'll have to say no to that. 아무래도 전 사양해야 할 것 같네요.

약간의 격식을 갖춘 상황에서 어렵게 거절할 때 사용한다.

Oh, you know what? I'm on my way home already. 어머, 그게 말이죠, 제가 실은 벌써 집으로 가고 있는 중이거든요.

비교적 친한 사이에서 이미 다른 일이 있어서 상대방의 초청 등을 거절해야 할 때 사용한다.

But can I take a rain check? 그런데 다음에 하면 안 될까요?

앞서 사양한 후 아쉬운 듯 다음 기회를 만들고자 할 때 사용한다.

Exercise 08

Part I 문장을 만들어 보세요.

박자에 맞추어 문장을 점점 늘려가며 따라해 보세요.

thank you
No, thank you.

full
I'm full
No, thank you. I'm full.

around
looking around
I'm just looking around.

can't
I can't
I'd love to, but I can't.

can't
I can't
I wish I could, but I can't.

you
kind of you
That's very kind of you.

myself
do it myself
I can do it myself
I think I can do it myself
Thank you, but I think I can do it myself.

▶▶ 정답 및 해석 p. 242

Part Ⅱ 대화를 완성하고 따라해 보세요.

1 우선, MP3를 듣기 전에 대화 속 괄호 안에서 맞는 것을 고르세요.
그리고, MP3를 듣고 따라하면서 자신이 고른 것이 맞는지 확인하세요.

철수 회사 / 철수와 미라의 통화

철수 **Hello, this is Lee Cheol-su speaking. How can I help you?**

미라 **Hi, Cheol-su. It's me, Mi-ra.**

철수 **Oh, hi.**

미라 **Cheol-su, I'm having a little housewarming party this Saturday. Can you come?**

철수 **This Saturday? Oh, I'd (wish to / love to), but I (can't / won't). I have other plans that day.**

미라 **You can come late.**

철수 **I (hope / wish) I (can / could). But I have a party to go to. But thank you for (asking / offering) me.**

2 먼저 대화를 영어로 완성한 후, MP3를 듣고 따라하면서 확인하세요.

철수, 선희 / 파티를 위해 장을 봐서 가는 선희를 만난 철수

철수 **You know I'm a pretty good cook. I can help you cook.**

선희 **Thank you, but** 혼자 할 수 있을 것 같아.

철수 **Okay. Oh, that looks pretty heavy. Let me carry it for you.**

선희 **No, really.**

철수 **Please, let me!**

선희 고맙지만 난 괜찮대도!

09 부탁하기 - (1) 공손한 부탁

Would you please...?

~ 좀 해 주시겠습니까?

상대방에게 정중하게 뭔가를 요구할 때는 '~해 주시겠습니까?'라고 하죠. 이에 해당하는 영어 표현에서는 could, would, will, can 등과 같이 문장 맨 첫머리에 오는 단어들을 잘 익혀 두어야 합니다.

실제 상황 SOS

주차장에서 차를 빼려고 보니 다른 차가 앞을 막고 있군요. 어떻게 해야 할까요? 앞 차 주인에게 전화를 해서 차를 좀 빼 달라고 말해야죠!

STEP 1 당장 떠오르는 키워드!

1. 재빨리 분위기 파악!

일단 차를 빼 달라고 부탁부터 합시다. 모르는 사람에게 부탁하는 경우이니만큼 정중하게 하는 게 좋겠습니다.

2. 핵심단어 떠올리기

좀 ~해 주시겠어요?	당신의	차	빼다	막다
Would you	your	car	move	block

STEP 2 상황 종료, 미션 해결!

Would you please / move your car?
Your car / is blocking / mine.

도저히 거부할 수 없게끔 Would you에 please까지 붙여 공손하게 말해 봅시다. '자동차를 빼 달라'는 말은 곧 '움직여 달라'는 뜻이니 동사 move를 써 봅시다.
지금 진행 중인 상황이므로 현재진행형을 써서 is blocking으로 표현합니다. '당신의 차'를 your car라고 했으면 내 차는 mine, 즉 '내 것'이라고만 해도 됩니다.

STEP 3 자신있게 말해 보자!

A **Would you please** move your car? **차 좀 빼 주시겠습니까?**
Your car is blocking mine. **제 차를 막고 있거든요.**

B Right away. **바로 빼 드릴게요.**

도전! 조금 실력이 붙으면 해 볼 만한 말들

Would you mind moving your car a little bit, please? 괜찮다면 차 좀 빼 주시겠어요?

동사 mind는 '꺼리다'라는 뜻으로, 이런 부탁의 말을 듣고 수락한다면 No, not at all.(아니요. 전혀 꺼려지지 않습니다.)이라고 하고, 실제로 들어주기 곤란하다면 I'm sorry, I can't. 또는 I'm afraid not.(안됐지만 그건 곤란한데요.)이라고 대답한다.

Could I ask you to move your car a little bit, please? 차를 좀 빼 주십사 부탁을 드려도 될까요?

여기서 동사 ask는 '요청하다, 부탁하다'라는 뜻으로 대단히 정중하게 부탁하는 표현이 된다.

변신! 다른 상황에서 응용할 표현들

Do you mind? 괜찮습니까?

Do you mind 다음에 if절이 오면 Do you mind if I open the window?(창문을 열어도 괜찮겠습니까?), 동명사가 오면 Do you mind my smoking in this room?(이 방에서 담배를 피워도 괜찮겠습니까?)와 같이 쓰인다. 만약 Do you mind?라고만 하면 어떤 사람의 행동이나 말에 화가 났다는 표시가 되기도 한다. 예를 들어, Do you mind? That's my seat you're sitting on!이라고 하면 "이봐요! 내 참…, 그 의자는 내가 앉던 자리예요!"라는 말이 된다.

완성! 네이티브처럼 말하기

Could you please answer the phone?
죄송하지만 그 전화 좀 (대신) 받아 주시겠어요?

Would you로 물을 때와 거의 비슷한 정도로 예의를 갖추어 정중히 부탁할 때 쓴다.

Will you get me some water, please?
물 좀 가져다 줄래요?

비교적 격의 없이 편하게 부탁하는 표현이다.

Excuse me but do you mind closing down the window? 실례지만 거기 창문 좀 닫아 주셔도 괜찮을까요?

"당신이 ~해 주는 거 괜찮아요?" 정도의 뜻으로 역시 어떤 일을 시키거나 부탁할 때 쓴다.

09 부탁하기 - ⑵ 일상적인 부탁

Can you..., please?

~ 좀 해 줄래요?

친구나 가까운 사람에게 부탁을 할 때에는 '죄송하지만 ~ 좀 해 주시겠습니까?'는 자칫 지나치게 공손하게 들릴 수 있죠. 그렇다고 너무 무례하지 않게 부탁하려면 '~ 좀 해 줄래요?' 정도가 어떨까요?

실제 상황 SOS

주말에 친구들 가족을 초대해 고기를 굽느라 손을 뗄 수가 없는데, 목이 마르더군요. 정신없는 와중에 친구에게 물을 좀 갖다 달라고 겨우 부탁했습니다.

STEP 1 당장 떠오르는 키워드!

1. 재빨리 분위기 파악!

정중하게 말할 상황도 아니고 여유도 없이 바쁜데 뭔가 갑자기 필요하다면? 마침 친한 친구 한 명이 곁에 있다면 가볍게 부탁해 봅시다.

2. 핵심단어 떠올리기

해 줄래요?	나에게	물	가져다주다
Can you	to me	water	get / bring

STEP 2 상황 종료, 미션 해결!

Can you get me / some water, please?

'나에게'와 '가져다주다'라는 단어를 각각 to me와 get / bring으로 떠올리면 골치 아프게 됩니다. get to me, 또는 bring to me 모두 옳지 않기 때문이죠. 한꺼번에 get me, bring me로 묶어서 생각하세요. '가져다 달라'라는 뜻으로 bring me보다 get me가 일반적으로 쓰인답니다. water 앞에 예전에는 학교에서 배웠듯이 a glass of를 꼭 붙여야 하는 것은 아닙니다. 그냥 간단히 some만 붙이면 가장 안전하죠.

STEP 3 자신있게 말해 보자!

A Can you get me some water, please?
부탁인데, 나 물 좀 갖다 줄래?

B Sure. 그래.

도전! 조금 실력이 붙으면 해 볼 만한 말들

Do me a favor and get me some water.

부탁 하나 들어줘, 물 좀 갖다 줘.

이 말을 자유롭게 쓸 수 있게 되면 영어회화는 어느 정도 경지에 들어선 셈. 물론 do someone a favor에서 출발한 표현이다. 즉 '누구에게 그의 부탁을 들어주다'라는 뜻.

Get me some water, will you? 물 좀 갖다 줘, 응?

일단 명령하는 조로 부탁해 놓고 나서 마치 꼬리표처럼 "응? 좀 그래 줄래?"라고 덧붙이는 격. 아주 편한 친구나 가족 사이에서 사용 가능한 어투다.

변신! 다른 상황에서 응용할 표현들

I could use some water. 물 좀 마실 수 있으면 좋겠는데요.

could use는 어떤 것이 필요하니 달라고 부탁하는 표현으로, 그 뉘앙스는 '(사정이 허락한다면) 물이 좀 있었으면 한다.'라는 공손한 말이 된다. 한참 힘들게 일하다가 "괜찮다면 휴가를 좀 갔으면 좋겠다."라고 할 때에도 I could use a vacation.이라고 할 수 있다.

Could you do me a favor? 부탁 좀 하나 들어줄래요?

'do [누구] a favor'를 응용해서 Could you do me a favor?라고 하면 대단히 공손한 표현이 된다. 여기에는 Sure. What is it?(그럼, 뭔데?)과 같이 대답할 수 있다.

완성! 네이티브처럼 말하기

Shut the door, please. 그 문 좀 꽉 닫아 줄래요?

아주 친하거나 어린 상대방에게 가볍게 그러나 강한 어조로 부탁할 때. 그래도 강압적으로 들리지 않으려면 끝을 부드럽게 올려 말한다.

Call Jenny to come early, will you?

제니에게 전화해서 조금 일찍 오라고 해 줄래?

친한 상대방에게 짧고 가볍게 부탁할 때. 끝을 올려서 말한다. 때로는 Will you의 you를 그냥 ya 정도로만 하기도 한다.

Can you pick up the parcel at the post office for me? 우체국에서 소포 좀 찾아다 줄래요?

원래 자신이 해야 할 일을 다른 사람에게 가볍게 부탁하는 상황에서 사용한다.

09 부탁하기 - ⑶ 다소 강압적인 부탁

I'd like you to...

~ 좀 해 주세요.

부탁은 부탁이되, 상사가 부하 직원에게 또는 부모가 자녀에게 다소 강한 어조로 '시키는 것'처럼 말할 때에는 앞에서 쓴 Will you...?나 Can you...? 또는 Would you please...? 말고도 달리 표현할 수 있습니다.

실제 상황 SOS

이틀 후 발표할 내용을 준비하고 있습니다. 부하 직원 마이크에게 적어도 내일까지는 자료 정리를 끝내 달라고 말해야겠군요.

STEP 1 당장 떠오르는 키워드!

1. 재빨리 분위기 파악!

내일까지 일을 꼭 끝내 줄 것을 다소 강하게 부탁합니다.

2. 핵심단어 떠올리기

당신이 ~해 줘요	마치다	내일	까지
I'd like you to	**finish**	**tomorrow**	**until / by**

※ 꼭 알아야 할 표현: finish / tomorrow / by

STEP 2 상황 종료, 미션 해결!

I'd like you / to finish this / by tomorrow.

먼저 가볍고 부드럽게 명령하는 표현인 I'd like you to...(~해 줘요.)가 I'd like to...(~하고 싶어요.)와 혼동되지 않도록 평소에 입에 붙도록 하는 것이 중요합니다. 자칫 잘못하면 엉뚱한 오해를 사기도 하니까요. '이 일'은 꼭 this job이라고 구체적으로 말하지 않고 그냥 this라고만 해도 충분합니다.

'~까지'라는 말을 하기 위해 흔히 until을 쓰는 경향이 있는데, 이렇게 '늦어도 어느 시점을 넘기지 않는다'라는 의미일 때에는 by를 쓴다는 것을 익혀 두세요.

STEP 3 자신있게 말해 보자!

A **I'd like you to** finish this by tomorrow.
이 일을 내일까지 끝내 줬으면 좋겠군요.

B I'll do my best. 최선을 다해 보지요.

도전! 조금 실력이 붙으면 해 볼 만한 말들

I want you to mail this letter for me. 이 편지 좀 부쳐요.

상관이 비서에게 일을 시킬 때처럼 다소 강압적인 분위기의 부탁을 할 때 쓰이는 표현이다. want [누구] to는 결국 would like [누구] to와 같은 의미지만 비교적 딱딱하게 들린다. 맨 끝에 for me를 덧붙여 말했기 때문에 '내가 할 일인데 내 대신 수고 좀 해 달라.'라는 의미가 된다.

Please mail this letter for me. 이 편지 좀 부쳐 줘.

친구나 가족 등에게 가볍게 부탁하는 경우에 쓸 만한 표현이다. please는 부탁할 때 쓰면 웬만해서는 상대방이 부탁을 들어주게 된다고 해서 magic word라고 불리는 단어다. 그래서 간단히 Please... for me.라고만 해도 어느 정도 정중하게 부탁하는 표현이 된다.

변신! 다른 상황에서 응용할 표현들

I'd like to send this package to Korea.
이 짐을 한국에 보내고 싶습니다.

'would like to+동사원형'은 '~하고 싶다'라고 자신이 원하는 것을 부탁하는 표현. I want to... 보다는 I would like to...라고 하는 것이 예의 바른 표현이다. I'd like to check-in.이라고 하면 "체크인을 하고 싶다."라는 말이 된다.

완성! 네이티브처럼 말하기

I need you to help me. 당신이 나를 꼭 좀 도와줘야겠어요.

상대방에게 부탁하되 절실함을 담아서 말할 때 사용한다.

If you could bring your own drinks, that'd be great. 당신이 마실 것을 알아서 가져올 수 있다면 참 좋겠지요.

정중하게 부탁하는 표현. "당신이 ~해 줄 수만 있다면 정말 좋겠어요." If you could, ~ that'd be great.로 사용한다.

That'll be great! 그렇게 된다면야 좋죠!

상대방이 알아서 말해 준 것을 듣고 "그렇게 된다면야 아주 좋겠지요!"라고 답할 때 사용하는데, 이때 That'd 또는 That'll이라고 시작할 수 있다.

Exercise 09

Part Ⅰ 문장을 만들어 보세요.

박자에 맞추어 문장을 점점 늘려가며 따라해 보세요.

your car
move your car
Would you please move your car?

a little bit
moving your car a little bit
Would you mind moving your car a little bit please?

water
get me some water
Can you get me some water, please?

water
get me some water
Do me a favor and get me some water, please.

favor
do me a favor
Could you do me a favor?

tomorrow
by tomorrow
finish this by tomorrow
I'd like you to finish this by tomorrow.

for me
mail this for me
I want you to mail this for me.

Part Ⅱ 대화를 완성하고 따라해 보세요.

1 우선, MP3를 듣기 전에 대화 속 괄호 안에서 맞는 것을 고르세요.
그리고, MP3를 듣고 따라하면서 자신이 고른 것이 맞는지 확인하세요.

아침, 철수의 집 앞 / 남의 자동차가 철수의 차를 막고 있다.

철수 **Hi. Sorry to bother you, but (would you / do you) please move your car a little bit?**

여자 **Why, what's wrong?**

철수 **It's blocking mine. I need to go now.**

여자 **Oh, okay. I'm sorry.**

철수 **No problem. Thanks.**

여자 **(Can you / Do you) please get that chair out of the way?**

철수 **Sure.**

여자 **Thanks. I hope you're not late.**

철수 **I'm still okay, thanks.**

2 먼저 대화를 영어로 완성한 후, MP3를 듣고 따라하면서 확인하세요.

사무실 / 철수, 과장

과장 **Mr. Lee**, 한 가지 부탁 좀 들어줄래요?

철수 **Oh, anything. What can I do for you?**

과장 오늘 오후까지 이 연설문을 좀 교정해 줬으면 좋겠어요. **Can you do that?**

철수 **Well, sure. How long is it?... 12 pages! Wow! Well, I'll do my best.**

과장 **Good.** 지금 당장 시작하세요. **Then,** 그걸 나 대신 사장님께 이메일로 보내 주세요.

철수 **Okay, I will.**

과장 **Oh, then,** 이 소포를 미국으로 부치고 싶군요. 좀 부쳐 줄래요?

철수 **Of course.**

10 승낙·거절하기 - ⑴ 흔쾌한 승낙

Sure, I can do that.

물론 해 드리죠.

어떤 일을 해 달라는 요청을 받았을 때 크게 어려운 일이 아니라서 흔쾌히 승낙하는 경우입니다. "물론 그렇게 해 드리죠."라는 말부터 시작해서 "그야 쉬운 일이죠."까지 다양한 대답이 있을 수 있겠죠?

실제 상황 SOS

회사 동료가 걱정스런 얼굴로 다가와 묻습니다. Can you mail this for me?(이것 좀 대신 부쳐 줄래요?) 무리한 부탁도 아니고 어려울 것 없죠! 평소 신세 진 것도 많은데 빚을 갚을 기회라 생각하고 해 줄까 합니다.

STEP 1 당장 떠오르는 키워드!

1. 재빨리 분위기 파악!

일단 상대방이 Can you...?라고 물어 왔으므로 Yes나 No로 시작하는 대답을 하면 됩니다. 기분 좋게 흔쾌히 승낙하려면 Yes보다는 좀 더 적극적인 대답이면 좋겠는데요. "물론 도와줄게요. 그 정도야 별 문제없이 할 수 있죠." 하는 식으로 말해 볼까요?

2. 핵심단어 떠올리기

물론이다	할 수 있다	그 정도
Sure	**can do**	**that**

STEP 2 상황 종료, 미션 해결!

Sure, / I can do that.

이때 가끔 동사 manage를 떠올리는 분들이 계시더군요. 하지만 여기서 '~해 내다'라는 의미의 manage를 쓰기는 어색합니다. 어려운 여건에도 불구하고 어떻게든 해 보겠다는 의지를 밝히는 게 아니라 흔쾌히 해 보겠다고 하는 상황이기 때문이죠. 따라서 무난하게 I can do that.이라고 하면 된답니다.

STEP 3 자신있게 말해 보자!

A Can you mail this for me? **이것 좀 내 대신 부쳐 줄래요?**

B **Sure, I can do that.** **물론이죠, 해 드릴게요.**

도전! 조금 실력이 붙으면 해 볼 만한 말들

Certainly. 물론입니다.

With pleasure. 기꺼이 그렇게 하죠.

No problem. 문제없어요.

상사나 손윗사람 등에게 정중하게 승낙해야 하는 경우라면 Certainly. 또는 Most certainly.라고 할 수 있다. With pleasure. 역시 부탁한 사람이 무안할 정도로 흔쾌히 승낙할 때 쓰는 정중한 표현이다. 친구나 가족처럼 가까운 사이라면 No problem. 정도가 적당하다.

변신! 다른 상황에서 응용할 표현들

That's a piece of cake. 누워서 떡 먹기죠.

a piece of cake는 '아주 하기 쉬운 일'을 뜻하는 슬랭 표현. That's a cinch. 또는 That's a breeze.라고도 한다. 같은 의미의 일반적인 표현으로는 That's no problem.이 있다.

케이크를 먹는다는 것은 쉽고도 즐거운 일! 그래서 쉽고 기꺼이(with pleasure) 할 수 있는 일에 a piece of cake라는 표현을 쓰게 되었다.

I can get it arranged. 제가 알아서 준비해 두죠.

완성! 네이티브처럼 말하기

Of course I can. 당연히 할 수 있고 말고요.

흔쾌히 하겠다고 적극적으로 답할 때 사용한다.

You can count on me. 저만 믿으셔도 돼요.

단순히 할 수 있다는 것을 넘어서 '나만 믿으라'고 할 때 사용한다.

I don't see why not. 뭐 안 될 이유도 없겠죠.

바로 흔쾌하게 답하는 것은 아니지만 '안 될 이유도 없겠다'고 하면서 결국은 수락하는 표현이다.

10 승낙·거절하기 - (2) 정중한 거절

I'm sorry, but...

미안하지만 ~해서 안 되겠는데요.

부탁을 받았지만 들어줄 수 없는 경우는 확실하게 거절해야 합니다. 괜히 하지도 못할 일을 맡았다가 폐를 끼치면 안 되잖아요. 하지만 거절하는 경우에도 No, I can't.라고만 말하면 너무 매정하게 들립니다. 상대방이 기분 나쁘지 않도록 "미안하지만…"이라는 말과 함께 왜 도와줄 수 없는지 그 이유도 같이 말하면 좋겠죠.

실제 상황 SOS

급한 프로젝트를 도와달라고 부탁하러 온 회사 동료. 하지만 나도 내일까지는 반드시 끝내야 하는 일이 있답니다. 웬만하면 도와주겠지만 지금은 너무 바빠서 곤란한 상황이네요.

STEP 1 당장 떠오르는 키워드!

1. 재빨리 분위기 파악!

정작 말하려고 하는 것은 도와줄 수 없다는 것. '죄송하지만, 미안하지만…'이라고 얘기를 시작하면 굳이 No.라고 말하지 않아도 거절의 뜻이라는 것을 알릴 수 있습니다.

2. 핵심단어 떠올리기

미안하다	못한다	돕다	왜냐하면	바쁘다
sorry	can't	help	because	busy

STEP 2 상황 종료, 미션 해결!

I'm sorry, but / I'm too busy now.

busy 앞에 '너무 바빠서 도저히 도울 수가 없다'라고 강조하기 위해 too 또는 very를 붙여 줍니다. 문장 맨 끝의 now는 '지금 현재로서는' 그렇다는 것을 알리기 위해 붙인 것이겠죠?

STEP 3 자신있게 말해 보자!

A Can you help me with my project? 내 프로젝트 좀 도와줄 수 있어?

B **I'm sorry, but I'm too busy now.**
미안하지만 지금은 너무 바빠서 안 되겠는데요.

도전! 조금 실력이 붙으면 해 볼 만한 말들

I wish I could, but I don't know how.

나도 도울 수 있으면 좋겠는데 어떻게 해야 할지 모르겠다.

여기서 how는 how to do that을 줄여 말한 것. 만일 장소를 모르는 경우는 I don't know where. / 시기, 때를 모른다면 I don't know when. / 사람에 대해 모른다면 I don't know who.라고 한다.

I'm afraid I can't help you now.

미안하지만 지금은 못 도와줄 것 같아.

간단히 Sorry.라고 하는 것보다 훨씬 부드럽고 정중하게 들리는 표현이다. '정말 미안하고 안타깝지만'의 뜻으로 I'm afraid...로 시작한다.

변신! 다른 상황에서 응용할 표현들

I'm sorry, but I can't agree with you on that.

미안하지만 그 말에는 동의할 수가 없어요.

'agree with [누구] on [무엇]'의 형태로 쓰이면 '[누구]와 [무엇]에 대해 동의하다'라는 표현이 된다. 위의 문장은 상대방과 어떤 점에서 의견이 다르다는 것을 어느 정도 완곡하게 표현한 것이다. 이때 I'm sorry but...은 '안됐지만', '미안하게도' 정도의 뜻이다.

완성! 네이티브처럼 말하기

You know I can't. 나 그렇게 못 하는 거 알면서 그래.

서로의 사정을 잘 아는 사이에서 비교적 격의 없이 단호하게 거절할 때 사용한다.

There's no way I can do that. 내가 그렇게 할 수 있는 방법은 없어요.

그 어떤 방법도 없이 결코 할 수 없다고 말할 때 사용한다.

It wouldn't be right if I charge you for that.

제가 당신에게 청구를 한다면 그건 옳은 일은 아니겠지요.

본인의 뜻은 그렇지 않지만 상황을 봤을 때 그렇게 하는 것이 옳은 것은 아니라고 할 때 사용한다.

10 승낙·거절하기 - (3) 명확한 거절

I really don't think I can.

정말 못할 것 같아요.

어떤 일을 하라는 지시를 받았는데 아무리 생각해도 내 힘으로는 무리라고 생각한다면? 확실하게 내 의견을 밝힙시다. "그건 불가능합니다."라고 하거나 구체적인 이유를 대서 분명하게 의사를 전달하는 것이죠. 그러나 상대방에게 필요 이상으로 거만하거나 도전적으로 들리지 않게 하려면 어떻게 해야 할까요?

실제 상황 SOS

상사가 지금 맡은 일을 금요일까지 끝내 달라고 합니다. 아니, 금요일이라고? 오늘이 수요일인데…! 이틀 동안 이 많은 일을 다 한다는 것은 아무리 생각해도 불가능한 일. 그대로 받아들일 순 없겠네요.

STEP 1 당장 떠오르는 키워드!

1. 재빨리 분위기 파악!

간단히 I can't do it.이라고만 해서는 뭔가 부족합니다. 할 수 있을지 없을지를 먼저 고민했다는 것을 알려야 하지 않을까요? 우리말로는 '아무리 생각해 봐도 못할 것 같다'이지만 영어식으로 표현하자면 '할 수 있을 거라고 생각하지 않는다'가 된답니다.

2. 핵심단어 떠올리기

생각하지 않다	할 수 있다	그 일
don't think	**can do**	**that**

STEP 2 상황 종료, 미션 해결!

I really don't think / I can.

어쩔 수 없이 상대의 뜻에 어긋나는 얘기를 해야 하는 상황이라면 I don't think를 통째로 입에 달아 버리세요! 이 부분만 여러 번 반복해서 말하는 연습을 해 보면 도움이 된답니다.

STEP 3 자신있게 말해 보자!

A I need you to finish this by Friday. 이 일 금요일까지 해 줘야 해.

B **I really don't think I can.** 정말 못할 것 같은데요.

도전! 조금 실력이 붙으면 해 볼 만한 말들

I'm sorry but that's not possible.
죄송합니다만 그건 가능한 일이 아닌데요.

직설적으로 impossible이라고 하기보다 not possible로 표현하면 덜 거북하게 들릴 수 있다.

I'm afraid I can't do that.
정말 죄송합니다만 그렇게 할 수 없을 것 같습니다.

I'm afraid...는 상대방이 들었을 때 안타까워하거나 싫어할 만한 얘기를 꺼낼 수밖에 없을 때 말문을 여는 표현이다. 보통 부인, 거절하는 의미가 된다.

변신! 다른 상황에서 응용할 표현들

I really don't think I can take the pressure anymore. 정말이지 더는 이 스트레스를 감당하기 힘드네요.

'아무리 생각해도 ~할 수 없을 것 같다'라는 뜻의 I really don't think... 구문을 이용해서 거절하는 상황이 아닌 다른 경우에도 "아무래도 안 되겠다."라는 뜻을 표현할 수 있다.

Do you think so? 과연 그럴까요?

상대방의 말에 대해 이렇게 반문하듯 말하면 결국 반대 의사를 완곡하게 돌려 표현하는 셈이다. 구어체에서는 조동사 Do를 빼고 그냥 You think so?라고만 하기도 한다.

완성! 네이티브처럼 말하기

I still have a long way to go.
(못하겠다고 하면서) 아직도 갈 길이 멀다.

앞서서 "I (really) don't think I can."이라고 한 뒤 덧붙여 말할 수 있다.

I'm so nervous.
너무 떨려요.

I'm not ready yet.
아직은 준비가 안 돼서요.

Exercise 10

Part Ⅰ 문장을 만들어 보세요.

박자에 맞추어 문장을 점점 늘려가며 따라해 보세요.

do that
I can do that
Sure, I can do that.

cake
a piece of cake
That's a piece of cake.

busy now
I'm too busy now.
I'm sorry but I'm too busy now.

know how
I don't know how
I wish I could, but I don't know how.

now
help you now
I can't help you now
I'm afraid I can't help you now.

I can
don't think I can
I really don't think I can.

possible
that's not possible
I'm sorry, but that's not possible.

▶▶ 정답 및 해석 p. 243

Part Ⅱ 대화를 완성하고 따라해 보세요.

1 우선, MP3를 듣기 전에 대화 속 괄호 안에서 맞는 것을 고르세요.
그리고, MP3를 듣고 따라하면서 자신이 고른 것이 맞는지 확인하세요.

백화점 / 선물을 고르는 선희

선희 I'm looking for something for my boyfriend. (Are you / Can you) help me?

점원 1 (Maybe / Certainly). How about these organizers?

선희 Great! I'll take… this one. Can you gift-wrap this for me?

점원 1 (For fun / With pleasure). Just a moment, please. Mary, can you help me over here? I can't seem to find a box for this.

점원 2 Sorry, but (I'm happy to say / I'm afraid) I can't.

점원 1 Come on. My customer is waiting.

점원 2 Well, I wish I could, but I really have to go now. Sorry.

선희 Uh, that's all right. I'll just take it home.

점원 1 I'm really sorry.

2 먼저 대화를 영어로 완성한 후, MP3를 듣고 따라하면서 확인하세요.

사무실 / 선희와 그녀의 상사

상사 선희 씨, 그 보고서 오늘까지 마쳐 주세요.

선희 Oh, I'm sorry, but 그렇게는 정말 할 수 없을 것 같은데요.

상사 Oh? Then, how about tomorrow morning?

선희 I'm sorry, but 그러기도 어려울 것 같아요.
Actually, I have a really important meeting tonight. I'm really sorry. But I promise I'll get it done by noon tomorrow.

상사 Oh, well, okay. You always work hard. Don't worry about it.

11 조언하기 - (1) ~하라고 조언하기

I think you should...

당신이 ~하는 게 좋겠어요.

상대방에게 어떻게 하라고 조언하거나 권고하는 경우입니다. 며칠째 계속 이가 아프다고 호소하는 친구에게 치과에 가 보는 것이 좋겠다든지, 애인과의 사이에서 고민하는 친구에게 빨리 진실을 털어놓는 편이 좋겠다고 말해 주는 경우처럼 말이죠.

실제 상황 SOS

어제까지 가볍게 기침만 하던 친구가 오늘은 얼굴이 백지장처럼 하얗고 식은땀까지 흘립니다. 아무래도 그냥 놔두면 병이 더 깊어질 것 같군요.

STEP 1 당장 떠오르는 키워드!

1. 재빨리 분위기 파악!

아무래도 병원에 가 보는 것이 좋을 것 같다고 충고해 주고 싶습니다. 병원에 간다는 것은 곧 의사에게 진찰을 받으라는 말! 친구의 몸 상태를 걱정하며 의사에게 가 보라고 합시다.

2. 핵심단어 떠올리기

내 생각으로는	의사	진찰받다
I think	**doctor**	**see**

※ 꼭 알아야 할 표현: see a doctor

STEP 2 상황 종료, 미션 해결!

I think you should / see a doctor.

강도 약 60% 정도의 조언을 하는 표현. I think you should를 한꺼번에 떠올리세요. should는 여기서 '꼭 ~해야 한다'라는 다소 강한 권고의 기능을 합니다. '진찰받다'라는 말로는 see a doctor라는 표현을 잘 씁니다. 이때 동사 see는 '가서 상담받고 의논하다'라는 뜻이죠.

STEP 3 자신있게 말해 보자!

A Achoo! 에취!

B **I think you should** see a doctor. **너 병원에 가 보는 게 좋겠다.**

도전! 조금 실력이 붙으면 해 볼 만한 말들

If I were you, I'd go see a doctor.
내가 너라면 의사에게 가 보겠어.

If I were you I'd...는 '내가 당신이라면 나는 ~하도록 하겠다'라는 표현이다. 부드럽고 정중하게 들려서 조언할 때 가장 무난하게 쓰인다.

You'd better see a doctor. 너 의사에게 진찰받지 않으면 안 되겠다.

You'd(=You had) better...는 '~하는 편이 좋다(낫다)'라는 뜻이긴 하지만, 친하거나 격의 없는 사이에서 '아무래도 당신이 ~하는 편이 스스로 좋을 것이다'라고 강하게 조언할 때 쓴다. 잘 모르는 사이거나 격식을 갖추어야 하는 경우라면 상대에게 너무 강하거나 위협적으로 들릴 위험이 있다.

변신! 다른 상황에서 응용할 표현들

If I were you, I would not go there alone.
내가 너라면, 나는 거기에 혼자 가지 않을 것이다.

I think you should...(~하는 게 좋겠다)와 반대 표현인 I think you shouldn't ...(~하지 않는 게 좋겠다)를 더 돌려서 전하는 표현. 어떤 일을 '하지 말라'고 조언할 때 이런 식으로 하면 너무 강하게 들리지 않고 무난하다.

완성! 네이티브처럼 말하기

You really should work harder. 반드시 더 열심히 하셔야만 돼요.

단호하고 직설적으로 강하게 말할 때 사용한다.

Why don't you go see a doctor? 병원에 가 보지 그래요?

I think you should보다는 약간 부드럽고 약한 어조. 가볍게 권하듯이 말할 때 쓴다.

Of course you should, what are you talking about? 당연히 그렇게 해야지, 지금 무슨 소리야?

상대방의 말을 듣고 친한 사이에서 격의 없이 더욱 적극적으로 동의하며 부추길 때 쓴다.

11 조언하기 - (2) ~하지 말라고 조언하기

I don't think you can...

당신이 ~하지 않는 게 좋겠어요.

이번엔 어떤 일을 하지 말라고 말리는 경우입니다. 물론 앞서 나왔듯이 "내가 당신이라면 그런 일은 하지 않겠다."라고 적당히 심각하게 말하거나 그걸 먹으면 큰일 날 거라는 식으로 아주 강하게 말할 수도 있죠. 여기서는 가장 무리 없이 쓰일 수 있는 안전한 표현을 알아보죠.

실제 상황 SOS

함께 사는 룸메이트가 냉장고에서 치킨을 꺼내는 것을 보았습니다. 저걸 사 먹은 게 지난주 토요일 같은데…. 냉장고에 두긴 했지만 먹어도 될지 모르겠네요.

STEP 1 당장 떠오르는 키워드!

1. 재빨리 분위기 파악!

냄새를 맡아 보니 상하지는 않은 것 같지만 그래도 찜찜하군요. 먹지 않는 편이 좋겠다고 말리고 싶습니다. 그러나 말리는 것도 정도껏 해야겠죠?

2. 핵심단어 떠올리기

내 생각엔 아닌 것 같은데	먹을 수 있다
I don't think	**can eat**

STEP 2 상황 종료, 미션 해결!

I don't think / you can eat / that chicken.

'먹어도 되는 게 아니라고 생각한다.'라는 것을 적당한 강도로 표현하는 경우입니다. 역시 '나'의 부정적인 생각을 말하려고 하므로 앞서 나왔듯이 I don't think로 시작하세요. 그렇다면 그 다음에 이어지는 내용은 긍정문인 you can eat it이 되어야 말이 되겠죠?

STEP 3 자신있게 말해 보자!

A **I don't think you can** eat that chicken.
너 그 치킨 먹지 않는 게 좋을 것 같아.

B Why not? **안 될 게 뭐 있겠어?**

도전! 조금 실력이 붙으면 해 볼 만한 말들

I don't think it's a good idea. 그건 별로 좋은 생각 같지 않은걸.

idea는 하나의 '생각'이란 뜻에서 나아가 이런 상황에서 그렇게 행동하는 것 자체를 가리킨다. 역시 상대방의 특정한 행동을 말리려고 하는 말이다.

I really think you shouldn't do that. 정말 그러면 안 될 것 같아.

이번에는 not이 I think에 붙지 않고 뒤에 you should에 붙어서 '난 당신이 그렇게 하면 안 된다고 생각한다.'라는 의미가 되었다. I don't think you can...보다 훨씬 강력하게 말리는 표현이다.

변신! 다른 상황에서 응용할 표현들

I wouldn't recommend it. 권하고 싶지 않군요.

would가 들어가면 일단 '만약에…'의 뜻이 들어 있는 것으로 볼 수 있다. 따라서 위 예문은 '내가 당신이라면 난 그걸 추천하지 않겠어요.' 즉 '그렇게(그걸) 하지 않는 게 좋겠어요.'라고 말리는 말이 된다.

완성! 네이티브처럼 말하기

Well, I don't know about that! 글쎄, 그건 솔직히 잘 모르겠어!

I'm not too sure about that.

(별로 좋은 생각이 아니라고 봐.) 그것에 대해서 확신이 서질 않아.

조금 돌려서 상대방에게 그렇게 하지 말라고 할 때 사용하는 표현이다.

I wouldn't do that. 나라면 그렇게는 하지 않겠어요.

상대방의 상황을 자신의 입장으로 돌려서 더 부드럽게 말하는 표현이다.

That's not a very good idea. 그건 별로 좋은 생각이 아니지요.

상대방이 하려는 일에 대해서 다소 직설적이고 강하게 반대하는 표현이다.

Exercise 11

Part I 문장을 만들어 보세요.

박자에 맞추어 문장을 점점 늘려가며 따라해 보세요.

a doctor
see a doctor
you should see a doctor
I think you should see a doctor.

a doctor
see a doctor
You'd better see a doctor.

alone
go there alone
I would not go there alone
If I were you I would not go there alone.

that chicken
eat that chicken
you can eat that chicken
I don't think you can eat that chicken.

idea
a good idea
it's a good idea
I don't think it's a good idea.

do that
you shouldn't do that
I really think you shouldn't do that.

▶▶ 정답 및 해석 p. 243

Part Ⅱ 대화를 완성하고 따라해 보세요.

1 우선, MP3를 듣기 전에 대화 속 괄호 안에서 맞는 것을 고르세요.
그리고, MP3를 듣고 따라하면서 자신이 고른 것이 맞는지 확인하세요.

회사 휴게실 / 철수, 과장

철수 **Are you okay? You don't (see / look) well.**

과장 **My head is pounding. It's been a few days.**

철수 **Oh, no. I think you (could / should) see a doctor.**

과장 **No, I'm fine. I hate going to the hospital.**

철수 **If (I were you / I am you), I'd go get a massage.**

과장 **You mean a sports massage?**

철수 **That's right. That helped a lot when I had a splitting headache.**

2 먼저 대화를 영어로 완성한 후, MP3를 듣고 따라하면서 확인하세요.

회사 / 철수, 한약을 먹는 과장

과장 철수 씨, 나 커피 좀 가져다 줄 수 있겠어요?

철수 죄송하지만 커피 드시면 안 될 텐데요.

과장 **Oh, you're right. I forgot I'm taking this oriental medicine. Well, how about a drink after work?**

철수 그것도 별로 좋은 생각 같지 않은데요.

과장 **Well, just a few glasses of beer would be okay.**

철수 그러시면 정말 안 돼요.

과장 **All right, all right. You're really like my grandmother!**

12 조언 받아들이기 - (1) 수긍하기

I think you're right.

당신 말이 맞는 것 같아요.

누군가의 말을 듣고 수긍할 때의 표현입니다. 특히 조언을 듣고 '조언에 감사한다'라고 하면서 간단히 맞장구쳐 주는 표현이죠.

실제 상황 SOS

친구와 정신없이 떠들고 놀다 보니 시간이 어느새 밤 11시가 다 됐습니다. 마침 친구가 막차를 타기 위해 이제 자리에서 일어서는 게 좋겠다고 하네요.

STEP 1 당장 떠오르는 키워드!

1. 재빨리 분위기 파악!

이런, 막차를 놓치면 택시를 타야 하는데 요금이 만만치 않게 나오겠죠? 친구 말이 맞다고 하고 같이 일어서는 게 좋겠군요. 얼른 상대의 말에 동의합시다.

2. 핵심단어 떠올리기

내 생각에는	너(의 말)	옳다
I think	**you**	**right**

※ 꼭 알아야 할 표현: right

STEP 2 상황 종료, 미션 해결!

I think / you're right.

'네 말' 또는 '네 생각'을 따로 말로 할 것 없이 간단히 you로 처리하세요. 그렇다면 you와 짝을 이루는 be 동사 are가 따라와야 합니다. '옳다, 그르다'는 그 사람의 상태를 말하기 때문이죠.
누군가의 의견이 '옳다'라고 할 때에는 형용사 right를 써서 표현합니다. correct는 어떤 사실에 대해서 제대로 알고 있다는 것을 말할 때 쓰는 말이랍니다.

STEP 3 자신있게 말해 보자!

A It's five to eleven! We'd better get going. 11시 5분 전이야! 가는 게 좋겠어.

B **I think you're right.** 네 말이 맞는 것 같아.

도전! 조금 실력이 붙으면 해 볼 만한 말들

I **think** we **should**. 아무래도 우리는 그렇게 해야겠군요.

상대의 제안, 조언 등을 적극 받아들여서 "(정말 네 말대로) 우리는 그렇게 하지 않으면 안 되겠다."라고 맞장구를 치는 표현이다.

I **like** the **sound** of that. 그 생각이 맞는 것 같아요.

여기서의 sound는 상대방의 말이 담고 있는 내용 그 자체는 물론 뉘앙스, 의도까지 포함한다. 따라서 "그 말 한번 마음에 드는군요." 또는 "그 말에 수긍이 가는군요."라는 말이다. 반대로 "어쩐지 별로 마음에 들지 않는다."에는 I don't like the sound of that.이라고 한다.

변신! 다른 상황에서 응용할 표현들

You can **say that** a**gain**. 두말하면 잔소리지.

직역하면 '당신은 그 말을 두 번 할 수 있다.'라는 뜻이지만, 실은 '두말하면 잔소리'일 정도로 상대방의 말이 맞다고 강하게 동의하는 표현이다. 실제 말할 때 say와 that을 특히 강하게 말한다.

I'll say. 그러게 말이야.

간단하게 상대방의 말에 동의하는 표현. "그러게 말이에요." 정도의 뜻. I'll 과 say 모두 힘을 주어 말한다.

완성! 네이티브처럼 말하기

I'll **take** your **word** for it. 당신의 말을 그대로 받아들이죠.

상대방의 조언을 있는 그대로 받아들이겠다는 표현. 큰 신뢰를 갖고 있음을 뜻한다.

That makes **sense**. 그거 말 되는군.

상대방의 말을 듣고 상당 부분 수긍한다고 할 때 사용한다.

Hmm, you **have** a **point** there.

흠, 당신 말이 일리 있는 부분이 있네요.

상대방의 말이 일리 있다고 수긍할 때 사용한다.

12 조언 받아들이기 - (2) 완곡하게 거부하기

I see your point, but…

말씀하시는 뜻은 알겠지만요…

조언이나 제안을 들었을 때 상대의 뜻은 이해가 되지만, 그래도 동의할 수 없다고 말하는 경우입니다. 지나치게 강하지 않은 어조로 나름대로 예의를 갖추어 부드럽게 반박할 때 씁니다.

실제 상황 SOS

공동 프로젝트 리포트를 막 완성해서 제출하려는데 한 친구가 아무래도 다시 한 번 교정을 봐야 하지 않겠냐고 합니다. 하지만 이젠 시간이 없네요.

STEP 1 당장 떠오르는 키워드!

1. 재빨리 분위기 파악!

'네 말은 맞지만 그럴 수는 없다.'라고 합시다. 시간이 없으니까요. 상대방의 말이 일리가 있으므로 일단 동의는 하지만, 그럴 수 없다는 것을 분명히 전달해야겠습니다. 이유도 간단히 말해 볼까요?

2. 핵심단어 떠올리기

네 말	일리	하지만	안 된다	시간	없다
You	**point**	**but**	**can't**	**time**	**not have**

※ 꼭 알아야 할 표현: have a point 일리가 있다 / have time 시간 여유가 있다

STEP 2 상황 종료, 미션 해결!

I see / your point, / but we have no time.

앞에서 배웠듯이 "당신 말이 맞아요."라는 말은 You are right.이라고 해도 됩니다. 그러나 '어떤 점에서 일리가 있다.'라고 콕 집어서 말하고자 한다면 You have a point. 또는 '내가 이해한다.'라는 의미에서 I see your point.라고 합니다. 시간 여유가 없다고 할 때는 do not have time 또는 have no time이라고 표현합니다.

STEP 3 자신있게 말해 보자!

A Don't you think we have to proofread it again?
다시 한 번 검토해야 하지 않을까요?

B **I see your point, but** we have no time.
말씀하시는 건 알겠지만, 시간이 없군요.

도전! 조금 실력이 붙으면 해 볼 만한 말들

Maybe. But do we have time?

그럴지도 모르지요. 하지만 우리한테 그럴 시간이 있을까요?

상대의 의견에 동의하지 않을 때, "당신 말이 맞는지도 모르지만 내 생각은 적어도 이렇다."라고 말하려면 간단히 Maybe라는 부사로 의미를 전달할 수 있다. 이어서 "우리가 그럴 만한 시간적 여유가 있을까?"라는 식으로 반문하듯 반대하는 이유를 말하면 상대방의 말에 동의하지 않는다는 의도가 은근히 전해진다.

I don't think we can afford it.

우리가 그럴 형편이 된다고는 생각하지 않아요.

동사 afford는 어떤 것을 할 만한 형편이 되거나 여유가 있다는 뜻으로 쓰인다. 즉 not afford something이라고 하면 시간상, 자금상 어떤 것을 하거나 가질 여유가 없다는 뜻이다.

변신! 다른 상황에서 응용할 표현들

I understand your point, but the regulations don't allow that.

사정은 알겠지만, 규정상 그렇게 해 드릴 수 없습니다.

누군가의 요청에 규정상 허용하거나 동의할 수 없을 때 쓸 만한 표현. the regulations, 즉 '규정'을 주어로 해서 '규정이 허락하지 않는다'라고 표현하는 것을 눈여겨 보자.

완성! 네이티브처럼 말하기

I see what you mean.

무슨 말인지는 알겠어요.

I know what you're saying.

당신의 의도를 알겠어요.

상대방의 의도를 충분히 이해한다고 할 때 사용한다.

It's not that I don't understand you but...

내가 당신을 이해하지 못하는 건 아닌데요.

상대방에게 자신이 이해는 한다는 의사를 분명히 할 때 사용한다.

Exercise 12

Part Ⅰ 문장을 만들어 보세요.

박자에 맞추어 문장을 점점 늘려가며 따라해 보세요.

right
you're right
I think you're right.

should
we should
I think we should.

that
the sound of that
I like the sound of that.

no time
we have no time
I see your point, but we have no time.

time
have time
do we have time
But do we have time?
Maybe. But do we have time?

it
afford it
we can afford it
don't think we can afford it
I don't think we can afford it.

▶▶ 정답 및 해석 p. 243

Part Ⅱ 대화를 완성하고 따라해 보세요.

1 우선, MP3를 듣기 전에 대화 속 괄호 안에서 맞는 것을 고르세요.
그리고, MP3를 듣고 따라하면서 자신이 고른 것이 맞는지 확인하세요.

식당 / 민식, 정희

민식 **I just don't (get / see) it. What's taking them so long?**

정희 **Don't worry. The traffic's bad at this time.**

민식 **Well, I think (it's / you're) right. But still...**

같은 시간, 거리에서 / 철수, 선희

선희 **We're going to be late. Let's take the subway.**

철수 **That's a good (idea / thought). I think (we will / we should).**

선희 **Oh, we should buy a present! Your best friend got promoted!**

철수 **Well, I (look / see) your (thought / point), but we have (much time / no time).**

선희 **Come on, let's buy some flowers at least.**

2 먼저 대화를 영어로 완성한 후, MP3를 듣고 따라하면서 확인하세요.

회의 전 / 철수, 현진

철수 **So, are we fully ready for the presentation?**

현진 **I guess we are. But let's make one more copy just in case.**

철수 네 말이 맞아. 우리 그러는 게 좋겠다.

현진 **And let's check the OHP again to see if it works well.**

철수 그럴 필요는 없는 것 같은데. **Miss Jin already did that for us. Besides, we don't have much time**

13 허락받기 - (1) 일반적인 요청

May I...?

~해도 될까요?

"(제가) ~해도 될까요?"라며 상대의 허락을 구하는 경우 어떻게 말문을 열면 좋을까요? 우리말로는 일반적으로 "~해도 되나요?"라는 표현을 떠올리게 되지만, 이에 맞는 영어 표현은 상당히 다양합니다.

실제 상황 SOS

몸이 으슬으슬 춥고 열도 나는 것 같습니다. 집에 일찍 들어가서 쉬는 게 좋을 것 같아서 상사에게 조퇴해도 되는지 물어보려고 합니다.

STEP 1 당장 떠오르는 키워드!

1. 재빨리 분위기 파악!

직장 상사에게 묻는 것이므로 정중하게 상대방의 허락을 구해야겠지요?

2. 핵심단어 떠올리기

~해도 될까요?	일찍	퇴근하다	아파요
May I	**early**	**go home**	**sick**

STEP 2 상황 종료, 미션 해결!

May I / leave early? / I'm not / feeling well.

정중하게 허락을 구하기 위해 일단 May I...로 시작합니다. 다음은 '조퇴하다'에 해당하는 표현으로 leave early 또는 go home early가 좋겠네요. 조퇴를 원하는 이유로 '아프다'라는 뜻의 형용사 sick을 쓸 수도 있지만, 조금 돌려서 '몸이 좋지 않다'라는 표현인 I'm not feeling well.이라고 하는 것이 더 적절합니다. feel well은 건강하게 느끼다, 즉 컨디션이 좋다는 뜻입니다.

STEP 3 자신있게 말해 보자!

A **May I** leave early? I'm not feeling well.
조퇴해도 괜찮을까요? 몸이 좋지 않아서요.

B Certainly, you can. 물론이지.

도전! 조금 실력이 붙으면 해 볼 만한 말들

If it's not too much trouble, I'd like to leave early. 크게 문제가 되지 않는다면 조퇴했으면 합니다.

If it's not too much trouble, ...은 우리말의 '폐가 되지 않는다면…'에 해당하는 영어식 표현. trouble은 그야말로 '문제, 말썽, 폐'라는 뜻으로 쓰였다.

I'd like to go home early today. Is that okay?
오늘 좀 일찍 갔으면 하는데요. 괜찮을까요?

이번에는 '괜찮을까요?'에 해당하는 부분을 문장 뒤쪽으로 옮겼다.

변신! 다른 상황에서 응용할 표현들

I was wondering if you can give me some information.
당신이 정보를 좀 줄 수 있을지 모르겠네요.

'혹시 ~해 줄 수 있으실지 모르겠네요.'라고 정중히 돌려서 말할 때 I was wondering if...로 시작해 보자. 너무 딱딱하지도, 너무 편하지도 않아서 무난하게 쓰일 수 있는 표현이다. 허락을 얻기 위해서뿐 아니라 부드럽고 예의를 갖춰 부탁할 때에도 쓰인다.

완성! 네이티브처럼 말하기

Please allow me.
제가 해드리죠.

Is it okay if I sit here?
제가 여기 앉아도 될까요?

주로 상대방에게 어떤 도움을 먼저 주겠다고 할 때 사용한다.

Can we bring food in here? 음식을 여기 가지고 들어가도 되나요?

규정 등에 대해 물을 때 사용한다.

13 허락받기 - (2) 예의를 갖춰 청하기

Would it be okay if I...?

제가 ~해도 괜찮을까요?

상대방에게 좀 더 조심하고 예의를 갖추고자 가정법을 이용해 Would it be okay if I...?로 시작하면서 '내가 만일 ~해도 괜찮을까요?'라고 묻는 표현이죠. 여행하던 중 피치 못할 사정으로 누군가의 집에서 하룻밤 신세 지게 된 경우를 생각해 봅시다.

실제 상황 SOS

미리 인터넷으로 호텔을 예약했건만 막상 목적지에 도착해 보니 예약이 되어 있지 않다고 합니다. 하는 수 없이 잘 아는 사이는 아니지만 마중 나온 사람의 집에 머물 수 있도록 부탁하는 수밖에 없겠군요.

STEP 1 당장 떠오르는 키워드!

1. 재빨리 분위기 파악!

사정상 어려운 부탁을 하게 되었군요. 최대한 조심스럽게 허락을 구하는 질문을 해 봅시다.

2. 핵심단어 떠올리기

~ 해도 돼요?	만일	당신 집	자다
Would it be okay	**if**	**your house**	**sleep**

STEP 2 상황 종료, 미션 해결!

Would it be okay / if I stay / at your place tonight?

일단 조심스럽게 Would it be okay if I...?로 말문을 여세요. '당신 집'은 흔히 your house 또는 your place라고 말합니다. place는 '집'만이 아니라 그 사람이 주로 활동하는 곳, 적을 두는 곳이므로 사무실 등도 포함합니다. '당신 집에서 오늘 밤을 묵는다.'라고 할 때 영어에서는 stay 또는 spend the night이라고 하는 것에 유의하세요.

STEP 3 자신있게 말해 보자!

A **Would it be okay if I** stay at your place tonight?
오늘 당신 집에서 신세를 져도 괜찮을까요?

B Sure, no problem. 물론이죠. 문제될 거 없어요.

도전! 조금 실력이 붙으면 해 볼 만한 말들

Would it be too much trouble if I stay at your place tonight? 오늘 밤 댁에서 신세를 져도 너무 폐가 되지 않을까요?

역시 상대방에게 조심스럽게 허락받으려고 하거나 부탁하려는 상황에서 쓰일 수 있는데, 더더욱 돌려서 '만일 내가 ~한다면 너무 무리한 요구가 될까요?'라는 식으로 묻는 표현이다.

I don't want to be a burden to you, but can I stay at your house tonight?
부담 드리고 싶진 않지만, 그래도 오늘 밤 재워 주실 수 있으세요?

상대방에게 어렵고 조심스럽게 말문을 여는 표현이다. 우리말의 '부담'을 영어로는 종종 burden이라고 한다.

변신! 다른 상황에서 응용할 표현들

Am I asking too much? 내가 무리한 요구를 하고 있는 건가요?

상황에 따라서 '난 전혀 무리한 요구를 하고 있는 게 아니다.'라고 강조하는 것처럼 들릴 수 있는 말이니 주의하자. 평범한 어투로 말한다면 경우에 따라 "혹시 제가 무리한 요구라도 하고 있는 것은 아닌지요?"라는 공손한 말로 들리기도 한다.

All I need is a place to stay tonight.
난 그저 오늘 밤을 보낼 곳만 있으면 돼요.

이렇게 All 다음에 주어와 동사가 함께 오면 '다른 것은 필요없고 오직 ~만이 중요하다.'라고 강조하게 되는데, All I'm asking is...(내가 부탁하려는 것은 다른 게 아니라…) 등의 표현에서도 마찬가지다.

완성! 네이티브처럼 말하기

I'd like to sit in the front row if you don't mind.
괜찮으시다면 앞줄에 앉고 싶은데요.

Do you think I can borrow your car tonight?
오늘 밤 네 자동차를 빌릴 수 있을까?

What do you say we switch seats?
우리 자리 바꾸면 어떨까요?

Exercise 13

Part I 문장을 만들어 보세요.

박자에 맞추어 문장을 점점 늘려가며 따라해 보세요.

early
leave early
May I leave early?

well
feeling well
I'm not feeling well.

trouble
too much trouble
If it's not too much trouble,

early
leave early
I'd like to leave early.

tonight
stay at your place tonight
if I stay at your place tonight
Would it be okay if I stay at your place tonight?

much
asking too much
Am I asking too much?

tonight
a place to stay tonight
All I need is a place to stay tonight.

▶▶ 정답 및 해석 p. 244

Part Ⅱ 대화를 완성하고 따라해 보세요.

1 우선, MP3를 듣기 전에 대화 속 괄호 안에서 맞는 것을 고르세요.
그리고, MP3를 듣고 따라하면서 자신이 고른 것이 맞는지 확인하세요.

회사 / 철수, 민식, 과장

철수 **(Will I / May I) leave early?
I'm not (being / feeling) well.**

과장 **You look pale. Okay, go home and get some rest.**

철수 **Thank you.**

민식 **Uh, (I want to / I'd like to) go home early, too. Is (this / that) okay?**

과장 **Why? Are you sick, too?**

민식 **No, it's just that...**

과장 **Did you finish the report yet?
I need it by tomorrow!**

민식 **Well, it's almost done. But...**

과장 **And don't forget to pick up Mr. Johnson at the airport tomorrow morning.**

2 먼저 대화를 영어로 완성한 후, MP3를 듣고 따라하면서 확인하세요.

호텔 / 민식, 존슨

민식 **Oh, they can't find any room for you.
What should we do now?**

존슨 **Well, I'm exhausted.** 제가 오늘 밤 댁의 집에서 좀 신세져도 괜찮을까요?

민식 **Uh... sure. But it's a mess.**

존슨 괜찮아요. 그저 오늘 밤 묵을 곳만 있으면 되니까요. 제가 너무 무리한 부탁을 하는 건가요?

민식 **Of course not! I'm honored! Let's go.**

Lecture 3

영어로 할 말을 한다.
영어로 토론한다!

한국말에서도 생기기 쉬운 오해,
영어로는 더하지 않을까 걱정되는군요.
사실에 대한 설명에서부터 그에 대한
의견 제시 및 찬성과 반대에 이르기까지
오해 없는 의사소통을 위한 최소한의
준비는 되어 있어야겠죠?

미리 보는 활용 만점 표현들

14 사실 확인하기

(1) How come…?
(2) Can you tell me…?
(3) Can you explain that, please?
(4) I don't know anything about…

15 의견 교환

(1) What do you think about…?
(2) In my opinion, …
(3) I don't care.

16 긍정적인 추정

(1) Maybe…
(2) I think…
(3) I'm sure that…

17 부정적인 추정

(1) I don't think…
(2) I doubt…
(3) I'm not sure…

18 동의·지지하기

(1) I agree with you…
(2) Exactly!

19 반대·부정하기

(1) I disagree.
(2) No, I don't think…
(3) I didn't mean that.

20 궁금해하기

(1) I'm curious about…
(2) I wonder...

21 계획 말하기

(1) I'm going to…
(2) I'm expecting…
(3) I'm thinking of…

14 **사실 확인하기 - (1) 앞뒤 사정 묻기**

How come...?

아니, 어떻게 해서 ~한 거지?

'어째서 ~한 거지?'라든가 '왜 ~인데?'라며 어떤 일에 대한 영문을 물을 때 How come...? 으로 물을 수 있습니다. 앞뒤 사정을 묻거나 어떤 결과에 대한 연유 등을 물을 때의 기본 회화 표현을 익혀 봅시다.

실제 상황 SOS

어제 있던 제니의 생일 파티에 꼭 오리라고 생각하던 마이크가 나타나지 않았습니다. 무슨 일이라도 있는 걸까요?

STEP 1 당장 떠오르는 키워드!

1. 재빨리 분위기 파악!

어째서 오지 않았느냐고 물어보긴 해야겠는데…. "어째서?", "왜?"라고 물어볼 때 스스럼없이 들리는 How come…?을 사용합시다.

2. 핵심단어 떠올리기

어째서?	당신이	오지 않다	파티
How come	**you**	**not come**	**party**

STEP 2 상황 종료, 미션 해결!

How come / you didn't come / to the party?

일단 "어째서 그런 일이?"라는 뜻의 How come…으로 말문을 연 다음 he didn't come to the party라는 사실을 주어, 동사의 순서대로 말합니다. 이때 '~에 오다'라는 의미의 come to… 대신 '~에 나타나다'라는 뜻의 show up at… 같은 표현을 써도 좋습니다.

STEP 3 자신있게 말해 보자!

A **How come** you didn't come to the party?
파티에 오지 않다니, 어떻게 된 일이야?

B I completely forgot about it. **파티를 완전히 깜박했지 뭐야.**

도전! 조금 실력이 붙으면 해 볼 만한 말들

I wish you could tell me why. 이유를 말씀해 주셨으면 좋겠습니다.

윗사람에게 실례가 되지 않도록 부탁하는 투의 말. why가 '이유'라는 명사로 쓰인 경우다. I wish you could…라고 하면 상대에게 대단히 공손하게 부탁하는 말이 된다.

If you don't mind my asking, why didn't you come? 실례가 되지 않는다면, 왜 안 오셨는지 물어도 될까요?

상대방이 대답하기 곤란할지도 모르는 질문이라면 '내가 묻는 것이 꺼려지지 않으시다면'이라는 말로 시작하는 예의 바른 표현을 사용해 보자.

변신! 다른 상황에서 응용할 표현들

How so? 어째서 그렇지?

상대가 한 말에 대해서 어떻게 해서 그렇게 되는지 설명을 요청하려는 경우라면 간단히 How so?라고 물어볼 수 있다.

What happened? 도대체 어떻게 된 거예요?

비교적 편한 사이에서 영문을 물을 때 할 수 있는 말. 이유 등을 쉽게 짐작할 수 없거나, 별다른 이유가 없는 것 같을 때 많이 쓰는 표현이다.

완성! 네이티브처럼 말하기

Why did you do that? 왜 그랬어요?

직설적으로 물어볼 때 사용한다.

What made you want to do that?
무엇 때문에 그럴 마음이 생겼던 거지요?

다소 돌려서 상대방의 의도를 묻고자 할 때

I don't see why they did that.
왜 그 사람들이 그렇게 했는지 모르겠어요.

의도를 이해하지 못하겠다는 것을 우회해서 말할 때 사용한다.

14 사실 확인하기 - (2) 정중하게 묻기

Can you tell me...?

~인지 말씀해 주시겠어요?

의문이 생겨도 공적인 자리나 윗사람 앞에서 다짜고짜 "왜요?(Why?)"라고 묻지 않지요. 이렇게 의문 사항을 설명해야 할 때에는 "왜 그런지 설명을 좀 부탁드려도 될까요?"라든지 "이유를 말씀해 주시겠습니까?"와 같이 묻는 것이 좋습니다.

실제 상황 SOS

고객이 물건 구입을 취소하겠다며 환불해 달라고 연락해 왔습니다. 다른 고객에게서는 아무런 문제가 없었는데 갑자기 왜 그러는 걸까요?

STEP 1 당장 떠오르는 키워드!

1. 재빨리 분위기 파악!

구매를 취소한다는데 무조건 "아, 네. 알겠습니다."라고 할 수는 없겠죠. "왜 그러시는지 말씀해 주시겠습니까?"와 같이 정중하게 취소하려는 이유를 물어봅시다.

2. 핵심단어 떠올리기

해줄 수 있나요?	나한테	이유를	말해 주다
Can you	**to me**	**the reason / why**	**tell**

STEP 2 상황 종료, 미션 해결!

Can you tell me why?

일단 공손하게 Can you...라고 부탁하기 시작합니다. 이어서 '나에게 말해 달라'라는 의미의 tell me 뒤에 알고자 하는 '이유'를 붙여 말합니다. 이때 앞서 배웠듯이 why라고만 할 수도 있고 좀더 자세하게 why you'd like to return this라고 할 수도 있겠죠. the reason은 '이유'라는 뜻이지만 좀더 이성적이고 논리적인 이유를 말할 때 주로 쓰입니다. 참고로 물어볼 것이 '이유'일 때는 why, '방법'일 때는 how, '누구'인지 물을 때는 who를 사용합니다.

STEP 3 자신있게 말해 보자!

A **Can you tell me** why? 왜 그러시는지 **말씀해 주실 수 있으신지요?**

B I just got the same one from my sister.
제 여동생한테서 똑같은 것을 받았거든요.

도전! 조금 실력이 붙으면 해 볼 만한 말들

Was there anything wrong with this?
이 물건에 무슨 하자라도 있었나요?

Can you tell me why?보다는 상대방이 Yes나 No로 간단히 답할 수 있도록 배려하는 입장에서 짧고 간단하지만 더 구체적으로 질문하는 경우다.

If you can tell me what was wrong with this, ...
이 물건에 무슨 하자가 있었는지 말씀해 주실 수 있으시면…

If you can...이라고 시작하면서 뒷말을 흐리거나 아예 말하지 않아도 그 자체로 '이 물건이 어디가 잘못되었는지 말해 달라.'라는 뜻을 충분히 예의바르게 전할 수 있다.

변신! 다른 상황에서 응용할 표현들

Can you tell the difference? 차이를 알겠어요?

동사 tell에는 '말하다, 알리다' 외에 '분간하다, 식별하다'라는 뜻이 있다. I can't tell the difference (between the two).는 둘 간의 차이를 못 느끼겠다는 뜻이다.

Don't tell me...! 설마 ~인 것은 아니겠지!

Don't tell me...!는 '~라고 말하지 마세요!'가 아니라 '설마 ~라는 것은 아니겠지!'라는 뜻이다. 우려하는 상황이 벌어질까 봐 마음 졸이며 하는 말. 예를 들어 "설마 안 했다는 말은 아니겠지!"라고 말하려면 Don't tell me you didn't do it!이라고 하면 된다.

완성! 네이티브처럼 말하기

Go ahead and tell me why. 자 어서 이유를 말해 보세요.

주저하지 말고 말해 보라고 할 때 사용한다.

Why don't you tell me about it? 한 번 말해 보지 그러세요.

가볍게 권하듯이 말해 달라고 할 때 사용한다.

Wanna(Do you want to) talk about it?
어디 한 번 말해 볼래요?

할 말이 있어 보이는 사람에게 먼저 다가가 말해 보라고 권할 때 사용한다.

14 사실 확인하기 - ⑶ 설명 요청하기

Can you explain that, please?

설명 좀 해 주실래요?

상대방에게 정중하게 부탁하는 경우에 쓰이는 또 하나의 표현입니다. 단순한 부탁이 아니라 상대방이 한 말을 제대로 이해하지 못해서 다시 설명해 달라고 부탁할 때 이렇게 말을 시작할 수 있습니다.

실제 상황 SOS

비행기 안에서 승무원에게 물을 달라고 했더니 승무원이 Still or sparkling? (무탄산 혹은 탄산이 있는데요?)이라고 묻습니다. 엥? 그게 뭐죠?

STEP 1 당장 떠오르는 키워드!

1. 재빨리 분위기 파악!

중간에 or가 들어간 것으로 봐서 둘 중에 하나를 선택하라고 하는 것 같죠? 그렇다면 뭔지 확실히 알고 나서 내가 원하는 것으로 달라고 합시다.

2. 핵심단어 떠올리기

미안하다	하지만	~해줄 수 있겠는가?	설명하다
sorry	but	can you	explain

※ 꼭 알아야 할 표현: explain

STEP 2 상황 종료, 미션 해결!

I'm sorry, but / can you explain that, / please?

I'm sorry, but...까지는 이젠 문제 없겠죠? 양해를 구하고 부탁하려는 표현으로 가장 무난하답니다. 여기에 덧붙여 설명해 달라고 하려면 역시 부탁하는 표현인 Can you...로 시작해서 '설명하다'라는 뜻의 동사 explain을 이용하여 묻는다.

STEP 3 자신있게 말해 보자!

A Still or sparkling? 무탄산과 탄산수 중 어느 것으로 하시겠습니까?

B I'm sorry, but **can you explain that, please?**
미안하지만 **무슨 말인지 좀 설명해 주시겠어요?**

도전! 조금 실력이 붙으면 해 볼 만한 말들

What do you mean? 무슨 뜻입니까?

좀 더 직접적이고 확실하게 '의미'를 묻는 말로 뒤에 please를 붙이면 그나마 좀 더 부드럽게 묻는 인상을 줄 수 있다.

I'm sorry. I don't quite get it.

미안하지만 확실하게 이해되지 않습니다.

I don't get it.이라고 하면 "그 말이 무슨 뜻인지 이해가 안 된다."라는 말.

I'm not following you. 제대로 이해를 못하겠어요.

상대의 긴 설명 따위를 쭉 따라가며 이해한다고 할 때는 동사 follow를 쓸 수 있다. 딱 한 가지가 아니라 여러 가지 내용이 차례로 이어지는 대화 중에서 많이 쓰인다.

변신! 다른 상황에서 응용할 표현들

I just don't get it. What's taking the bus so long?

이해가 안 돼요. 버스가 왜 이리 늦는 거죠?

자신이 처한 상황이나 상대의 행동이 이해가 가지 않을 때도 I don't understand. 또는 I don't get it.이라고 한다. 그런 경우 다소 짜증이 섞인 뉘앙스가 된다.

완성! 네이티브처럼 말하기

Sorry, I'm not quite clear about that one.

죄송한데요, 그 부분이 확실히 이해가 되지 않네요.

다시 설명해 달라고 하기에 앞서 확실히 이해가 안 된다고 할 때 사용한다.

Could you break it down for me?

그걸 좀 알아듣기 쉽게 설명해 줄 수 있겠어요?

쉽게 설명하다는 뜻의 break down을 써서 말해 보자.

Could you be a little bit more specific?

조금 더 구체적으로 말해 주실 수 있겠어요?

좀 더 구체적으로 설명해 달라고 할 때 사용한다.

14 사실 확인하기 - (4) 모른다고 하기

I don't know anything about...

난 ~에 대해서는 전혀 몰라요.

상대가 내가 잘 모르는 분야에 대해서 질문할 경우, '~에 대해서는 잘 모르는데요.'라고 솔직하게 말하세요. 이때 역시 다양한 표현을 쓸 수 있겠지만 '모른다'라는 의미를 확실하게 전달하는 것은 I don't know.만으로도 충분합니다.

실제 상황 SOS

회사 동료가 컴퓨터가 자꾸 다운된다며 도움을 청해 왔습니다. 아니, 저는 컴퓨터라면 켜고 끄는 것밖에 모르는데….

STEP 1 당장 떠오르는 키워드!

1. 재빨리 분위기 파악!

컴퓨터에 대해서는 아무것도 모른다고 말하고 싶습니다. 그러나 너무 모르는 것처럼 보이고 싶지 않고, 또 도와주지 못하는 것도 미안하군요.

2. 핵심단어 떠올리기

미안한데	하나도 모른다	컴퓨터
I'm sorry	**don't know anything**	**computer**

STEP 2 상황 종료, 미션 해결!

I'm sorry, / I don't know / anything about computers.

상대가 원하는 것을 해 줄 수 없을 때 무조건 I'm sorry...로 시작하면 좋은 인상을 줄 수 있습니다. 만일 '아예 아무것도 모른다.'라는 인상을 주기 싫다면 anything about… 대신 much about…을 씁니다. 마지막으로, 컴퓨터에 관한 일반적인 사항들을 언급할 때는 복수형 computers를 쓰세요.

STEP 3 자신있게 말해 보자!

A Could you see what's wrong with my computer?
내 컴퓨터가 뭐가 문제인 것 같아?

B I'm sorry, **I don't know anything about** computers.
미안하지만, 난 컴퓨터에 대해서는 아무것도 몰라요.

도전! 조금 실력이 붙으면 해 볼 만한 말들

I have **no idea**. 난 전혀 알 길이 없답니다.

'전혀 모른다.', '아는 것이 없다.'라는 것을 강조하는 표현으로 너무 딱 잘라 모른다고 대답하는 듯한 인상을 주기도 한다.

You're **a**sking the **wrong per**son.

그런 걸 저한테 물으시면 안 돼요.

이때 wrong은 '엉뚱한', '잘못된'이라는 뜻이다. 위의 예문은 "나한테 물어 봤자 대답은 안 나오니 번지수를 잘못 짚은 셈이다."라고 하는 말이다.

변신! 다른 상황에서 응용할 표현들

You have **no idea** how **won**derful he **is**.

그 사람이 얼마나 좋은 사람인지 넌 절대 모를 거야.

어떤 경험에 대해서 얼마나 좋은지 혹은 나쁜지 묘사를 할 때 You have no idea...라고 하면 '당신은 상상도 할 수 없을 정도로 ~하다'라는 뜻이 되어 강조하는 효과가 있다.

When it **comes** to com**pu**ters, I'm **ig**norant.

컴퓨터에 관해서라면, 나는 문외한이에요.

다른 것은 몰라도 '컴퓨터에 관한 한'(when it comes to computers) 자신을 스스로 '무지하다'라고 할 만큼 아는 것이 없음을 강조하는 표현으로, 어떤 분야에 관한 한 나는 문외한이라는 말이다. 이때 ignorant는 '무지한, 아는 게 없는'이라는 뜻으로 상당히 극단적인 단어다.

완성! 네이티브처럼 말하기

I **wish** I **knew**. 사실 그건 나도 궁금하다고.

실은 자신도 모른다고 할 때 사용한다.

That's **really not** my **a**rea. 그건 정말 제 분야는 아니네요.

자신의 지식이나 정보의 영역에서 벗어나는 것이라고 할 때 사용한다.

Exercise 14

Part Ⅰ 문장을 만들어 보세요.

박자에 맞추어 문장을 점점 늘려가며 따라해 보세요.

the party
didn't come to the party
How come you didn't come to the party?

tell me why
you could tell me why
I wish you could tell me why.

with this
anything wrong with this
Was there anything wrong with this?

the difference
tell the difference
Can you tell the difference?

computers
anything about computers
I don't know anything about computers.

idea
no idea
I have no idea.

person
the wrong person
You're asking the wrong person.

▶▶ 정답 및 해석 p. 244

Part Ⅱ 대화를 완성하고 따라해 보세요.

1 우선, MP3를 듣기 전에 대화 속 괄호 안에서 맞는 것을 고르세요.
그리고, MP3를 듣고 따라하면서 자신이 고른 것이 맞는지 확인하세요.

사장실 / 사장, 과장

사장 **Mrs. Kim, did you look at the report before you gave it to me?**

과장 **Why, (did you / was there) anything wrong with it?**

사장 **You really don't know?**

과장 **I'm sorry but I have (any idea / no idea) what you're saying, sir.**

사장 **(Please tell me / Don't tell me) you didn't do it yourself.**

과장 **Of course, I did it. But I thought it was perfect.**
Well, (if you can tell me / go ahead and tell me) what's wrong with it,...

사장 **Well, why don't we talk about it over dinner tonight?**

과장 **That's... a good idea, sir.**

2 먼저 대화를 영어로 완성한 후, MP3를 듣고 따라하면서 확인하세요.

다음 날, 사무실 / 과장, 철수

과장 **Cheol-su, can I talk to you now?**

철수 **Sure.** 어, 설마 그 보고서에 문제라도 있는 것은 아니겠죠.

과장 **Did you really do it yourself? Please, be honest with me.**

철수 **Yes,... I did. What's the problem?**

과장 **The number was wrong! It was miscalculated!**

철수 **What? That can't be!** 제가 얼마나 열심히 그 일을 했는지 과장님은 모르실 거예요!

과장 철수 씨야말로 내가 얼마나 민망했는지 정말 모를 거야!

15 의견 교환 - (1) 의견 묻기

What do you think about...?

~에 대해서 어떻게 생각하세요?

어떤 일에 대한 상대방의 의견이 듣고 싶을 때 '~에 대해 어떻게 생각하십니까?'라고 묻는 말을 어떻게 꺼내면 좋을까요? 상대방의 의견, 느낌을 묻는 표현을 알아봅시다.

실제 상황 SOS

적금을 타서 드디어 새 차를 장만했습니다! 얼마나 기쁜지 이 사람 저 사람에게 자랑하고 다니는 중이지요. "내 새 차 어때?" 부디 다들 좋다는 말만 해 주었으면 좋겠습니다!

STEP 1 당장 떠오르는 키워드!

1. 재빨리 분위기 파악!

상대방의 의견이 어떤지 물어봅시다. 말을 조금 돌려 보면 '어떻게 생각해?'라는 말이 되겠죠?

2. 핵심단어 떠올리기

내	새 차	어떻게	생각하다
my	new car	what	think

※ 꼭 알아야 할 표현: new car / think

STEP 2 상황 종료, 미션 해결!

What do you think / about my new car?

이런 경우, 우리말로는 '어떻게' 생각하느냐고 묻지만 영어로는 '무엇을' 생각하느냐는 말이 적합하므로 대개 How보다 What으로 질문을 시작합니다. '~에 대해서'라는 의미의 중간고리 전치사 about을 빠뜨리지 마세요. 아예 What do you think about...이라고 전치사까지 포함하여 한꺼번에 익혀 두는 게 좋습니다.

STEP 3 자신있게 말해 보자!

A **What do you think about** my new car? 내 새 차 어때?

B It looks great! 멋지다!

도전! 조금 실력이 붙으면 해 볼 만한 말들

How do you **feel about** it? 그것에 대해 어떻게 생각하세요?

'~에 대해 어떻게 생각하세요?'를 그대로 영어로 옮겨서 어떤 대상에 대한 느낌, 감상, 견해를 묻는 말이다.

What are your **views** on that? 그에 대한 당신의 견해는 어떻습니까?

좀 더 딱딱하게 격식을 차려야 하는 상황에서 쓸 수 있는 표현. 상대의 views 즉 어떤 대상을 바라보는 '견해'를 묻는 말이다.

변신!! 다른 상황에서 응용할 표현들

Well, what do you **think**? 자, 어때?

집 안의 인테리어를 새로 고친 후 직장에서 돌아온 남편에게 "자, 어때?"라고 물을 때 What do you think?라고 할 수 있다. 이런 경우에는 think 뒤에 따라오는 about을 생략할 수 있다.

Please, I'd **like** an **ho**nest o**pi**nion. 부디 솔직한 의견을 주세요.

I like it a lot!(정말 마음에 드는데요!)이라든지 I think it suits you very well!(당신한테 정말 잘 어울리는 것 같네요!)이라는 식의 예의 차린 듯한 대답 말고 솔직한 의견을 듣고 싶을 때 상대에게 부탁하는 말이다.

완성! 네이티브처럼 말하기

Tell me what you **think**. 어디 네 생각을 한 번 말해 봐.

가볍지만 단호하게 묻는 말이다.

I'd **like** your **ho**nest o**pi**nion. 당신의 솔직한 의견을 듣고 싶어요.

솔직하게 말해 달라고 할 때 사용한다.

What are your **thoughts** on this?
이것에 대한 당신의 생각은 어때요?

예문처럼 view 대신 thought을 쓸 수도 있다.

15 의견 교환 - (2) 의견 말하기

In my opinion, ...

제 생각에는요…

상대가 What do you think about...?이라고 나의 의견을 물어오면 "내 생각에는…" 또는 "제 견해로는…"이라고 대답을 시작합니다.

실제 상황 SOS

영어로 회의 중에 해외 지사에서 온 한 친구가 이번에 새로 나온 책에 대해서 얘기를 꺼냈습니다. 마침 내가 아는 책 얘기군요. 나보고 어떻게 생각하느냐고 묻는데 그 작가의 첫 작품보다는 낫다고 말하고 싶습니다.

STEP 1 당장 떠오르는 키워드!

1. 재빨리 분위기 파악!

상황은 그다지 편안하다고는 할 수 없는 회의 중. 일단 의견을 말할 때 어울리는 패턴으로 말문을 열고, 다음으로는 'A가 B보다 낫다'라는 식으로 비교하는 표현을 떠올리면 됩니다.

2. 핵심단어 떠올리기

내 의견	더 낫다	그 작가	첫 작품
my opinion	**better**	**that writer**	**first book**

STEP 2 상황 종료, 미션 해결!

In my opinion, / it's better than / his first book.

일단 자신의 의견을 다소 정중하게 표현하려고 한다면 In my opinion, ...이라고 말문을 연 다음 가장 중요한 '자신의 생각'을 얘기합니다. 'A가 B보다 낫다'라고 비교할 때는 better than을 한꺼번에 떠올리세요!

STEP 3 자신있게 말해 보자!

A What do you think of the book? 그 책 어떤 것 같아요?

B **In my opinion,** it's better than his first book.
제 생각에는 그 작가의 첫 번째 책보다 나은 것 같아요.

도전! 조금 실력이 붙으면 해 볼 만한 말들

As I see it, it's probably the best he's ever written. 내가 보기엔 그가 쓴 것 중에 가장 최고인 것 같은데요.

As I see it,... 역시 자신의 견해를 조심스럽게 말하는 표현. probably(아마도)를 넣으면 훨씬 겸손한 자세가 된다. 이어지는 he's ever written은 '주어+have/has+동사의 과거분사'의 형태로 '그가 이제껏 쓴'이라는 뜻의 수식어구로 the best를 꾸며준다. As I see it, ... 대신 It seems to me...나 그냥 To me, ...로 표현해도 된다.

As far as I'm concerned, it's better than all of his other books. 내가 알기로는, 그가 쓴 다른 어떤 책들보다도 더 나은 것 같다.

As far as I'm concerned도 자주 쓰인다. '최고인'이라는 말을 '다른 모든 것보다 더 나은'이라고 바꾸어 better than all of his other books라고 표현했다.

변신! 다른 상황에서 응용할 표현들

Jordan is the best player we've got, if you ask me. 말하자면, 조던이 우리 소속 선수 중 최고라고 할 수 있지.

누가 먼저 물어봐 주지 않았어도 '누가 내게 묻는다면 난 ~라고 말하겠다' 하는 식으로 자신의 생각을 말할 수 있다. 여기서는 문장 마지막에 if you ask me를 덧붙여서 "말하자면 내 생각은 이렇다는 거죠." 하는 식으로 가볍게 표현하고 있다.

완성! 네이티브처럼 말하기

This is what I think. 제 생각은 이래요.

자신의 생각을 본격적으로 말하기에 앞서 하는 말이다.

In my view, we can't afford this.
제가 보는 견지로는 우리는 이럴 형편이 못 됩니다.

다소 딱딱하게 말해 보자.

It is my understanding that we can't afford this. 내가 이해하기로는 우린 이럴 형편이 못 됩니다.

틀렸을 수도 있지만 자신이 이해하기로는 이렇다고 할 때 사용한다.

15 의견 교환 - ⑶ 별다른 의견이 없을 때

I don't care.

상관없어요.

말하는 투에 따라서 너무 매정하거나 무책임하게 들릴 수도 있지만 이 말은 결국 결과에 상관없다는 뜻입니다. "개의치 않는다.", "난 신경 쓰지 않는다."라는 거죠. 누가 양해를 구하는 말을 했을 때 "난 아무래도 괜찮아."라고 대답할 때도 쓰입니다.

실제 상황 SOS

친구와 함께 몇 시간 동안 걸어서 쇼핑을 하던 중 점심을 먹으러 식당에 들어갔습니다. 친구가 뭘 먹고 싶냐고 묻는데, 사실 뭐든 상관없습니다. 배고파 죽겠는데 뭔들 어떻겠어요?

STEP 1 당장 떠오르는 키워드!

1. 재빨리 분위기 파악!

이럴 때는 밥이든 국수든 다 괜찮죠. 뭐든 상관없다고 얘기합시다.

2. 핵심단어 떠올리기

하지 않다	상관하다, 신경 쓰다	아무거나	먹다
do not	care	anything	eat

※ 꼭 알아야 할 표현: care / anything

STEP 2 상황 종료, 미션 해결!

I don't care. / I'll eat / anything.

동사 care는 '신경 쓰다, 관심을 갖다'라는 뜻이므로 do not care라고 하면 '~에 개의치 않다'라는 뜻이 됩니다. 이런 상황에서는 뒤에 "아무거나 좋다."라고 덧붙일 수 있다. 그런데 이때 Anything's good.이라고 하면 '언제나 무엇이든 좋아한다'라는 지나치게 일반적인 말처럼 들리게 됩니다. 그러므로 '나는 아무거나 먹겠다.'라는 뜻으로는 I'll eat anything.이라고 하는 것이 더 자연스럽습니다.

STEP 3 자신있게 말해 보자!

A So what do you want to eat? 그래, 뭘 먹고 싶어?

B **I don't care.** I'll eat anything. **상관없어.** 아무거나 먹을래.

도전! 조금 실력이 붙으면 해 볼 만한 말들

It doesn't matter. 어떻든 상관없어요.

It은 '내가 어떤 것을 하게 되든지' 정도의 의미를 아주 간단히 표현한 것이다. matter는 '상관있다. 중요성을 가지다'라는 뜻. 그래서 "어떻든 간에 상관없다."라는 말이 된다.

Who cares? (아무도 상관하지 않는데) 뭐 어때?

So what? 그래서 (어쨌다고)?

위 예문들에 비해 다소 도전적이고 강한 어투로 짜증스럽거나 냉소적으로 전달하는 표현이다.

변신! 다른 상황에서 응용할 표현들

Anything will do. 아무거나 좋아요.

이때 동사 do는 '제 효과를 내다'라는 뜻이다. 따라서 위 예문은 '어떤 것이라도 상관없다, 다 된다.'라는 말이 된다.

Don't you care at all? 그렇게 전혀 신경 쓰이지 않아요?

다소 책망하는 듯한 뉘앙스의 이 말은 상대가 어떤 대상에 대해 전혀 관심이 없는 것이 무심하게 느껴지고 야속할 때 할 수 있다. care for...는 '~을 좋아하다'라는 뜻이고, care about...이라고 하면 '~에 관심을 가지고 신경 쓰다'라는 뜻이 된다.

완성! 네이티브처럼 말하기

Do I look like I care? 내가 신경 쓰는 것 같이 보여요?

가볍게 짜증 내듯이 말해 보자.

I couldn't care less. 더 이상 신경 쓸 수 없을 정도로 신경 쓰지 않아요.

반어적으로 전혀 신경 쓰지 않는다고 말해 보자.

None of my business. 내가 알 바 아닌데요.

자신이 상관할 일이 아니라고 말해 보자.

Exercise 15

Part Ⅰ 문장을 만들어 보세요.

박자에 맞추어 문장을 점점 늘려가며 따라해 보세요.

car
my new car
think about my new car?
What do you think about my new car?

it
feel about it
How do you feel about it?

book
his first book
it's better than his first book
In my opinion, it's better than his first book.

ask me
if you ask me
the best player, if you ask me
Jordan is the best player, if you ask me.

anything
I'll eat anything
I don't care. I'll eat anything.

all
at all
care at all
Don't you care at all?

▶▶ 정답 및 해석 p. 244

Part Ⅱ 대화를 완성하고 따라해 보세요.

1 우선, MP3를 듣기 전에 대화 속 괄호 안에서 맞는 것을 고르세요.
그리고, MP3를 듣고 따라하면서 자신이 고른 것이 맞는지 확인하세요.

회사 / 과장, 철수

과장 **Have you read Steven King's new book, *Gingerbread*?**

철수 **Of course, I did. I'm his big fan!**

과장 **So, what did you think of the book?**

철수 **Well, in my (thought / opinion), it's (more better / much better) than his other books.**

과장 **Do you think (that / so)? (As I see it / As I think), *Sign* was the best.**

철수 **Maybe. But *Gingerbread* is definitely my favorite.**

과장 **Well, anyway, King is the best writer in the world, (when / if) you ask me.**

철수 **Of course. I think so, too.**

2 먼저 대화를 영어로 완성한 후, MP3를 듣고 따라하면서 확인하세요.

서점 / 철수, 선희

철수 선희야, 이 책 어떤 것 같아?

선희 ***Gingerbread*?** 내가 보기에는 이 책이 그가 쓴 것 중에 최고인 것 같아!

철수 **Really? You really think so?**

선희 **Absolutely! I just love this book.**

철수 **Me, too!** 내 생각을 말하자면, 난 『진저브레드』가 최고의 책이라고 생각해!

선희 **You're absolutely right!**

16 긍정적인 추정 - (1) 막연한 추측

Maybe...

아마도 ~일 겁니다.

크게 자신은 없지만 '아마 ~일지도 모른다.'라고 다소 막연하게 추측할 때 쓰는 표현입니다. 다른 사람이 한 말을 그대로 이어받아서 간단히 Maybe.라고 대답할 수도 있고 Maybe 다음에 추측하는 내용을 붙여서 '어쩌면 ~일지도 모른다.'라고 얘기할 수도 있습니다.

실제 상황 SOS

회사 동료인 마이크가 승진하게 되었다는 소식을 들었습니다. 다른 동료 앤은 빨리 가서 마이크에게 알려줘야겠다고 호들갑이지만 우리까지 알게 되었는데 그가 아직 모르고 있을까요?

STEP 1 당장 떠오르는 키워드!

1. 재빨리 분위기 파악!

그가 이미 알고 있을지도 모른다는 생각이 드는군요. 확실하지는 않지만 아마도 그럴 것 같다고 얘기해 볼까요?

2. 핵심단어 떠올리기

어쩌면 그럴지도 몰라요	그가	이미	알다
Maybe	he	already	know

※ 꼭 알아야 할 표현: already

STEP 2 상황 종료, 미션 해결!

Maybe / he already / knows about it.

이 문장에서 '이미'라는 뜻의 부사는 he와 동사 knows의 가운데 또는 문장 맨 끝에 올 수 있습니다. 동사 know를 쓸 때는 주어가 3인칭 단수인 he이므로 뒤에 -s를 붙이는 것을 잊지 마세요. 그 뒤에 '그 일에 대해서'라는 뜻의 about it은 붙여도 좋고 안 붙여도 상관없습니다.

STEP 3 자신있게 말해 보자!

A **Maybe** he already knows about it. 아마 그 사람도 이미 그걸 알고 있을 거야.

B Yeah, maybe he does. 그래. 아마도 그럴 거야.

도전! 조금 실력이 붙으면 해 볼 만한 말들

I'll probably come tonight. 나 오늘 저녁에 올지도 몰라요.

probably는 거의 60% 이상의 가능성이 있을 때 쓰는 부사로 조동사(will)와 본동사(come)의 사이에 위치한다.

Chances are it will be warmer later today.
이따가는 좀 따뜻해질 확률이 높아요.

chances are는 그 자체로 '~할 가능성이 상당히 높다'라는 의미의 부사구 역할을 한다.

변신! 다른 상황에서 응용할 표현들

Maybe some other time. 다음 기회로 미루죠.

제안이나 초청을 거절하면서 다음 기회로 미룰 때 쓸 수 있는 표현이다. '어쩌면 다음에 그렇게 할 수도 있다.'라는 의미를 전하면서 부담을 더는 것. some other time은 '꼭 지금이 아니더라도 다른 때에'라는 뜻으로 자주 쓰인다.

Maybe you need some time off. 좀 쉬는 게 어때요?

'어쩌면', '아마도' 라는 뜻의 maybe로 말문을 열기는 했지만 뒤에 you need...라는 표현이 와서 실은 You should take a little time off.와 같은 뜻이 된다. 즉, 상대방에게 조심스럽게 의견을 제시하는 것 같지만 실은 조언을 하는 투의 말이다.

완성! 네이티브처럼 말하기

Maybe you should check it out.
한 번 점검을 해 봐야 할 지도 몰라요.

가볍게 권하듯이 말해 보자.

Maybe or maybe not. 그럴 수도 있고 아닐 수도 있죠.

반반의 가능성을 말할 때 사용한다.

Maybe I should leave. 이거 가 봐야 하겠는걸요.

눈치껏 자리를 피해줄 때 사용한다.

16 긍정적인 추정 - ⑵ 가벼운 추측

I think...

~라고 생각합니다.

내가 볼 때는 이럴 것 같다, 저럴 것 같다는 식으로 추측할 때에는 어떻게 말하면 좋을까요? '나는 ~라고 생각합니다.'라고 말하는 경우 주어 I 다음에 올 수 있는 동사는 꽤 여러 가지입니다. 일단 가장 일반적인 경우를 알아보죠.

실제 상황 SOS

네덜란드 페예노르트(Feyenoord)로 이적한 유명한 축구 스타가 유럽 팀에서 잘 적응할 수 있을까 하고 걱정하는 친구에게 그 선수는 지난 시즌에 좋은 활약상을 보여줬으니 아마 성공할 거라고 말해 줍시다.

STEP 1 당장 떠오르는 키워드!

1. 재빨리 분위기 파악!

나름대로의 근거가 다 있다고요! 지난 기억을 근거로 해서 내가 생각하는 바를 분명히 말합시다.

2. 핵심단어 떠올리기

내 생각에는	그 선수	성공하다
I think	**that player / he**	**succeed**

※ 꼭 알아야 할 표현: succeed

STEP 2 상황 종료, 미션 해결!

I think / he will succeed.

앞으로 일어날 일에 대한 생각이니까 he와 succeed 사이에 will을 넣어 주세요.

STEP 3 자신있게 말해 보자!

A **I think** he will succeed at Feyenoord.
그 사람 페예노르트에서 좋은 활약을 보일 거라고 생각해.

B Yeah, he did a fabulous job last season.
그럼. 지난 시즌에 정말 대단한 활약을 했지.

도전! 조금 실력이 붙으면 해 볼 만한 말들

I bet he will do a great job. 난 반드시 그가 훌륭하게 해낼 거라고 믿는다.

bet는 돈을 걸고 도박, 내기 등을 한다는 뜻이다. 따라서 I bet...은 그만큼 확신을 가지고 말할 때 사용하는 표현이다.

I guess he'll be okay. 난 그가 무난하게 잘해낼 거라고 생각해요.

guess는 보통 막연한 생각이나 짐작, 추측한 내용을 전하는 경우에 쓴다.

변신! 다른 상황에서 응용할 표현들

Guess what. 맞춰 봐.

이 표현은 "뭐라고 생각해?", "맞춰 봐.", "저, 말이지." 등의 말로, I have something important to tell you.와 같은 의미다. Guess what! I've decided to play tennis again.이라고 하면 "있잖아요. 다시 테니스를 치기로 결정했어요."라는 뜻이다.

My guess is as good as yours.
나라고 당신보다 더 잘 알지는 않답니다.

as good as는 '~만큼이나 상태가 비슷한'이란 뜻의 표현으로서 여기서는 my guess, 즉 '내가 추측하는 바'와 your guess, '상대방이 추측하는 바'가 거의 같다는 뜻이다.

완성! 네이티브처럼 말하기

I believe so. 난 그렇게 믿고 있는데요.

상대방의 말을 듣고 난 후 "그렇게 알고 있다"고 응수할 때 사용한다.

I feel like a queen! 마치 여왕이 된 느낌인걸!

자신의 느낌을 강하게 말할 때 사용한다.

I think it's possible. 그럴 수도 있는 것 같은데요.

충분히 가능성이 있다고 말할 때 사용한다.

16 긍정적인 추정 - (3) 강한 확신

I'm sure that...

반드시 ~일 겁니다.

강한 확신을 가지고 추측해서 말할 때 쓰는 표현입니다. '내가 보기에는 확실히 ~이다.'라는 식의 말이죠. sure는 이렇게 '확신'에 대해 말할 때 쓰입니다.

실제 상황 SOS

입사시험을 치르고 합격할지 떨어질지 전전긍긍하고 있는 친구에게 반드시 합격할 거라고 격려해 주었습니다. 그 동안 그렇게 열심히 준비한 그 친구가 합격하지 못하면 누가 합격하겠어요!

STEP 1 당장 떠오르는 키워드!

1. 재빨리 분위기 파악!

"꼭 합격할 거야."라고 확신을 담아 말해 줍시다.

2. 핵심단어 떠올리기

난 확신해요	당신	시험	합격하다
I'm sure	you	test	pass

※ 꼭 알아야 할 표현: pass the test

STEP 2 상황 종료, 미션 해결!

I'm sure. / you will / pass the test.

확신을 가지고 하는 말이므로 일단 I'm sure...로 시작합니다. 다음으로 '확신하는 내용'을 연결하면서 that은 생략할 수 있습니다. '시험에 합격하다, 통과하다'라는 표현으로는 pass the test를 씁니다.

STEP 3 자신있게 말해 보자!

A I'm so worried about the result. 결과 때문에 걱정돼 죽겠어.

B **I'm sure** you will pass the test. 넌 **분명히** 시험에 **합격할 거야.**

도전! 조금 실력이 붙으면 해 볼 만한 말들

I know you will pass the test. 난 네가 시험에 합격할 거라고 확신해.

I think…나 I guess…로 문장을 시작하면 '난 ~라고 생각한다'라는 다소 중립적인 뜻이 되는데 반해, I'm sure…라고 시작하면 '~라고 확신하다'라는 강한 뉘앙스를 갖게 된다. 그보다도 훨씬 더 강한 확신을 나타내고 싶다면 위 예문처럼 I know…로 시작할 수 있다.

I'm quite certain that you will pass the test.
난 당신이 시험에 합격하리라고 확신합니다.

sure보다 certain을 쓰면 조금 더 격식을 차린 말처럼 들린다. quite는 so나 very에 비해서 좀더 딱딱하지만 세련된 느낌을 주는 부사라는 것을 알아 두자.

변신! 다른 상황에서 응용할 표현들

I'm sure she knows what she's doing.
그녀는 지금 충분히 자기가 알아서 다 잘하고 있는 게 확실해요.

이때 know what one's doing은 '지금 자신이 하고 있는 일이 무엇인지 알다', 즉 '제 할 일을 알아서 잘하다'라는 뜻이다.

It's only a matter of time. 그건 시간문제일 뿐이야.

It's a matter of…는 어떤 일의 성격을 결정짓는 가장 중요한 것, 중심이 되는 내용이 무엇인지를 말하는 표현이다. It's a matter of life and death.라고 하면 "그 일은 삶과 죽음이 달린 문제다."라는 뜻이다.

완성! 네이티브처럼 말하기

I'm positive. 확실해요.

강한 확신을 말할 때 사용한다.

I can bet my bottom dollar on it.
내 마지막 한 푼이라도 다 걸겠어.

어찌나 확신하는지 내기라도 하겠다고 강조해서 말할 때 사용한다.

Are you sure about that? 글쎄 과연 그게 그럴까?

자신은 확신이 들지 않은 채 상대방에게 물을 때 사용한다.

Exercise 16

Part I 문장을 만들어 보세요.

박자에 맞추어 문장을 점점 늘려가며 따라해 보세요.

succeed
he will succeed
I think he will succeed.

job
a great job
I bet he will do a great job.

the test
pass the test
I'm sure you'll pass the test.

doing
what she's doing
she knows what she's doing
I'm sure she knows what she's doing.

knows
he already knows
Maybe he already knows.

tonight
come tonight
I'll probably come tonight.

other time
some other time
Maybe some other time.

▶▶ 정답 및 해석 p. 245

Part Ⅱ 대화를 완성하고 따라해 보세요.

1 우선, MP3를 듣기 전에 대화 속 괄호 안에서 맞는 것을 고르세요.
그리고, MP3를 듣고 따라하면서 자신이 고른 것이 맞는지 확인하세요.

도서관 / 미라, 철수

미라 **I'm going to London next week.**

철수 **For vacation?**

미라 **No, to study. I'm going to a college there.**

철수 **Really? Wow, I had no idea.**

미라 **Well, I'm a little worried.**

철수 **I think (you'll do / you would be) a great (study / job) there.**

미라 **Yeah, (I imagine / I guess) I'll be okay. But I heard I have to take a test every day!**

철수 **Don't worry. (I think / I'm sure) you'll be just fine.**

미라 **Thanks. It's going to be tough, but (of course / maybe) I will enjoy the busy schedule.**

철수 **Of course.**

2 먼저 대화를 영어로 완성한 후, MP3를 듣고 따라하면서 확인하세요.

회사 / 과장, 철수

철수 **Here's the resumé of Mr. Lee Han-joong.**

과장 **Thanks. Hmm, what do you think of this guy? Doesn't he look a little... too weak?**

철수 그렇게 보일지도 모르죠. **But he's well-experienced in the field.** 그의 건강은 별 탈 없을 거라고 확신합니다.

과장 **Okay, and he lives too far from work.**

철수 곧 회사 근처로 이사 올 것 같은데요.

과장 **How come you know about this guy so well?**

철수 **Actually, he's my cousin.**

17 부정적인 추정 - (1) 가벼운 부정

I don't think...

~인 것 같지 않습니다.

'~인 것 같지 않다' 또는 '~할 것 같지 않다'라는 식의 부정적인 추측을 할 때의 표현을 알아봅시다. 우리말로는 '난 ~가 아닌 것 같다'라고 하는 것을 영어로는 '난 ~라고는 생각하지 않는다'라고 개인적인 생각임을 강조해서 말하게 됩니다.

실제 상황 SOS

동생이 새로 산 가죽 재킷을 입고 나가려다가 혹 오늘 비가 오면 어떻게 하나 하는 생각에 주저하고 있습니다. 내 생각엔 오늘 비가 올 것 같지 않다고 말해 주고 싶군요.

STEP 1 당장 떠오르는 키워드!

1. 재빨리 분위기 파악!

'~할 거라고 생각하지 않는다'라는 미래에 대한 예측이라는 점에 유의해서 생각해 봅시다.

2. 핵심단어 떠올리기

난 ~인 것 같지 않다	비가	오다
I don't think	rain	come

STEP 2 상황 종료, 미션 해결!

I don't think / it will rain today.

날씨에 대해 말할 때는 비인칭주어 it로 문장을 시작합니다. 이때 문장의 내용상 미래를 나타내 주는 조동사 will이 들어가야 한다는 것도 잊지 마세요!
rain은 '비'라는 명사이기도 하지만 '비가 오다'라는 동사로도 쓰이는 것 아시죠? '오다'라는 말 때문에 come 같은 단어들을 굳이 떠올리지 말고 간결하게 표현해 보세요.

STEP 3 자신있게 말해 보자!

A What if it rains? 비가 오면 어쩌지?

B **I don't think** it will rain today. 오늘은 비가 올 것 같지 않은데.

도전! 조금 실력이 붙으면 해 볼 만한 말들

It doesn't look like rain today. 오늘 비가 올 것 같지 않은데요.

반대로 "비가 올 것 같은 날씨다."라고 할 때는 Looks like rain today.라고 할 수 있다. it은 날씨 외에 일반적인 상황을 가리키기도 해서, It doesn't look like he likes me.(상황을 보아 하니 그가 나를 좋아하는 것 같지 않아.)라는 식으로 쓰이기도 한다.

Things don't look good to me.
나는 돌아가는 상황이 별로 좋아 보이지 않는 걸요.

이때 things는 전체적으로 일이 돌아가는 상황과 그와 관련해서 발생하는 여러 가지 일들을 통틀어 가리키므로 어떠한 상황에서도 쓰일 수 있다.

변신! 다른 상황에서 응용할 표현들

It doesn't look anything like a finger.
그건 전혀 손가락처럼 보이지 않는다.

It doesn't look like...는 '모양이나 상태가 다른 것과 비교하여 같아 보이지 않다'라는 의미도 있다.

I never thought of that. 난 그런 생각 해본 적이 없는데요.

자신이 미처 생각하지 못했던 것을 지적한 상대에게 은근히 놀라움과 동의를 드러내는 표현이다.

완성! 네이티브처럼 말하기

Not that I know of. 글쎄, 내가 알기로는 아닌데요.

자신이 알기로는 그렇지 않다고 할 때 사용한다.

Not to my knowledge. 내가 알기로는 그렇지 않아요.

자신이 아는 범위 내로는 그렇지 않다고 할 때 사용한다.

I really don't think I should do it.
전 정말 제가 그거 못 할 것 같아요.

부정하는 입장을 강하지만 부드럽게 말할 때 사용한다.

17 부정적인 추정 - (2) 조심스런 부정

I doubt...

~가 아닌 것 같은데요.

어떤 일이 일어나지 않을 거라는 부정적인 확신이 들 때에는 동사 doubt를 써서 그런 상태를 표현할 수 있습니다. doubt라는 단어 안에는 이미 '~가 아닐 거라고 의심하다' 또는 '~가 아닐 거라고 믿다'라는 뜻이 포함되어 있다는 것에 유의하세요!

실제 상황 SOS

명탐정 셜록 홈즈의 역할을 맡긴다면 어떤 배우가 좋을까에 대해 열띤 토론이 벌어졌습니다. 한 친구가 톰 크루즈를 댔지만 글쎄…. 그가 영국식 악센트를 구현해 낼 수 있을까요? 게다가 너무 잘 생겼잖아요!

STEP 1 당장 떠오르는 키워드!

1. 재빨리 분위기 파악!

그가 과연 그 일을 해낼 수 있을 것 같지 않다고 말하고 싶은데 지나치게 직설적으로 표현하고 싶지는 않습니다. 조금은 조심스럽게 말하는 것이 어울릴 것 같군요.

2. 핵심단어 떠올리기

난 ~가 아닌 것 같다	그가	그 일을	해낼 수 있다
I doubt	**he**	**the job**	**can do**

※ 꼭 알아야 할 표현: can do the job

STEP 2 상황 종료, 미션 해결!

I doubt / he can do the job.

동사 doubt에는 이미 '~가 아닌 것 같다, 의심스럽다'라는 뜻이 다 들어가 있으므로 뒤에 따라오는 내용에 다시 not을 넣지 않아야 한다는 것이 중요합니다. 습관화하기까지 시간이 걸릴 수 있을 거예요. '그 일을 해내다'는 can do it 또는 can do the job으로 표현합니다.

STEP 3 자신있게 말해 보자!

A How about Tom Cruise? 톰 크루즈는 어떨까?

B **I doubt** he can do the job. 그 사람은 그 일을 해내지 **못할 거예요.**

도전! 조금 실력이 붙으면 해 볼 만한 말들

I doubt that. 아닌 것 같은데요.

아주 간단히 표현으로 I don't think so.와 거의 같은 뜻이다.

Without a doubt, Tom Cruise is not for the job.

의심할 여지도 없이 톰 크루즈는 그 일에 적격이 아닙니다.

'전혀 의심의 여지 없이'라는 우리말 표현에 적절하게 맞는 영어식 표현이 바로 without a doubt이다. 재고의 가치도 없을 정도로 확신에 가득 차서 하는 말.

변신!! 다른 상황에서 응용할 표현들

No doubt about it. 틀림없다.

직역하면 "그 일에 관해서는 의심이 없다."라는 말로 '틀림없다'라는 말이 된다.

That's not going to happen. 그런 일은 일어나지 않을 거예요.

사실 이 말은 '내가 그런 일이 일어나지 못하도록 하겠다.' 즉 I won't let it happen.과 같은 내용을 '그 일'을 주어로 하여 말한 경우다.

완성! 네이티브처럼 말하기

I highly doubt it. 전 그 부분에서 강하게 의문이 드는걸요.

확신하지 않는다는 것을 강하게 말할 때 사용한다.

I'm not too sure I can trust him.

전 그를 믿을 수 있을 것 같지 않네요.

doubt라는 강한 단어를 쓰는 대신 조금 돌려서 말할 때 사용한다.

I don't know about that. 글쎄다.

가볍고 약하게 불신한다고 말할 때 사용한다.

17 부정적인 추정 - (3) 확신이 부족할 때

I'm not sure...

난 ~는 잘 모르겠는데요.

어떤 일에 대해 확실하지 않다고 말하거나 잘 모르겠다고 할 때 I'm not sure...를 씁니다. '~인지 아닌지 잘 모르겠다'라고 할 때에는 뒤에 if를 이용하여 내용을 더 이어 말할 수 있습니다.

실제 상황 SOS

사귀고 있는 사람이 있는데, 분명 그가 자기를 좋아하기는 하는 것 같지만 사랑하는지 아닌지는 도무지 모르겠다면? 친구에게 고민 상담이라도 하고 싶다면 어떻게 말해야 할까요?

STEP 1 당장 떠오르는 키워드!

1. 재빨리 분위기 파악!

상대방이 날 사랑하는지 확신도 서지 않고 갑갑하기만 하다고요? 친구에게 자신의 심정을 솔직히 얘기해 봅시다.

2. 핵심단어 떠올리기

잘 모르겠다	~인지	그가	나를 사랑하다
I'm not sure	if	he	love me

※ 꼭 알아야 할 표현: if / love

STEP 2 상황 종료, 미션 해결!

I'm not sure / if he loves me.

일단 스스로 확신이 들지 않는다는 의도이므로 I'm not sure로 시작하고 나서 다음 '~인지 아닌지'라는 뜻의 접속사 if를 떠올립니다. 다음으로 '그가 나를 사랑하다'라는 내용을 붙이면 되는데, 이때 주어가 3인칭 단수인 he이고 해당하는 시점은 현재이므로 동사 love에 -s를 붙이는 것을 잊지 마세요!

STEP 3 자신있게 말해 보자!

A So, are you going to marry Jim? 그래서, 너 짐이랑 결혼할 예정이야?

B I don't know. **I'm not sure** if he loves me.
나도 모르겠어. 그가 나를 사랑하는지 아닌지 **잘 모르겠어.**

도전! 조금 실력이 붙으면 해 볼 만한 말들

I'm not sure about that. 그건 나도 잘 모르겠어.

앞서 나온 말에 대해서 이렇게 대답하면 '그것에 대해서는 나도 잘 모르겠다.'라는 뜻이 된다. 그러나 때로는 "글쎄, 그건 나도 잘 모르겠군."이라고 하면서 실은 상대의 말에 다소 반대하는 의사를 담아 말하는 것일 수도 있다.

I can't say anything for sure.

난 확실히 말할 수 있는 게 아무것도 없어요.

for sure는 '확실하게'라는 뜻으로, 위 예문처럼 not이 들어간 부정문 뒤에 for sure가 붙으면 '확실하게는 아니다' 즉 '이렇다 저렇다 확실하게 말할 수 없다'라는 뜻이다.

변신! 다른 상황에서 응용할 표현들

I can't make up my mind. 결정을 내릴 수가 없다.

make up one's mind 자체가 '마음을 먹다, 결심하다'라는 뜻의 숙어다. 간단히 I can't decide!라고도 한다.

Nothing's decided yet. 아무것도 확정된 것이 없다.

어떤 일에 대해 아직 결정된 바가 없다는 것은 nothing을 주어로 하여 표현할 수 있다. 결정된 대상이 주어이므로 '결정되다'라는 의미의 수동태 표현인 be decided를 쓴다.

완성! 네이티브처럼 말하기

I don't think I'm ready for it. 전 아직 그럴 준비가 된 것 같진 않아요.

아직 준비가 안 된 것 같다고 할 때 사용한다.

I just can't decide. 도저히 결정을 못 하겠어요.

도저히 결정을 할 수 없다고 할 때 사용한다.

It's a toss-up.

동전을 던져 어느 편이라도 나올 수 있는 반반의 가능성이 있는 상황이에요.

딱 잘라 말할 수 없는 상황이라고 할 때 사용한다.

Exercise 17

Part I 문장을 만들어 보세요.

박자에 맞추어 문장을 점점 늘려가며 따라해 보세요.

today
it will rain today
I don't think it will rain today.

that
thought of that
I never thought of that.

the job
he can do the job
I doubt he can do the job.

it
about it
No doubt about it.

happen
going to happen
That's not going to happen.

he loves me
not sure if he loves me
I'm not sure if he loves me.

my mind
make up my mind
I can't make up my mind.

▶▶ 정답 및 해석 p. 245

Part Ⅱ 대화를 완성하고 따라해 보세요.

1 우선, MP3를 듣기 전에 대화 속 괄호 안에서 맞는 것을 고르세요.
그리고, MP3를 듣고 따라하면서 자신이 고른 것이 맞는지 확인하세요.

회사 / 철수, 현진

현진 **It's really cloudy today.**

철수 **Yeah, but (I suppose / I don't think) it'll rain today.**

현진 **Good. I don't have an umbrella.**

By the way today's Mr. Kim's birthday. How about getting him a present?

철수 **That sounds good. Well, I (sure think so / never thought of that).**

현진 **Actually, Miss Cho is preparing a surprise party for him.**

철수 **Really? But I (guess / doubt) he'll come back in the office today.**

현진 **What? How come?**

철수 **He was sick. So, he went home early.**

2 먼저 대화를 영어로 완성한 후, MP3를 듣고 따라하면서 확인하세요.

백화점 / 철수, 현진

점원 **So, have you decided which one to take?**

현진 **They all look good to me.** 마음을 못 정하겠네요.

철수 **How about this one? He likes blue.**

점원 **Excellent! I'll gift-wrap it for you.**

현진 그분이 과연 이걸 좋아하실지 모르겠어.

철수 **Of course, he'll love it! Blue is his favorite color!**

현진 그분이 이런 멜빵을 하고 다니실지 난 상당히 의심스러운걸.

※ 멜빵: suspenders

18 동의·지지하기 - (1) 찬성하기

I agree with you...

~라는 당신 말에 동의합니다.

찬성하고 동의하는 상황에서는 늘 동사 agree를 생각하면 크게 벗어나지 않습니다. agree 다음에 구체적으로 누구의 의견에 찬성하는지는 전치사 with를 붙여 말할 수 있습니다.

실제 상황 SOS

회사에서 담배를 피우는 사람들(smokers)과 피우지 않는 사람들(non-smokers) 사이에 작은 의견 충돌이 있었습니다. 비흡연자들이 회사 전체를 금연 구역으로 해야 한다고 주장하는군요.

STEP 1 당장 떠오르는 키워드!

1. 재빨리 분위기 파악!

"맞아, 나도 우리에겐 맑은 공기가 더 필요하다는 점에서 당신 말에 찬성해요."라고 말하고 싶습니다. 이렇게 '찬성한다'라는 사실과 '내가 찬성하는 구체적인 내용'까지 한꺼번에 말하고 싶다면?

2. 핵심단어 떠올리기

찬성해요	당신	필요해요	신선한 공기
agree	you	need	fresh air

STEP 2 상황 종료, 미션 해결!

I agree with you / that we need / more fresh air.

영어에서는 부정적인 면을 직접 표현하기보다는 '신선한 공기가 더 필요하다'는 사실을 강조하여 긍정적으로 표현하는 것을 선호합니다.

STEP 3 자신있게 말해 보자!

A We should make this building smoke-free.
이 건물을 금연 건물로 해야 해요.

B **I agree with you** that we need more fresh air.
맑은 공기가 좀 더 필요하다는 **당신 말에 동의해요.**

도전! 조금 실력이 붙으면 해 볼 만한 말들

I feel the same way. 동감입니다.

I'm with you on that. 그 점에 대해서는 저도 당신과 같은 생각입니다.

I think so, too. 저도 그렇게 생각해요.

상대의 말에 동의하는 표현으로 가장 흔한 것은 I think so, too. '나도 마찬가지 느낌, 생각을 가지고 있다.'라는 뜻에서 I feel the same way.라고도 한다. 또 '동의하다'라는 것을 '한 지점에 같이 있는 것'에 비유해서 I'm with you on that.(그 점에 있어서 나도 당신과 함께 한다.)이라고도 표현한다.

변신! 다른 상황에서 응용할 표현들

Who's with me? 내 의견에 동의하는 사람?

직역하면 "누가 나와 함께 있느냐?"지만 결국 "누가 나와 생각이 같지?"라는 말이다.

Are you in or out? 찬성이야, 반대야?

어떤 행동을 하고자 하는 시점에서 상대에게 "우리와 함께 할래, 빠질래?"라고 물을 때라면 위와 같이 표현할 수 있다.

완성! 네이티브처럼 말하기

I'm on your side. 난 당신 편이에요.

상대방의 편에 서있다고 할 때 사용한다.

We all support you. 우린 모두 당신 편이에요.

상대방에 대한 지지를 말할 때 사용한다.

Whose side are you on? 도대체 넌 누구 편을 드는 거야?

따지듯이 누구 편을 들고 있는 거냐고 반문하듯 물을 때 사용한다.

18 동의·지지하기 - ⑵ 강력하게 수긍하기

Exactly.

바로 그거예요!

상대방이 한 말에 강하고 확실하게 수긍하려면? 단 한마디로 표현할 수 있습니다. "물론이죠!", "그럼요!", "당연히!"처럼요.

실제 상황 SOS

길을 가는데 한 외국인이 Excuse me.(실례합니다.) 하며 내게 말을 걸었습니다. 한 대형 서점을 찾고 있기에 저기 있는 갈색 건물이라고 알려주었더니 You mean the one with no windows?(창문이 없는 저 건물 말인가요?)라고 되묻습니다. 네, 바로 그거예요!

STEP 1 당장 떠오르는 키워드!

1. 재빨리 분위기 파악!

단 한마디로 상대방이 바로 맞혔다는 것을 알려줍시다.

2. 핵심단어 떠올리기

확실히	그렇다
Exactly	yes

※ 꼭 알아야 할 표현: exactly

STEP 2 상황 종료, 미션 해결!

Exactly!

'그렇다'라는 뜻을 전하기 위해 늘 Yes.라고만 해야 하는 것은 아닙니다. 이런 경우 가장 적합하게 쓰일 수 있는 부사 몇 가지를 알아두었다가 잘 활용하면 효과 만점입니다.

STEP 3 자신있게 말해 보자!

A You mean the one with no windows? 창문이 없는 저것 말인가요?

B **Exactly!** 바로 그거예요!

도전! 조금 실력이 붙으면 해 볼 만한 말들

Yes, that's it. 네, 바로 그겁니다.

"그렇다."라는 뜻으로 일단 가장 편안한 표현, Yes.라고 말한 뒤에 "바로 그거야."라고 덧붙이고 싶다면 That's it.이라고 한다. 이 말은 That's the building that I'm talking about.(바로 저것이 내가 말하고 있는 그 건물이야.)을 줄인 말이다.

There you go. 그렇죠!

There you go.는 "바로 잘 알아맞혔군요.", "제대로 알고 있네요."라고 확인해 주고, 격려하고, 칭찬하는 뜻을 다 포함하고 있다.

변신!! 다른 상황에서 응용할 표현들

Absolutely. 물론입니다.

Positive. 물론입니다.

Absolutely.와 Positive.는 모두 '완전히', '확실히'라는 뜻으로 Are you sure?(정말 확실해요?)와 같은 질문에 "글쎄, 확실하다니까요!"라고 확신에 찬 대답으로 자주 쓰인다.

완성! 네이티브처럼 말하기

You bet! 바로 그렇죠!

상대방의 말이 확실히 맞다고 할 때 사용한다.

You're exactly right! 바로 맞았어요!

상대방의 말이 정확히 맞다고 할 때 사용한다.

Exercise 18

Part Ⅰ 문장을 만들어 보세요.

박자에 맞추어 문장을 점점 늘려가며 따라해 보세요.

fresh air
more fresh air
we need more fresh air
I agree with you that we need more fresh air.

way
the same way
I feel the same way.

that
on that
I'm with you on that.

too
think so, too
I think so, too.

Exactly!
Absolutely!
Positive!

go
you go
There you go.

▶▶ 정답 및 해석 p. 245

Part Ⅱ 대화를 완성하고 따라해 보세요.

1 우선, MP3를 듣기 전에 대화 속 괄호 안에서 맞는 것을 고르세요.
그리고, MP3를 듣고 따라하면서 자신이 고른 것이 맞는지 확인하세요.

회의 / 철수, 현진, 과장

철수 **I believe we should make this building smoke-free.**

현진 **Actually, I agree (on / with) him on the idea.**

과장 **What's up with you guys? What about smokers' rights? Come on, who's (on / with) me?**

현진 **We do need more fresh air in here.**

철수 **I get bad headaches all the time.**

과장 **Well, okay. I'll think about it. Now let's go for lunch.**

철수 **That sounds good, ma'am, but please don't smoke during lunch, okay?**

과장 **Well, all right.**

2 먼저 대화를 영어로 완성한 후, MP3를 듣고 따라하면서 확인하세요.

사장실 / 사장, 과장

과장 글쎄, 물론 좀 더 나은 작업 환경을 만들어야겠다는 점은 사장님께 동의합니다.

사장 **Did you see that documentary on TV last night?**

과장 **You mean the one about smoking cigarettes?**

사장 맞아요! **Wow, it was shocking!**

과장 그렇다면 이 건물을 금연 지역으로 만들자는 의견에 동의하시는 건가요?

사장 물론이죠! **Then, I can quit smoking more easily!**

※ 좀 더 나은 작업 환경: better working environment

19 반대·부정하기 - (1) 반대 의사 표시

I disagree.

나는 반대합니다.

반대 의사를 표시하는 경우 노골적이고 직접적으로 "나는 반대합니다." 라고 말할 때가 있습니다. 필요한 경우 공식석상에서 격한 어조로 말할 수도 있고, 아주 친하거나 격의 없는 사이에서 가볍게 할 수도 있는 말입니다.

실제 상황 SOS

계속 이어지는 흡연자와 비흡연자의 공방. 담배를 피우는 사람의 입장에서는 회사 전체를 금연 구역으로 정하자는 의견이 결코 반가울 리 없겠죠?

STEP 1 당장 떠오르는 키워드!

1. 재빨리 분위기 파악!

강력하게 반대 의사를 표명합니다. "찬성하지 않아요."라고 돌려 말해도 되지만 강하고 직접적으로 "반대합니다."라고 말할 수도 있겠지요.

2. 핵심단어 떠올리기

반대하다	그 의견
disagree	**that**

※ 꼭 알아야 할 표현: disagree

STEP 2 상황 종료, 미션 해결!

I disagree with you / on that.

I agree...의 대상이 사람일 때 전치사 with를 쓰듯이, I disagree... 다음에도 전치사 with를 써서 반대하는 대상을 밝힙니다. 이때 꼭 '그 점에 있어'라는 의미의 on that을 붙이지 않아도 의미는 통하지만, 명확한 의사 표현이 필요할 때에는 붙여 말하는 것이 좋습니다.

STEP 3 자신있게 말해 보자!

A We should make this building smoke-free.
이 건물을 금연 건물로 해야 해요.

B **I disagree** with you on that. 그 점에 있어 **나는** 당신 의견에 **반대해요.**

도전! 조금 실력이 붙으면 해 볼 만한 말들

I have to disagree with you on that.

(어쩔 수 없지만) 그 점에 대해 당신에게 반대할 수밖에 없네요.

I have to...는 '어쩔 수 없이 난 ~할 수밖에 없다'라는 의미의 표현이다. 말을 돌려서 하는 표현이므로 훨씬 정중하게 들린다.

I can't agree with you on that.

(마음은 안 그렇지만) 당신의 그 점에는 찬성할 수 없어요.

변신!! 다른 상황에서 응용할 표현들

I wouldn't say that. 그렇게 말하고 싶지는 않군요.

상대방이 어떤 의견에 동의하지 않을 때 비교적 덜 직접적이지만 분명하게 반대한다는 의미를 담아 얘기하는 말. 말하는 사람의 의지를 드러내 주는 조동사 would가 들어가서 "내가 당신이라면 난 그렇게 말하지 않겠어요."라는 말이 된다.

A: Don't you think that this building should be smoke-free?
이 건물에서 담배 피우는 것을 금지해야 한다고 생각하지 않나요?

B: Well, I wouldn't say that. 글쎄요, 그렇게 말하고 싶지는 않군요.

완성! 네이티브처럼 말하기

I'm sorry I must disagree. 죄송하지만 그 말엔 반대할 수밖엔 없네요.

공손하게 상대방의 말에 반대하는 입장을 말하려고 할 때 사용한다.

I don't think so. 난 그렇게 생각하지 않아요.

단호하고 직접적으로 반대할 때 사용한다.

I think a little bit differently. 전 좀 다르게 생각해요.

자신의 생각이 좀 다르다고 말할 때 사용한다.

19 반대·부정하기 - ⑵ 완곡한 반대

No, I don't think...

아뇨, 난 ~라고 생각하지 않습니다..

다른 사람의 말에 대해 부정적인 의견을 제시할 때는 "절대 안 돼요."와 같이 강하게 말할 수도 있겠지만, "글쎄, 그게 아닌 것 같은데요.", "그럴 수는 없겠죠."라고 조금 부드럽게 부정하는 뜻을 표현할 수도 있습니다.

실제 상황 SOS

어떤 프로젝트를 진행시키는 도중 사장님의 결재가 필요한 순간. 하지만 사장님은 지금 출장 중이어서 당장 허락 받기가 곤란하군요. 한시가 급한 상황인데, 사장님의 허락 없이 그냥 진행해도 좋을까요?

STEP 1 당장 떠오르는 키워드!

1. 재빨리 분위기 파악!

절대 안 된다고 반대했다가 나중에 급히 진행시키는 편이 좋았을 거라고 사장이 나무라면 어떡하나? 조금 덜 강력하게 반대할까요?

2. 핵심단어 떠올리기

~하면 안 될 것 같다	우리가 ~해도 된다
I don't think	**we can**

STEP 2 상황 종료, 미션 해결!

No, / I don't think / we can do that.

다소 약하게 부정하는 내용이므로 I don't think...로 시작해 봅시다. 그 다음 모든 내용을 한꺼번에 지시할 수 있는 so를 붙여서 간단히 I don't think so.라고 마무리지을 수 있습니다. 좀 더 구체적으로 '우리가 그래도 된다고는' 하는 식으로 표현하려면 we can 또는 we can do that까지 덧붙여 보세요.

STEP 3 자신있게 말해 보자!

A So, can we go on with it without his permission?
그럼, 사장님 허락 없이 진행해도 될까요?

B **No, I don't think** we can do that. **아뇨, 그래서는 안 될 것 같아요.**

도전! 조금 실력이 붙으면 해 볼 만한 말들

No way. 절대로 안 돼.

No가 들어가면 일단 상당히 강하게 반대하거나 부정하는 말이 된다는 것을 기억하자. I have no money.라고 하면 I don't have money.에 비해 정말 돈이 한푼도 없다는 것을 확실하게 강조하는 표현이 된다.

That's a good question. 글쎄요.

Yes나 No 중 확실한 답변을 할 수 없을 때, 즉 딱히 대답할 말이 없을 때는 That's a good question.이라고 말하기도 한다.

That's the thing. 바로 그게 문제예요.

"같이 고민해 보자."라는 제안을 좀 더 드러내 주는 표현. That's the thing.은 "바로 그게 문제야."라고 확인시켜 주는 구실을 한다.

변신!! 다른 상황에서 응용할 표현들

No, I don't think so. 그런 것 같지 않은데.

상대방의 말이 틀렸을 때뿐 아니라 다음 예문과 같이 특정한 상황에 대해 "그런 것 같지 않아요."라고 할 때에도 I don't think so.를 쓸 수 있다.

A: Paul, have you met Peter? 폴, 피터와 인사하셨어요?

B: No, I don't think so. 아뇨, 안 한 것 같아요.

완성! 네이티브처럼 말하기

No, I think we should wait. 아니요, 좀 우리가 기다려야 할 것 같아요.

상대방의 제의에 반대하면서 대안을 말할 때 사용한다.

That's not a way to do it. 그건 방법이 될 수 없어요.

상대방의 제안에 반대할 때 사용한다.

No, it's not going to work. 아니요, 그건 안 될 거예요.

상대방의 제안에 대해서 안 될 거라고 할 때 사용한다.

19 반대·부정하기 - ⑶ 오해 풀기

I didn't mean that.

난 그런 뜻이 아니었어요.

내가 한 말을 다른 사람이 잘못 받아들였다면 오해를 풀어야겠죠? 일단 내 말은 그런 뜻이 아니었다고 말을 꺼낸 후 자세하게 설명해도 좋고, 내 말을 오해한 상대방에게 "그런 식으로 받아들이지 말아 주세요."라고 할 수도 있죠.

실제 상황 SOS

직장 동료인 앤이 오늘따라 화장을 진하게 했어요. 내 생각엔 조금 가벼운 화장을 한 그녀가 더 예쁜데…. "화장을 너무 많이 했어."(You put on too much makeup.)라고 했다가 그만 그녀의 마음을 상하게 했어요. 어떡하죠?

STEP 1 당장 떠오르는 키워드!

1. 재빨리 분위기 파악!

화장을 해서 예쁘지 않다는 것이 아니라 조금 덜 하면 더 예쁘다는 뜻이라고 얼른 오해를 풀어줘야겠군요. 우선 "내 말은 그런 뜻이 아니야."라고 해야죠.

2. 핵심단어 떠올리기

아니었다	의도하다	그런 뜻
not	mean	that

STEP 2 상황 종료, 미션 해결!

I didn't / mean that.

한국 사람들이 어려워하지만 정작 신경을 쓰이지 않는 '시제'에 늘 주의하세요. 이미 엎지른 물이므로 과거형으로 얘기해야 합니다. 그러므로 I didn't를 한꺼번에 떠올리고 동사 mean을 붙입니다.

STEP 3 자신있게 말해 보자!

A You mean I don't look pretty with makeup on?
내가 화장하면 예쁘지 않다는 말이야?

B No, **I didn't mean that.** 아냐, 그런 뜻이 아니었어.

도전! 조금 실력이 붙으면 해 볼 만한 말들

Don't take it that way. 그런 식으로 받아들이지 말아요.

동사 take는 '~라고 받아들이다, 이해하다'라는 뜻.

That's not what I meant. 내 말은 그런 뜻이 아니었어.

That's not what…이라고 시작하면 '그건 ~가 아니다'라는 말이 된다. 여기서는 what I meant, 즉 '내가 의미했던 것'이 아니라는 것을 강조하는 말이다.

변신!! 다른 상황에서 응용할 표현들

I didn't mean to do that. 진심으로 한 게 아니야.

본의 아니게 어떤 일을 하고 말았을 때 할 수 있는 말이다. 여기서 to do that 대신에 구체적으로 to hurt you라고 하면 "당신에게 상처를 주려고 일부러 그런 것은 아니었어."는 말이 된다.

You got me wrong. (당신이) 나를 오해하셨군요.

이때 동사 get은 '~의 말을 …하게 받아들이다, 이해하다'라는 뜻으로, 뒤따라오는 wrong과 어울리면 '~의 말을 엉뚱하게 잘못 받아들이다, 오해하다'라는 뜻으로 쓰인다.

완성! 네이티브처럼 말하기

What I meant was the opposite.
의도했던 것은 오히려 그 반대였어요.

사실은 본인의 의사가 정반대였다고 할 때 사용한다.

Please don't get me wrong. 부디 절 오해하지 말아 주세요.

자신을 오해하지 말아 달라고 할 때 사용한다.

He really took it wrong. 그는 정말 그것을 잘못 받아들였더라고요.

다른 사람이 오해한 것에 대해 말할 때 사용한다.

Exercise 19

Part Ⅰ 문장을 만들어 보세요.

박자에 맞추어 문장을 점점 늘려가며 따라해 보세요.

on that
with you on that
I disagree with you on that.

on that
with you on that
I can't agree with you on that.

that
say that
I wouldn't say that.

do that
we can do that
I don't think we can do that.

think so
I don't think so
No, I don't think so.

that
mean that
I didn't mean that.

meant
what I meant
That's not what I meant.

Part Ⅱ 대화를 완성하고 따라해 보세요.

1 우선, MP3를 듣기 전에 대화 속 괄호 안에서 맞는 것을 고르세요.
그리고, MP3를 듣고 따라하면서 자신이 고른 것이 맞는지 확인하세요.

회의 / 철수, 과장, 사장

사장 **Now, we really need to think about downsizing!**

철수 **Well, I see the situation, but (I need to agree / I have to disagree) with you on that.**
We actually need to hire more people.

과장 **More people can mean higher productivity, but I (can't / won't) agree that we can afford it now.**

사장 **(I won't / I don't) think so either. I don't think (we can do that / we must do that) soon.**

철수 **Then, will we be able to start recruiting by next month?**

사장 **That's a good (point / question). But, sorry, I can't say for now.**

2 먼저 대화를 영어로 완성한 후, MP3를 듣고 따라하면서 확인하세요.

철수, 선희

철수 **Finally, they talked about downsizing today. What if I lose my job?**

선희 절대 그럴 리 없어! **You're a hard worker!**

철수 **But do they think so, too?**

선희 **Well,** 바로 그게 문제지.

철수 **What do you mean? You mean that they might not appreciate my hard work?**

선희 아냐, 난 그런 뜻이 아니었어.

철수 **I'm sorry. I guess I'm being nervous.**

20 궁금해하기 - (1) 특별한 관심

I'm curious about...

~가 궁금해요.

어떤 것에 대한 특별한 호기심, 궁금증을 나타낼 때 형용사 curious를 써서 표현할 수 있습니다. 일반적인 관심이 아니라 특별한 관심, 궁금증에 대해 말할 때 씁니다. 물론 바꾸어서 I'd like to know more about...이라고 해서 '난 ~에 대해 더 알고 싶다.'라고 할 수 있습니다.

실제 상황 SOS

친구인 제니가 지금 읽고 있는 책이 무척 재미있어 보입니다. 알고 보니 올해 최대의 베스트셀러라는군요.

STEP 1 당장 떠오르는 키워드!

1. 재빨리 분위기 파악!

과연 책이 어떤 내용일까? 무척 궁금해집니다. '~에 대해 알고 싶다, 궁금하다'라고 표현하려면 어떻게 말해야 할까요?

2. 핵심단어 떠올리기

궁금하다	그 책
I'm curious	**the book**

STEP 2 상황 종료, 미션 해결!

I'm curious about the book.

curious 다음에는 about이 있어야 무엇이 궁금하다는 건지 뒤에 붙여 말할 수 있습니다. about 다음에는 '바로 그 책'이라는 뜻으로 the book을 붙여 마무리할 수도 있고, 조금 더 구체적으로 '그 책이 어떤 내용인지'라는 의미로 what the book is about이라고 할 수도 있습니다.

STEP 3 자신있게 말해 보자!

A **I'm curious about** the book that Jenny's reading.
제니가 읽는 책이 뭔지 궁금한데.

B It's a mystery, I've heard. 내가 듣기로는 추리물이야.

도전! 조금 실력이 붙으면 해 볼 만한 말들

I wouldn't mind knowing about the book.

나도 그 책에 대해 좀 알고 싶어요.

wouldn't mind knowing about…을 직역하면 '~에 대해서 아는 것을 개의치 않다', 즉 '알고 싶긴 하다'라는 뜻이 된다.

Maybe you can tell me a little bit about the book.

제게 그 책에 대해 조금 얘기해 주실 수 있으시죠?

Maybe you can…은 조심스럽게 부탁이나 제안을 할 때 사용하는 표현이다.

변신! 다른 상황에서 응용할 표현들

Just out of curiosity.

그냥 궁금해서 묻는 건데요.

별다른 이유 없이 궁금해서 묻는 것뿐이라는 것을 강조하기 위한 표현. 일단 질문을 던져 놓은 다음에 얼른 덧붙여 상대의 오해가 없도록 하려 하기도 하고, 반대로 이 말부터 시작하고 질문하기도 한다. 혹은 Just because.(그냥요.)라고만 하기도 한다.

I'm dying to know about the book.

그 책에 대해 알고 싶어 죽겠어.

그야말로 '죽을 지경이다'라는 뜻으로 I'm dying to...라고 표현한다.

완성! 네이티브처럼 말하기

Just curious.

그냥 좀 궁금해서 그랬어요.

다른 이유가 없이 단지 궁금해서일 뿐이라고 간단히 대답할 때 사용한다.

Stop being so nosy.

참견 좀 그만해라.

일일이 간섭하려는 사람에게 쓸 수 있다.

Why are you bossing me around?

왜 나한테 이래라저래라 하니?

20 궁금해하기 - ⑵ 보다 완곡하고 격식 차린 관심

I wonder...

~일까요?

뭔가 알고 싶거나 궁금할 때 쓰는 표현. I'm curious보다는 궁금증에 대한 표현은 덜 강한 편으로 격식을 차려야 하는 경우에까지 무난하게 씁니다. '방법'에는 how, '이유'는 why, '무엇'인지는 what, '사람'은 who, '때, 시기'는 when, '장소'에 대해서는 where를 뒤에 붙여 묻습니다.

실제 상황 SOS

옆 자리 동료 마이크에게 굉장히 큰 소포가 배달되었습니다. 흔들어 보아도 아무런 느낌이 없고, 대체 뭘까요? 당사자가 자리에 없으니 뜯어 볼 수도 없네요. 궁금하기는 옆에 있는 제니도 마찬가지인 것 같습니다.

STEP 1 당장 떠오르는 키워드!

1. 재빨리 분위기 파악!

이 안에 도대체 뭐가 들었을까? 상자 안에 무엇이 들었는지 궁금합니다. 하지만 옆에 직접 물어볼 사람은 없는 상황입니다. 다만 궁금할 뿐이죠.

2. 핵심단어 떠올리기

난 궁금해요	무엇	들어 있다	이 안에
I wonder	what	?	in this / inside

STEP 2 상황 종료, 미션 해결!

I wonder what's inside.

'소포'에 대해 말한다고 꼭 parcel이란 단어를 사용해야 하는 것은 아닙니다. 그냥 "이 안에 들은 게 뭘까?" 정도가 좋습니다. 일단 I wonder...까지 말하고, 다음으로 '이 안에 들은 것'을 붙여 말하는데, what is inside 또는 what is in this 정도가 좋겠군요. 여기서 '들어 있다'라는 의미는 be동사로 해결.

STEP 3 자신있게 말해 보자!

A **I wonder** what's inside. 이 안에 뭐가 있을까요?

B Come on, open it! Open it! 어서 열어, 열어 보라고!

도전! 조금 실력이 붙으면 해 볼 만한 말들

I wish someone could tell me what it is.

누가 이게 뭔지 좀 얘기해 줬으면 좋겠는데.

여럿이 함께 있는데 그 누구도 나서서 내가 궁금한 것을 말해 주지 않을 때 특히 좋은 표현. "이게 뭔지 누군가 나에게 말해 주면 좋으련만…." 정도의 말이다.

I'd really like to find out what it is.

그것이 뭔지 정말 알고 싶네요.

would like는 한마디로 want의 뜻. 그 중간에 really가 들어가면 그만큼 알고 싶은 마음이 강하다는 표현이 된다. find out은 '발견하다', '알게 되다'라는 뜻.

변신! 다른 상황에서 응용할 표현들

No wonder she got sick! 아픈 것도 당연하지!

'그렇게 무리하더니, 병이 나는 것도 당연하지!'와 같은 맥락에서 이해할 수 있는 표현. no wonder...는 '~이 조금도 이상하지 않다', '~하는 것이 당연하다'라는 뜻이다.

완성! 네이티브처럼 말하기

I was wondering if I could ask you something.

혹시 뭐 좀 물어 봐도 될까 하는데요.

조심스럽게 물어 보고자 할 때 사용한다.

I wonder if it's alright to open it already.

그거 벌써 그렇게 열어도 되는 건지 모르겠네요.

실은 아니라고 생각하는 것을 마치 묻듯이 돌려서 말할 때 사용한다.

Hmm, I wonder. 흠, 글쎄요, 저도 궁금하네요.

가볍게 맞장구치듯이 자신도 궁금하다고 할 때 사용한다.

Exercise 20

Part Ⅰ 문장을 만들어 보세요.

박자에 맞추어 문장을 점점 늘려가며 따라해 보세요.

the book
about the book
I'm curious about the book.

the book
knowing about the book
I wouldn't mind knowing about the book.

the book
know about the book
I'm dying to know about the book.

curiosity
out of curiosity
Just out of curiosity.

inside
what's inside
I wonder what's inside.

what it is
tell me what it is
I wish someone could tell me what it is.

sick
got sick
she got sick
No wonder she got sick!

Part Ⅱ 대화를 완성하고 따라해 보세요.

1 우선, MP3를 듣기 전에 대화 속 괄호 안에서 맞는 것을 고르세요.
그리고, MP3를 듣고 따라하면서 자신이 고른 것이 맞는지 확인하세요.

선희 집 / 선희, 철수

철수 **What are you reading?**

선희 **Nothing.**

철수 **Come on. I'm (getting more mysterious / getting more curious).**

선희 **It's a cookbook.**

철수 **Wow, I'm (annoyed / surprised) at you! I mean that's great! So, what are you going to make for me now?**

선희 **Why do you ask?**

철수 **Just (inside / out of) curiosity.**
Actually, I'm (diving / dying) to taste the first meal you ever cook for me.

2 먼저 대화를 영어로 완성한 후, MP3를 듣고 따라하면서 확인하세요.

호프집 / 철수, 현진

현진 난 결혼 그 자체에 대해서 참 궁금해.

철수 난 누군가 결혼 생활에 대해 좀 자세히 말해 줬으면 좋겠어.

현진 **Yeah,** 과연 행복한 결혼 생활을 만드는 것이 뭘까.

철수 **Well, I think trust is the most important thing.**

현진 **I agree. Other than just love, trust and support must be the key.**

철수 **Whatever it is, I know I'm ready to do my best!**

※ 결혼 그 자체 marriage itself / 자세히 in detail / 결혼 생활 married life

21 계획 말하기 - (1) 확실한 계획

I'm going to...

난 ~할 예정이에요.

확고한 의지를 가지고 앞으로 할 일에 대해서 말할 때 쓰는 가장 흔한 표현입니다. going to 부분을 빨리 말하다 보면 gonna라고 하기도 하는데 꼭 그래야 하는 것은 아닙니다. 분명하게 할 일, 또는 가까운 미래에 곧 할 일에 대해서 말해 봅시다.

실제 상황 SOS

처음으로 해외 출장길에 오르는 김 대리. 다음 주 유럽으로 갈 예정이라고 친구들에게 은근히 자랑삼아 말을 꺼냅니다.

STEP 1 당장 떠오르는 키워드!

1. 재빨리 분위기 파악!

비행기 표까지 보여주며 확실하게 정해진 일에 대해 말합니다. 한참 후가 아닌 바로 다음 주에 할 일이라면 be going to...를 써서 말하도록 해봅시다.

2. 핵심단어 떠올리기

나	갈 거예요	유럽으로
I'm	going to	go to Europe

STEP 2 상황 종료, 미션 해결!

I'm going to Europe next week.

그냥 be going to...만 외워 두지 말고, 주어가 I일 때에는 이에 맞추어 am going to...라고 한다는 것을 미리 다양한 예문을 통해 잘 익혀 두세요.
to 다음에는 원래 동사원형(여기서는 go)이 나와야 하는데, 위 예문처럼 '~로 갈 것이다'라는 내용이라면 to 다음에 바로 목적지를 붙여 말해도 됩니다. 그리고 구체적으로 '언제' 그 일을 할 건지(여기서는 유럽에 가는 것)를 뒤에 이어 붙일 수 있습니다.

STEP 3 자신있게 말해 보자!

A **I'm going to** Europe next week. 나 다음 주에 유럽 갈 거예요.

B Wow, I really envy you. 와, 정말 부러워요.

도전! 조금 실력이 붙으면 해 볼 만한 말들

I will become a famous singer someday!

난 언젠가 유명한 가수가 될 거예요!

미래에 대해 말할 때에는 주어 다음에 will과 동사원형을 붙여 말하는 것이 사실 가장 간단한 방법일 수 있다. 대개 굳은 의지를 반영한 경우다.

I know I'm going to like it here. 난 확실히 이곳이 좋아질 것 같아요.

I know I will... 또는 I know I'm going to... 라고 하면 '확실히 ~하게 될 거라고 믿는다.'라는 것을 강하게 표현할 수 있다.

변신! 다른 상황에서 응용할 표현들

You're not really going to do that, are you?

정말 그럴 생각은 아니겠죠?

부가의문문 are you?가 끝에 붙어서 "설마 그러려는 것은 아니겠지, 그렇지?"라는 말이 되었다. 이때 쓰인 are not going to는 will not으로 바꾸어 쓰이지 않는다.

I was going to say the same thing.

나도 바로 그 말을 하려던 참이었어요.

I was going to...라고 하면 '(과거에) 난 ~하려고 했다'라는 뜻이다. 위 예문은 일반적으로 "안 그래도 나도 그 말을 하려고 했어."라는 표현으로 자주 쓰인다.

완성! 네이티브처럼 말하기

I think I'm going to stay here for a while.

한동안 여기 그냥 있으려고요.

가볍게 자신의 의도나 계획에 대해 말할 때 사용한다.

I don't intend to buy stocks. 난 주식을 사려는 의도는 없어요.

자신의 의도에 대해 말할 때 사용한다.

Excuse me, I'm here to meet George.

실례합니다만 조지를 만나려고 왔는데요.

이 장소에 온 목적에 대해 다소 사무적으로 말할 때 사용한다.

21 계획 말하기 - ⑵ 예상해서 말하기

I'm expecting...

난 ~할 것 같아요.

뭔가 앞으로 있을 일을 확신을 가지고 예상하고 기대할 때에는 동사 hope(희망하다) 또는 guess(추측하다) 이외에 expect를 쓸 수 있습니다. 예를 들어 expect a baby라고 하면 '앞으로 아기가 태어날 것을 예상하다' 즉 '임신 중이다'라는 뜻이기도 합니다.

실제 상황 SOS

입사한 지 얼마 되지 않아 집들이에 회사 동료 모두를 초대하려고 합니다. 친해지는 계기를 만들고자 신신당부했으니 다들 와주겠죠?

STEP 1 당장 떠오르는 키워드!

1. 재빨리 분위기 파악!

다들 오겠다고 했으니 웬만하면 다들 올 것으로 기대하고 있습니다. 그러나 100% 확신하기에는 무리가 있어서 I'm sure...라고는 말하기 어렵다면?

2. 핵심단어 떠올리기

난 기대하고 있다	회사 사람 모두 올 거라고
I'm expecting	**all my colleagues will come**

STEP 2 상황 종료, 미션 해결!

I'm expecting everyone from my office.

지금으로서는 '기대하고 있는 중'이므로 현재진행형인 I'm expecting이라고 시작합시다. '누가; 회사 사람 모두가', '무엇을 할 것이라고; 올 것이라고'에 해당하는 부분은 다음에 '사람+(to come)'만 붙이면 간단합니다. 이때 '회사 사람 모두'라는 표현은 everyone from my office라고 하는 것이 자연스럽습니다. colleagues는 좀 더 일반적인 의미의 동료를 뜻하는 단어입니다.

STEP 3 자신있게 말해 보자!

A So, how many people do you think will come?
그래, 몇 명이나 올 것 같아요?

B **I'm expecting** everyone from my office.
우리 사무실 사람들은 다 올 거예요.

도전! 조금 실력이 붙으면 해 볼 만한 말들

I'm expected to meet Mr. Kim at three.
세 시에 미스터 김을 만나기로 되어 있습니다.

이때 expect는 미리 약속이 되어 있어서 '당연히 나타날 것이라고 기대하는' 경우에 쓰였다. '~를 만나기로 되어 있다.'를 수동형(be동사+동사의 과거분사)으로 표현할 수 있다.

I'm expecting someone, thank you. 또 누가 오기로 했어요.

역시 관용적인 표현으로 식당 등에서 "또 올 사람이 있으니 나중에 주문할게요."로 말할 때 종종 쓰인다. 이때 someone을 a guest 또는 company로 바꾸어 말할 수 있다.

변신! 다른 상황에서 응용할 표현들

I never expected it to happen that way.
일이 그런 식으로 일어나리라고는 생각도 못했어요.

expect의 '어떤 일이 당연히 일어날 것으로 예상하고 기대하다'라는 의미를 그대로 써서 즉, '그런 식으로 일이 일어날 줄' 전혀 예상하지 못했다고 강하게 말하는 문장이다.

I wouldn't expect that. 그런 일은 기대하지 않는 게 좋을 거예요.

이 문장은 '나라면'이라는 부분을 생략하고 뒷부분만 말한 것이다. I wouldn't... 앞에는 '나라면 ~하지 않겠다'라는 가정법의 의미가 생략되어 있는 것으로 보면 된다.

완성! 네이티브처럼 말하기

Don't get your hopes up too high.
너무 기대를 높이 가지진 말아요.

지나친 기대를 하지 말라고 할 때 사용한다.

Expect the unexpected. 전혀 예상하지 못했던 것도 미리 예측하세요.

모든 가능성에 대해 대비하라고 할 때 사용한다.

I didn't see it coming. 이런 일이 있을 줄은 몰랐죠.

전혀 예상하지 못했던 일이 일어나자, 그럴 줄은 몰랐다고 할 때 사용한다.

21 계획 말하기 - ⑶ 생각 중인 계획

I'm thinking of...

난 ~할까 해요.

I'm thinking of... 다음에 동사에 -ing를 붙여 말하면 '~을 하려고 생각 중이다'라는 뜻입니다. 하지만 I will... / I'm going to... 혹은 I'm planning to...와 달리 아직 확정되지는 않은 상태이면서 거의 그 쪽으로 생각이 기울어 있음을 말할 때 유용합니다. 자신의 계획을 다소 겸손한 어조로 꺼내어 말한다는 느낌도 줄 수 있습니다.

실제 상황 SOS

신입사원 미스 김에게 관심을 갖고 있다가 친한 친구에게 드디어 속마음을 털어놓는 미스터 김. 조심스러울 수밖에 없겠지요?

STEP 1 당장 떠오르는 키워드!

1. 재빨리 분위기 파악!

궁금해하는 친구에게 조심스럽게 내 생각을 털어놓습니다. 아직 구체적인 계획이나 확신은 없지만 적어도 그럴 의향은 있다고 말하고 싶다면 어떻게 말해야 할까요?

2. 핵심단어 떠올리기

난 생각 중이다	그녀에게	데이트를 신청하다
I'm thinking	**to her**	**ask date**

※ 꼭 알아야 할 표현: ask her out

STEP 2 상황 종료, 미션 해결!

I'm thinking of asking her out.

I'm thinking... 다음에 전치사 of를 잊지 말아야 합니다. 이때 '데이트를 신청하는 것'을 말할 때는 ask [누구] out이라는 숙어를 미리 알아두는 게 도움이 됩니다. 만일 asking her out 대신 dating her라고 하면 중간에 '신청하는 단계'를 뛰어넘은 셈이 되어서 부자연스럽게 들립니다.

STEP 3 자신있게 말해 보자!

A You know, **I'm thinking of** asking her out.
있잖아, 나 그녀한테 데이트 신청**할까** 해.

B Really? Good luck! 그래? 잘됐으면 좋겠다!

도전! 조금 실력이 붙으면 해 볼 만한 말들

I've been thinking about it for a long time.

난 사실 오랫동안 그 일을 생각해 왔답니다.

이렇게 have(또는 has) been이라는 현재완료형에 thinking about이 이어져 진행의 의미가 더해지면 과거의 어느 시점에서 지금까지 줄곧(앞으로도 계속) '생각해 오고 있다'라는 뜻이 된다.

We think very highly of him. 우리는 그를 대단히 존중하고 있답니다.

think highly of [누구]는 그만큼 그의 가치를 높이 보고 우대할 정도로 존중한다는 뜻. 반대로 '가볍게 여기고 얕보다'라고 하려면 think lightly of [누구]라고 한다.

변신! 다른 상황에서 응용할 표현들

That never crossed my mind.

난 그런 생각은 한 번도 든 적이 없어요.

'생각하다'에 관련하여 동사 cross는 마치 거리를 가로지르듯이 (eg. cross the street) 어떤 생각이 '뇌리를 가로질러 스쳐 지나가다'라는 식으로 이해하면 된다. 따라서 이 문장은 "그런 생각은 해본 적이 없다." 또는 "머리에 떠오른 적조차 없었다."라는 말이 된다.

Think nothing of it. 그런 생각은 하지도 마세요.

감사나 사과의 말을 들었을 때 "원 별 말씀을 다 하십니다, 신경 쓰지도 마세요."라는 식으로 대답하는 표현이다. 이때도 think of...는 '~에 대해 생각하다'라는 뜻으로 쓰인다.

완성! 네이티브처럼 말하기

I'm planning to go to Europe this time.

이번에는 유럽에 가 보려고 계획 중이에요.

계획하고 있는 것에 대해 말할 때 사용한다.

I've been meaning to call you. 전화 드리려고 했었지요.

예전부터 하려고 했던 의도에 대해 말할 때 사용한다.

Actually I'm thinking of doing something else.

실은 다른 것을 해 보려고 생각 중이에요.

다소 의외의 의도를 갖고 있다고 조심스레 말할 때 사용한다.

Exercise 21

Part Ⅰ 문장을 만들어 보세요.

박자에 맞추어 문장을 점점 늘려가며 따라해 보세요.

next month
to Europe next month
I'm going to Europe next month.

thing
the same thing
going to say the same thing
I was going to say the same thing.

my office
everyone from my office
I'm expecting everyone from my office.

at three
meet Mr. Kim at three
I'm expected to meet Mr. Kim at three.

someone
expecting someone
I'm expecting someone.

out
asking her out
I'm thinking of asking her out.

for a long time
thinking about it for a long time
I've been thinking about it for a long time.

▶▶ 정답 및 해석 p. 246

Part Ⅱ 대화를 완성하고 따라해 보세요.

1 우선, MP3를 듣기 전에 대화 속 괄호 안에서 맞는 것을 고르세요.
그리고, MP3를 듣고 따라하면서 자신이 고른 것이 맞는지 확인하세요.

선희의 집 앞 / 철수, 선희

철수 **We'd better hurry up. Traffic (would be / will be) horrible.**

선희 **Oh, I forgot my bag in the room!**

철수 **Come on, we (must be / are going to be) late for the movie!**

선희 **Okay, I got it. Let's go.**

철수 **Oh, no! You (would not go / are not going) to wear those slippers, (aren't / are) you?**

선희 **What? Oh, silly me! I (forgot to / had no idea) I was still wearing slippers!**

2 먼저 대화를 영어로 완성한 후, MP3를 듣고 따라하면서 확인하세요.

공원 / 철수, 선희

철수 **So, have you thought of how many kids you want to have?**

선희 사실은 나 오래 전부터 생각해 왔는데 말야. 그냥 우리끼리 여행이나 다니면 어떨까 해.

철수 **Of course we can travel around WITH a kid!** 우리는 분명히 훌륭한 부모가 될 거라고!

선희 **Ha ha, I was just kidding. I was testing you, sorry.** 난 사실 자기가 그렇게 화낼 거라고는 예상하지 못했어.

철수 **Honey, we'll make the happiest family in the world. Trust me.**

선희 **I do.**

Lecture 4

영어로 편안하게 말한다.
영어회화가 겁나지 않는다!

사람과 사람 사이에 감정을 나누는 것은
우리의 생활을 풍요롭게 합니다.
사소한 감정도 쌓아 두면 병이 되는 법.
그때그때 잘 표현해야겠죠?
남들의 기분이나 감정에 대해 적절하게
반응하는 것은 물론 중요하고요!.

미리 보는 활용 만점 표현들

22 희망하기

(1) I hope…
(2) I wish you…

23 후회하기

(1) I should have…
(2) I regret that I didn't…

24 걱정하기

(1) I'm worried about…
(2) I'm afraid of…
(3) What if...?

25 공감하기

(1) That's wonderful!
(2) I'm sure it'll be okay.
(3) I'm sorry to hear that.

26 낙담·분노하기

(1) I'm disappointed…
(2) This is so frustrating!
(3) I'm angry at…!
(4) How could…!

27 놀라기

(1) I can't believe it!
(2) It's so surprising that…
(3) Isn't it amazing that…?

22 희망하기 - (1) 막연한 바람

I hope...

~라면 좋겠어요.

개인적으로 바라는 것이나 희망 사항이 있을 때 '~였으면 좋겠다'라거나 '~이길 바란다'라고 표현합니다. 남에게 도움을 주면서 "이게 도움이 된다면 나도 좋겠다."라는 식으로도 쓸 수 있는 표현이죠.

실제 상황 SOS

항상 가 보고 싶어 했던 파리! 이제 여행 경비는 다 모았으니 이번 여름에 시간이 되면 꼭 파리에 가 보고 싶습니다. 말로만 듣던 몽마르트 언덕, 샹젤리제 거리, 에펠탑! 기다려라, 내가 간다!

STEP 1 당장 떠오르는 키워드!

1. 재빨리 분위기 파악!

기회만 되면 앞으로 일어날 수 있는 일에 대한 희망 사항을 얘기해 봅시다!

2. 핵심단어 떠올리기

난 바란다	내가	파리에 가다	이번 여름
I hope	**I**	**go to Paris**	**this summer**

STEP 2 상황 종료, 미션 해결!

I hope / (that) I can go to Paris / this summer.

희망 사항에 대해 말하려고 할 때에는 일단 I hope...를 떠올리세요. 이 다음에는 that 이하의 절(that I can go to Paris)이 올 수도 있고 to부정사(to go to Paris)가 올 수도 있습니다. 이 말은 종종 미래를 나타내는 조동사 will이나 가능성을 나타내는 조동사 can과 함께 쓰는데, 여기서는 '갈 수 있기를' 바란다는 내용이니까 I can go to Paris라고 하면 좋겠네요.

STEP 3 자신있게 말해 보자!

A Are you planning to go somewhere this summer?
이번 여름에 어딘가 갈 계획인가요?

B **I hope** that I can go to Paris this summer.
이번 여름엔 파리에 갈 수 있으면 좋겠어요.

도전! 조금 실력이 붙으면 해 볼 만한 말들

Let's hope for the best and expect the worst.

최선의 결과를 기대하는 동시에 최악의 경우 역시 예상합시다.

hope for... 다음에 명사가 오면 '~을 바라다, 기대하다'라는 뜻. 위 예문은 최선의 결과를 기대하며 희망하되 최악의 상황도 예상하도록 하자는 경고성 메시지가 담겨 있는 말이다.

Hopefully, someone can resolve this!

바라건대, 누가 이 일 좀 해결해 주었으면!

hopefully는 '바라건대', '모쪼록'이라는 뜻으로 I hope... 대신 문장의 맨 앞 또는 맨 뒤에 덧붙이듯이 쓰여서 희망 사항을 얘기하는 문장을 만든다.

변신! 다른 상황에서 응용할 표현들

Don't get your hopes up too high.

지나치게 희망을 걸지는 마세요.

get one's hopes up은 '희망, 기대수준을 높이 가지다'라는 의미의 표현이다.

Keep your hopes up. 희망을 가지세요.

Keep ... up, 즉 '~이 높은 상태를 유지하다'라는 뜻의 표현에 hopes를 넣어 "계속 희망을 잃지 말아라."라는 메시지가 되었다.

완성! 네이티브처럼 말하기

I hope not. 그렇게 되지 않길 바래요.

그렇진 않았으면 좋겠다고 할 때 사용한다.

That is my wish too. 그건 저 또한 바라는 바입니다.

자신의 바람 또한 같다고 할 때 사용한다.

I certainly hope so too. 저도 꼭 그렇게 되길 바랍니다.

상대방의 말에 강하게 동의하며 말해 보자.

22 희망하기 - ⑵ 보다 간절한 바람

I wish you…

~하기를 빌어요.

직장 동료가 다른 회사로 옮기게 되거나 승진하게 된 경우 "잘되기를 바란다."라고 축하인사할 때 쓸 만한 말입니다. 이때는 상대방이 잘되기를 간절히 진심으로 바란다는 것을 강조하기 위해 wish를 쓰면 좋습니다.

실제 상황 SOS

같이 일하던 회사 동료가 다른 회사로 가게 되었습니다. 헤어지면서 한마디쯤 덕담을 해 주고 싶은데….

STEP 1 당장 떠오르는 키워드!

1. 재빨리 분위기 파악!

"하시는 일 모두 잘되길 바랍니다.", "행운을 바랍니다." 등의 말을 떠올립니다. 행운을 빌어준다는 말을 조금 점잖게 진심을 담아서 전하고 싶다면, hope보다는 좀 더 진지하고 거창하게 들리는 wish를 써 보세요.

2. 핵심단어 떠올리기

진심으로 바랍니다	당신에게	행운	있다
I wish	**you**	**good luck**	**?**

※ 꼭 알아야 할 표현: good luck

STEP 2 상황 종료, 미션 해결!

I wish you / good luck.

일단 I wish you…가 '당신에게 ~가 있기를 바란다'라는 뜻을 다 포함하므로 따로 '있다'라는 말을 덧붙일 필요는 없답니다. 바로 뒤이어 상대에게 기원해 주는 '무엇'이 오는데, good luck은 때로 all the best 또는 the best luck이라고 하기도 합니다. 무슨 일을 하든 최고의 행운이 함께하기를 바란다는 뜻이죠.

STEP 3 자신있게 말해 보자!

A Well, **I wish you** good luck. 그럼 행운을 빌어요.

B Thank you. It was a pleasure working with you.
고마워요. 당신이랑 일해서 참 좋았어요.

도전! 조금 실력이 붙으면 해 볼 만한 말들

I hope things will work out well for you.

부디 당신에게 모든 일들이 다 잘되었으면 좋겠어요.

전체 문장 구조는 I hope에 하나의 문장이 이어진 것이다. 이때 things는 일반적으로 '돌아가는 상황, 일들'을 가리킨다. 따라서 이는 그 모든 것들이 work out well, 즉 잘 해결되거나 좋은 결과로 마무리되기를 바란다는 마음을 전하는 표현이 된다.

Best wishes! 행운이 있기를!

I wish you all the best.라는 표현을 짧게 줄여 말한 경우에 해당한다.

변신! 다른 상황에서 응용할 표현들

I wish I knew. 나도 알았으면 좋겠어요.

이 표현을 제대로 이해하기 위해서는 I wish... 다음에 오는 내용의 정반대를 생각하면 된다. 따라서 위의 표현은 I'm sorry I don't know.라는 내용을 I wish...로 바꾼 말이다. I wish보다 한 발짝 더 과거로 물러난 시제가 된다.

I wish I hadn't been born at all.

차라리 태어나지 말았으면 좋았을 것을!

"어머니, 왜 절 낳으셨나요!" 대단히 속상했을 때 내뱉을 수 있는 강렬한 한마디다.

완성! 네이티브처럼 말하기

I wish you the best of luck. 모든 일이 다 잘 되기를 바랍니다.

상대방을 진심으로 축복해 줄 때 사랑한다.

I'll make you wish you were never born!

태어나지 않았으면 좋았을 거라고 후회하게 해 주겠어!

아주 강한 어조로 위협하는 말이다.

Yeah, you WISH! 그거야 너의 희망 사항이지!

상대방이 바라는 바가 허무맹랑하다고 말할 때 사용한다.

Exercise 22

Part Ⅰ 문장을 만들어 보세요.

박자에 맞추어 문장을 점점 늘려가며 따라해 보세요.

summer
this summer
go to Paris this summer
I hope I can go to Paris this summer.

this
resolve this
someone can resolve this
Hopefully, someone can resolve this.

high
too high
get your hopes up too high
Don't get your hopes up too high.

luck
good luck
I wish you good luck.

for you
work out well for you
things will work out well for you
I hope things will work out well for you.

knew
I knew
I wish I knew.

Part Ⅱ 대화를 완성하고 따라해 보세요.

1 우선, MP3를 듣기 전에 대화 속 괄호 안에서 맞는 것을 고르세요.
그리고, MP3를 듣고 따라하면서 자신이 고른 것이 맞는지 확인하세요.

회사 근처 공원 / 철수, 선희

철수 **So, where do you want to have our wedding?**

선희 **Well, (I hope / I want) we can get married at a hotel.**

철수 **What? But... it'll be very expensive.**

선희 **Well, what about our honeymoon? (I wish / I think) we can go to...**

철수 **Honey, please don't get (your wishes / your hopes) up too high.**

선희 **What do you mean? It's OUR wedding!**

철수 **I know. (Actually / Hopefully), we can go somewhere that's not too crowded or expensive.**

2 먼저 대화를 영어로 완성한 후, MP3를 듣고 따라하면서 확인하세요.

퇴근 길 / 철수, 현진

철수 **Now Sun-hee is mad at me.**

현진 **Why? Did you fight?**

철수 **Not really. It's just that she wants to have an expensive wedding. But we can't afford a wedding at a hotel.**

현진 모든 일이 잘 해결되었으면 좋겠다.

철수 **How can I make her change her mind? Any advice?**

현진 나도 그 답을 좀 알았으면 좋겠어. **But I'm sure she'll understand. Well,** 행운을 빌어!

23 후회하기 - (1) 과거사에 대한 강한 후회

I should have...

~했어야 하는 건데.

"아아, 이렇게 했어야 하는 건데…." 하면서 후회하는 경우가 있지요. 과거에 어떤 일을 하지 않은 것에 대한 후회를 나타낼 때 'should have+동사의 과거분사'라는 형식을 씁니다. 반대로 '~하지 말았어야 했는데' 하고 이미 한 일에 대해 후회한다면 중간에 not을 넣어 'shouldn't have+동사의 과거분사'로 표현합니다.

실제 상황 SOS

어젯밤 친구가 말리는 것을 듣지 않고 신나게 놀았답니다. 아침에 일어나 조금만 공부하면 쪽지시험쯤은 문제없을 줄 알았는데, 이거 시험 범위가 장난이 아니군요. 이럴 줄 알았으면 친구 말을 듣는 건데….

STEP 1 당장 떠오르는 키워드!

1. 재빨리 분위기 파악!

"네 충고를 들었어야 하는 건데."라며 과거의 일에 대한 강한 후회를 드러냅니다.

2. 핵심단어 떠올리기

~했어야 했다	듣다	너의 충고
should have	**listened**	**your advice**

※ 꼭 알아야 할 표현: listen / advice

STEP 2 상황 종료, 미션 해결!

I should have listened / to your advice.

과거에 어떤 일을 하지 않은 것을 후회하기 때문에 should have 다음에 동사의 과거분사를 붙여 말합니다. '남의 충고 등을 귀담아 듣다'라는 뜻의 동사로 listen을 씁니다. 과거분사는 listened가 되겠죠. 동사 listen과 그 대상 사이에 to를 붙이는 것도 잊지 마세요.

STEP 3 자신있게 말해 보자!

A **I should have** listened to your advice. 네 충고를 들었어야 하는 건데.

B It's too late to regret it now. 지금 후회해도 늦었어.

도전! 조금 실력이 붙으면 해 볼 만한 말들

I was so stupid not to listen to your advice.

너의 충고를 듣지 않았다니 난 정말 어리석었어.

일단 I was so stupid, 즉 내가 너무 어리석었다고 본론부터 말한 다음에 '~하지 않다니!'라는 식으로 그 원인을 덧붙여 말한다.

Why didn't I listen to your advice?

왜 내가 너의 충고를 듣지 않았을까?

자기 자신을 자책하듯 '왜 내가 그때 ~하지 않았을까?'라고 후회하는 표현.

변신! 다른 상황에서 응용할 표현들

Why didn't I think of that? 왜 그걸 진작 생각하지 못했을까?

내가 미처 생각하고 있지 못한 일을 상대방이 일깨워줬을 때 '아차!' 하면서 할 수 있는 말이다. 이 말을 일반적인 평서문으로 풀어 쓰면 I never thought of that. Thank you for reminding me.(내가 그런 생각은 미처 못 했네요. 상기시켜 줘서 고마워요.)와 같은 내용이라고 할 수 있다.

완성! 네이티브처럼 말하기

What was I thinking? 아니 내가 무슨 생각으로 그랬던 거지?

자신의 행동을 후회할 때 사용한다.

I should never have told you. 너에게 절대로 말하는 게 아니었어!

상대방에게 말했던 것을 강하게 후회할 때 사용한다.

I thought you learned your lesson.

난 네가 정신 차린 줄 알았는데. (그게 아니었구나.)

상대방의 반복된 실책에 대해 실망하여 강하게 책망할 때 사용한다.

23 후회하기 - ⑵ 보다 직접적인 후회

I regret that I didn't...

~하지 않은 것이 후회돼요.

I regret...은 'I should have+동사의 과거분사'의 경우보다 좀 더 직접적이고 있는 그대로 후회한다는 것을 나타내는 표현입니다. I regret... 대신에 I feel sorry... 라고 할 수도 있습니다.

실제 상황 SOS

갑자기 회사에서 토익 시험을 치르겠다는 공고가 붙었습니다! 작년부터 동료들이 학원에 다닐 때 진작 준비해 둘 걸. 후회막급이군요. 후배 직원들에게만큼은 그러지 말라고 당부하고 싶은데, 어떻게 말할까요?

STEP 1 당장 떠오르는 키워드!

1. 재빨리 분위기 파악!

I should have...보다는 덜 강하게, 그러나 충분히 유감스럽고 후회스럽게 느끼고 있다는 말을 점잖게 전하고 싶다면?

2. 핵심단어 떠올리기

후회한다	내가	미리	준비하지 않다
I regret	**I**	**in advance**	**not prepare**

※ 꼭 알아야 할 표현: prepare / in advance

STEP 2 상황 종료, 미션 해결!

Now I regret / that I didn't prepare / in advance.

후회하는 상태는 지금의 일이지만 후회하고 있는 일은 과거의 일이므로 시제 사용에 주의하세요. '미리'라는 뜻의 in advance와 같은 부사구를 잘 활용하는 것도 중요합니다.

STEP 3 자신있게 말해 보자!

A Believe me. Now **I regret that I didn't** prepare in advance. 내 말 믿어. 미리미리 준비하지 않은 것이 이제야 후회된다니까.

B I see. Well, I'll have to check out that new language institute down the road. 알겠어요. 그럼, 저 아래 새로 생긴 어학원을 알아봐야겠어요.

도전! 조금 실력이 붙으면 해 볼 만한 말들

I just hope it's not too late to start.
이제 와서 시작한다고 해서 너무 늦은 것은 아니었으면 좋겠어요.

I'm feeling sorry that I didn't study hard enough.
더 열심히 공부하지 않은 것이 이제 와서 후회돼요.

I regret... 대신에 I'm feeling sorry...라고 표현했다. 이때 feel sorry는 '미안해하다'라는 뜻보다 '유감스럽게 생각하다, 후회스럽게 여기다'라는 뜻. 위 문장은 '전혀 공부를 하지 않은 것'(I didn't study at all.)이 아니라 '더 열심히 할 수 있었는데 충분히 열심히 하지 않은 것'(I didn't study hard enough.)을 후회하는 어조다.

변신! 다른 상황에서 응용할 표현들

I don't know what I was thinking.
그 당시에는 내가 무슨 생각으로 그랬는지 모르겠어요.

don't know what one's doing이라고 하면 '지금 무슨 일을 하고 있는 건지 스스로 알지 못한다, 즉 행동의 결과에 대해 아무 생각이 없다'라고 비난하는 표현이다.

I know I could try if I wanted to.
분명 정말 원했다면 해볼 수도 있었던 일이었죠.

I think...나 I guess...보다 훨씬 강한 확신을 I know...로 시작할 수 있다. 조동사 can의 시제는 뒤의 wanted to와 일치시켜 could가 된다.

완성! 네이티브처럼 말하기

I have no regrets. 난U 후회하는 건 없어요.

후회하지 않는다고 할 때 사용한다.

Who says it's too late?
지금은 너무 늦었다고 대체 누가 그래요(전혀 늦지 않았어요)?!

전혀 그렇지 않다는 것을 반어적으로 말할 때 사용한다.

I don't regret that I called him first.
난 내가 먼저 그에게 전화한 것을 후회하지 않아요.

과거에 한 일에 대해 후회하지 않는다고 할 때 사용한다.

Exercise 23

Part Ⅰ 문장을 만들어 보세요.

박자에 맞추어 문장을 점점 늘려가며 따라해 보세요.

your advice
listened to your advice
I should have listened to your advice.

your advice
listen to your advice
not to listen to your advice
I was so stupid not to listen to your advice.

that
think of that
Why didn't I think of that?

hard enough
study hard enough
I didn't study hard enough
I'm feeling sorry that I didn't study hard enough.

start
too late to start
it's not too late to start
I just hope it's not too late to start.

wanted to
if I wanted to
I could try if I wanted to
I know I could try if I wanted to.

▶▶ 정답 및 해석 p. 247

Part Ⅱ 대화를 완성하고 따라해 보세요.

1 우선, MP3를 듣기 전에 대화 속 괄호 안에서 맞는 것을 고르세요.
그리고, MP3를 듣고 따라하면서 자신이 고른 것이 맞는지 확인하세요.

철수 집 / 철수, 조카

철수 **So, how did you do on the test?**

조카 **Please, don't ask. I feel so devastated.**

철수 **But you studied really hard, didn't you?**

조카 **No. Now (I wish / I regret) that I didn't study hard enough.**

철수 **Yeah?**

조카 **(I suppose / I know) I (would / could) try harder if I wanted to.**

철수 **Don't be so disappointed. It's all over now. What can you do?**

조카 **What do you mean "it's all over now?" Yeah, I (could've / should've) listened to my teacher. But it's too late!**

철수 **No, no. That's not what I meant!**

2 먼저 대화를 영어로 완성한 후, MP3를 듣고 따라하면서 확인하세요.

카페 / 철수, 선희

철수 그 애한테 좀 더 조심했어야 했어.

선희 **I told you, sometimes you're so insensitive.**

철수 **I guess I am.** 왜 내가 자기 충고를 듣지 않았을까?

선희 **Because you're stupid.**

철수 **I think you're right.** 난 요즘 내가 왜 공부를 더 열심히 하지 않았는지 후회돼. **I could get a scholarship to study abroad.**

선희 **Actually,** 정말 원했으면 해볼 수도 있었던 일이었잖아.

철수 지금이라도 시작하기에 너무 늦은 게 아니라면 좋겠는데.

24 걱정하기 - (1) 일반적인 걱정

I'm worried about...

난 ~에 대해서 걱정이에요.

누군가 아프다거나 어떤 좋지 않은 일이 있다면 걱정스러운 마음을 표현하게 되지요. I'm worried about him.(그 사람, 걱정이에요.)라고 간단히 말하기도 하고, I'm worried that my son is not going to be able to start school this fall.(우리 아들이 이번 가을 학기를 시작하지 못할까 봐 걱정돼요.)라고도 해요.

실제 상황 SOS

언제나 잘 웃고 떠들던 친구가 오늘은 어쩐지 생기가 없습니다. 안색도 좋지 않은데, 무슨 일이라도 있는 것일까요? 걱정이 되는군요.

STEP 1 당장 떠오르는 키워드!

1. 재빨리 분위기 파악!

상대방에 대해 걱정이 된다는 말을 건네서 나의 배려하는 마음이 전달되도록 해 봅시다.

2. 핵심단어 떠올리기

난 걱정이 된다	너
I'm worried	**you**

STEP 2 상황 종료, 미션 해결!

I'm worried about you.

I'm worried.까지만 말해도 "걱정된다."라는 문장이 됩니다. 처음부터 걱정이 되는 이유를 조금 구체적으로 말하려면 I'm worried 다음에 about you를 붙이면 됩니다. 전치사 about 뒤에는 사람과 사물이 모두 올 수 있습니다.

STEP 3 자신있게 말해 보자!

A You look so tired. Are you okay? 너 정말 피곤해 보인다. 괜찮아?
I'm worried about you. 걱정된다.

B I'm sick. I think I have a fever. 나 아파. 열이 있는 것 같아.

도전! 조금 실력이 붙으면 해 볼 만한 말들

I'm getting worried about you. 너 슬슬 걱정되기 시작한다.

동사 get 다음에 형용사(여기서는 worried)가 붙으면 '~한 상태가 되다'라는 '과정'을 중시하는 표현이 된다. 즉, 걱정이 되려고 한다는 뜻이 된다.

I'm concerned about our company's future.
난 우리 회사의 미래가 우려된다.

worried가 '걱정하는'이라는 의미로 무난하고도 일반적으로 쓰일 수 있는 말인데 비해 concerned는 격식을 갖춘 상황에서 주로 쓰인다. be concerned about 다음에는 our company's future(우리 회사의 미래) 같은 명사(구)가 올 수도 있고 that 이하의 절이 올 수도 있다.

변신! 다른 상황에서 응용할 표현들

She is no longer your concern.
그녀는 더 이상 네가 상관할 바가 아니다.

concern이라는 단어에는 '걱정'이라는 의미도 있지만 '관심사, 용무'라는 뜻도 있다. 그래서 Thanks for your concern.은 "걱정해 주셔서 감사합니다."라는 말이지만, She is no longer your concern.에서처럼 쓰이면 "더 이상 네가 그 여자 일에 신경 쓸 필요 없어."라는 매몰찬 말이 된다.

완성! 네이티브처럼 말하기

Now you can rest your worries. 이젠 걱정 않하셔도 돼요.

상대방을 안심시키려고 할 때 사용한다.

No worries. 걱정하지 마세요.

간단하고 단호하게 걱정 말라고 할 때 사용한다.

What's there to worry about? 걱정할 게 뭐 있어요?

반문하듯 걱정할 것이 없다고 할 때 사용한다.

24 걱정하기 - (2) 강도 높은 두려움

I'm afraid of...

나는 ~가 무서워요.

약간 걱정되는 정도를 넘어 거의 두려울 정도로 우려의 정도가 높을 때 쓸 수 있는 표현입니다. I'm afraid... 다음에는 전치사 of와 함께 명사 또는 동명사가 올 수도 있고, that절이 따라올 수도 있습니다.

실제 상황 SOS

이제 막 초등학교에 입학한 조카가 학교에 가기 싫다고 합니다. 왜 그러냐고 물었더니 글쎄, 선생님이 무섭다나요.

STEP 1 당장 떠오르는 키워드!

1. 재빨리 분위기 파악!

걱정의 정도를 넘어 무섭다, 겁이 난다, 두렵다는 것을 어떻게 표현하면 좋을까요?

2. 핵심단어 떠올리기

난 무서워요	우리 선생님	소리치다
I'm afraid	**my teacher**	**yell**

STEP 2 상황 종료, 미션 해결!

I'm afraid / of my teacher.
I'm afraid / that he will yell at us.

이때 I'm afraid까지만 말하면 뒤따라오는 '두려워하는 대상' 즉 my teacher와의 연결고리가 없게 됩니다. 따라서 여기서 of라는 전치사가 등장해야 하죠. 물론 왜 무서운지 좀 더 자세하게 말하기 위해서 I'm afraid that he will yell at us.(우리한테 큰소리로 야단칠까봐 겁이 나요.)라고 말할 수도 있습니다. yell at [누구]라고 하면 그 사람에게 호통치는 것을 말합니다.

STEP 3 자신있게 말해 보자!

A I don't want to go to school. 학교 가고 싶지 않아요.

B Why? 왜?

A **I'm afraid of** my teacher. 선생님이 **무서워요.**
I'm afraid that he will yell at us. 우리한테 소리 **지를까봐 겁나요.**

도전! 조금 실력이 붙으면 해 볼 만한 말들

I'm scared. 나 무서워.

공포 영화를 가리켜 scary movies라고 한다. '특정 상황에서 ~를 두려움에 떨게 하다'라는 scare에서 온 scared는 주로 afraid보다는 제한된 상황에서의 '공포심'을 말할 때 쓰인다.

You scared me! 왜 그렇게 사람 깜짝 놀라게 하고 그래요!

장난으로 숨어 있다가 갑자기 나타나서 상대를 놀라게 했다면 그 사람이 나에게 이렇게 말할 수 있다. a pleasant surprise라는 말도 있듯이 surprise는 때로 기분 좋게 받아들일 수도 있지만, scared는 늘 두려움, 공포 등 '기분 나쁜' 놀라움을 의미한다.

변신! 다른 상황에서 응용할 표현들

I'm afraid not. 유감이지만 안 될 것 같군요.

부득이하게 뭔가 안 된다고 하거나 거절하는 경우, 쌀쌀맞게 No.라고만 하기보다는 상대의 기분이 상하지 않도록 완곡하게 I'm afraid not.이라고 말하는 것이 좋다.

I'm afraid so. 안됐지만 그런 것 같군요.

위의 I'm afraid not.과는 상반된 경우에 쓰이는 간단한 대답이다. 질문에 대한 대답 자체는 긍정이지만 상대가 들어서 기분이 언짢거나 안타까워할 내용인 경우 이렇게 말한다.

완성! 네이티브처럼 말하기

I've always been afraid of spiders.
전 늘 거미를 두려워했어요.

오래전부터 가져왔던 공포에 대해 말할 때 사용한다.

You don't have to be afraid of anything.
어떤 것도 두려워할 것은 없어요.

용기를 주려고 할 때 사용한다.

Never be afraid. 절대 두려워 말아요.

전혀 두려워하지 말라고 할 때 사용한다.

24 걱정하기 - ⑶ 반문하듯 걱정하기

What if…?

만약 ~이면 어쩌죠?

"만약 ~하면 어쩌죠?", "만약 ~라면 어떻게 하죠?"와 같이 일어날 가능성이 있는 일에 대해 얘기할 때의 표현입니다. 혹시 일어날지도 모르는 일에 대해 미리 걱정하는 경우에도 쓸 수 있습니다.

실제 상황 SOS

철이가 첫눈에 반한 그녀. 친구 마이크의 조언대로 선물에다가 장미꽃도 한 다발 사고 옷도 새로 사 입고 시까지 지었건만, 마음에 들어 하지 않으면 어떻게 하죠? 혹 남자 친구라도 있으면? 걱정이 줄을 잇는군요.

STEP 1 당장 떠오르는 키워드!

1. 재빨리 분위기 파악!

'만일 ~하면 어떻게 될까, 어쩌겠느냐'라며 혹시라도 일어날 만한 일의 가능성을 재 보는 것. '만약에 ~라면'이라는 표현이 필요합니다.

2. 핵심단어 떠올리기

혹시라도 ~라면 어쩌죠?	그녀	안 좋아하다	장미
What if	**she**	**not like**	**rose**

STEP 2 상황 종료, 미션 해결!

What if / she doesn't like roses?

What if…로 일단 우려하고 있다는 얘기를 시작합니다. 부정적인 내용에 대해 걱정하고 있는 것이므로 '그녀가 장미를 좋아하지 않는다'라는 부정문을 그대로 이어 붙이면 됩니다. 여기서 말하는 장미는 장미 한 송이(a rose)가 아니라 일반적인 의미로서의 장미이므로 복수형 roses로 표현하는 것에 주의하세요.

STEP 3 자신있게 말해 보자!

A **What if** she doesn't like roses? 걔가 장미를 좋아하지 않으면 어쩌지?

B Then read your poetry. 그럼 네가 지은 시를 읽어 줘.

도전! 조금 실력이 붙으면 해 볼 만한 말들

Suppose she doesn't like roses. What shall I do?

그녀가 장미꽃을 좋아하지 않는다고 쳐요. 그럼 난 어쩌죠?

동사 suppose는 '추측하다, 예상하다'라는 뜻. 문장 첫머리를 Suppose that…으로 시작하면 어떤 상황을 가정해 보라는 뜻이 된다. 다음으로 "어쩌죠?"라고 묻는 What shall / should I do?라는 표현을 붙인다.

Let's say she doesn't like roses. What other choices do I have?

그녀가 장미꽃을 좋아하지 않는다고 해봅시다. 그럼 난 다른 방도가 뭐가 있는 건가요?

Let's say… 다음에도 역시 상상하는 바를 문장으로 붙여 말한다. 말 그대로 '~라고 해봅시다'라는 뜻. What other choices do I have?는 "그럼 다른 방도는 뭔가요?" 하고 다소 반문하듯이 묻는 표현이다.

변신! 다른 상황에서 응용할 표현들

What if I fail! 실패하면 어쩌나!

What if…는 '만약 ~이라면 어떻겠는가?'의 뜻. 또한 더 나아가 '~한들 무슨 상관인가!', '알게 뭐야!'라는 의미도 있다. 따라서 위 예문은 It doesn't matter if I fail.(실패해도 상관없어.)과 같은 뜻일 수도 있다.

완성! 네이티브처럼 말하기

But what if? 하지만 그게 아니라면요?"

앞에서 나온 말에 대해 그 반대의 가능성을 말할 때 사용한다.

But still! 하지만 그래도요!

앞에서 나온 말에 대해 자신의 생각을 강하게 우길 때 사용한다.

We need to be prepared for all possibilities.

우린 그 모든 가능성에 대해 미리 준비를 해 두어야 합니다.

모든 가능성에 대해 미리 준비해야 한다고 말할 때 사용한다.

Exercise 24

Part Ⅰ 문장을 만들어 보세요.

박자에 맞추어 문장을 점점 늘려가며 따라해 보세요.

about you
worried about you
I'm worried about you.

about you
worried about you
I'm getting worried about you.

future
the company's future
concerned about the company's future
I'm concerned about the company's future.

the teacher
afraid of the teacher
I'm afraid of the teacher.

so
afraid so
I'm afraid so.

like roses
she doesn't like roses
What if she doesn't like roses?

do I have
other choices do I have
What other choices do I have?

▶▶ 정답 및 해석 p. 247

Part Ⅱ 대화를 완성하고 따라해 보세요.

1 우선, MP3를 듣기 전에 대화 속 괄호 안에서 맞는 것을 고르세요.
그리고, MP3를 듣고 따라하면서 자신이 고른 것이 맞는지 확인하세요.

철수 집 앞 / 철수, 선희

선희 **I'm so... (happy / afraid) of meeting your father.**

철수 **What? You're kidding me! He's a nice and kind person.**

선희 **Maybe he is. But I'm (excited / afraid) that he won't like me.**

철수 **Stop worrying, honey. He'll love you!**

선희 **(What of / What if) he doesn't like the way I dress? (Think / Suppose) he doesn't like the way I talk. What shall I do?**

철수 **Then... just keep smiling. Don't talk.**

선희 **What?**

철수 **Ha ha ha! Come on, let's go.**

2 먼저 대화를 영어로 완성한 후, MP3를 듣고 따라하면서 확인하세요.

철수 집 / 철수 아버지, 어머니

어머니 **You look nervous, honey.**

아버지 **Actually, I am.** 그 애가 나를 무서워하면 어쩌지? **You know I don't look very friendly.**

어머니 **Wow, you know that, too?**

아버지 **Come on.**

어머니 **Just kidding. Well,** 난 그 애가 내가 한 음식을 좋아하지 않을까 봐 걱정되네요.

25 공감하기 - (1) 함께 기뻐하기

That's wonderful!

그거 정말 잘됐네요!

"사촌이 땅을 사면 배가 아프다."라는 우리말 속담을 서양 사람들은 잘 이해하지 못합니다. "아니, 그럼 기뻐해 주고 축하할 일이지 왜 배 아파하지?"라고들 하죠. 상대방에게 일어난 좋은 일에 대해 듣고서 마치 내가 잘된 것처럼 기뻐해 준다면? 한마디의 영어 표현에 이어지는 대화가 활기를 띠게 될 겁니다.

실제 상황 SOS

이번 프로젝트의 성공으로 직장 동료가 승진을 했다고 하네요. 경사 났네, 경사 났어! 배 아파하지 말고 맘껏 축하해 줍시다.

STEP 1 당장 떠오르는 키워드!

1. 재빨리 분위기 파악!

"잘됐네.(That's good.)"라고만 말했다가 어설프게 들리지 않을까요? "우와, 정말 잘됐네!"라고 마음껏 축하해 주고 싶군요!

2. 핵심단어 떠올리기

그 일	잘됐다!
That	wonderful

STEP 2 상황 종료, 미션 해결!

That's / wonderful!

'그 좋은 일' 즉 특정 상황을 That이라는 주어로 삼고, 이어서 '그 일은 정말 ~하다!'라는 식으로 얘기합시다. 따라서 이 두 단어 사이에는 반드시 be동사 is가 필요합니다. 주어를 설명하고 표현해 줄 말로는 좀 강한 의미를 담은 단어가 좋겠군요. great, fantastic, wonderful 등의 단어를 힘을 주어 말해서 그만큼 신난다는 것을 표현해 보세요.

STEP 3 자신있게 말해 보자!

A I got promoted! 나 승진했어!

B **That's wonderful!** 그거 정말 잘됐다!

도전! 조금 실력이 붙으면 해 볼 만한 말들

I'm so happy for you. 정말 기쁘다.

'당신에게 좋은 일이 있어서 나까지 기쁘다.'라는 뜻. 진심으로 축하해 주는 마음이 잘 드러나는 표현이다.

You did it! / You made it!
해냈구나!

How nice! 정말 잘됐구나!

변신! 다른 상황에서 응용할 표현들

Good for you! 잘됐다!

역시 상대방에게 좋은 일이나 결과가 있을 때 해줄 수 있는 말로서 '축하'의 의도뿐 아니라 상대에게 이롭고 좋은 결과라는 것에 동의하는 의도도 담고 있다.

I made it to class on time. 수업 시간에 겨우 맞춰 갔다.

make it에는 '해내다, 성공하다'라는 뜻도 있지만 여기서는 '시간에 맞춰 오다'의 의미. I made it to the top.이라고 하면 "힘들었지만 정상까지 올랐다."라는 말이고, 시험 결과 발표를 보고 I made it! 하면 "합격했다!"라는 말.

완성! 네이티브처럼 말하기

Fantastic! 와, 그거 잘 됐군요!

상대방의 말을 듣고 기뻐할 때 사용한다.

I'm so glad it worked out well. 다 잘 됐다니 정말 다행이에요.

일이 잘 해결된 것을 기뻐할 때 사용한다.

That's great news! 그거 정말 좋은 소식이네요!

희소식이라고 기뻐할 때 사용한다.

25 공감하기 - ⑵ 격려하기

I'm sure it'll be okay.

괜찮을 거예요.

걱정하거나 두려워하는 사람을 안심시키고 격려해 주는 표현입니다. "걱정하지 말아."(Don't worry.)라는 뜻과 더불어 "어쨌든 다 잘될 거야."라고 확신을 심어 주고자 하는 표현입니다.

실제 상황 SOS

영화 상영 시간에 늦어 급하게 주차를 하고 들어온 잭, 영화를 보면서도 주차해도 좋은 지역에 주차한 건지, 혹 견인당하지는 않을지 걱정하는군요. 이럴 땐 뭐라고 얘기해 주는 게 좋을까요?

STEP 1 당장 떠오르는 키워드!

1. 재빨리 분위기 파악!

이왕 벌어진 일이니 걱정해 봤자 이미 늦은 일. 그러면 틀림없이 괜찮을 거라고 위로라도 해줘야겠지요?

2. 핵심단어 떠올리기

분명해요	너의 차	괜찮다
sure	your car	okay

STEP 2 상황 종료, 미션 해결!

I'm sure it'll be okay.

분명하다는 확신을 담아 말할 때에는 일단 I'm sure…를 한꺼번에 떠올립니다. 그 뒤에는 '당신의 자동차' 즉 your car를 대명사 it으로 대신해서 미래형으로 it will be okay라고 하면 됩니다. 중간 중간에 필요한 조동사 will과 be동사 등을 적절히 끼워 주는 것에만 유의하면 된답니다.

STEP 3 자신있게 말해 보자!

A I hope they won't tow away my car. 내 차 견인해 가지 않으면 좋겠는데.

B **I'm sure it'll be okay.** 괜찮을 거야.

도전! 조금 실력이 붙으면 해 볼 만한 말들

I know I'll be fine. 나 별일 없을 테니 걱정 말아요.

역시 I know...라고 시작해서 그만큼 확신을 가지고 있음을 먼저 알린다. I'll be fine.은 말 그대로 앞으로 내가 별일 없이 잘 지낼 것이라는 얘기다.

I'm sure you don't have to worry about it.
그 일은 신경 쓰지 않아도 될 겁니다.

I'm sure...라고 확신을 가지고 말문을 연 다음 don't have to를 이용해서 '~할 필요 없다'라는 식으로 말한다. worry about...은 '~에 대해 신경 쓰다'라는 뜻.

변신! 다른 상황에서 응용할 표현들

It won't be that bad. 그렇게까지 나쁘진 않을 거야.

여기서 it는 '주어진 상황'을 대신하고 있다. 그 상황 혹은 결과가 that bad, 즉 '생각하는 것만큼 그렇게까지 나쁘지는 않을 것'이라고 확신하듯 위로하는 말이다.

Come on! 자, 어서 해.

말투에 따라서 "에이, 그렇게 축 처지지 말고 기운을 내!"라는 말도 되지만 때로는 재촉하는 표현일 수도 있다. "자, 어서 빨리들 오라고요!"라고 할 때라면 Come on, hurry up!, 상대방에게 응석부리듯 "에이, 좀 봐주세요."라고 말할 때에도 Come on, I can do that later, right?(에이, 그거 나중에 해도 되죠, 그렇죠?) 활용하곤 한다.

완성! 네이티브처럼 말하기

I'm sure it'll all work out. 다 잘 될 거예요.

결국은 다 잘 해결될 거라고 할 때 사용한다.

Don't worry, I'll be fine. 걱정 마세요. 저 별일 없을 거예요.

자신을 걱정하는 상대방을 안심시킬 때 사용한다.

I'm sure she's in good hands. 그를 알아서 잘 돌봐 줄 거예요.

함께하거나 맡아 준 사람을 믿을 수 있다고 할 때 사용한다.

25 공감하기 - ⑶ 위로하기

I'm sorry to hear that.

그렇다니 안됐군요.

누가 사고를 당했다거나 아프다는 말을 전해 들었을 때 과연 어떻게 반응해야 할까요? '저런 안됐다, 그렇다니 유감이다'라는 식의 말을 과연 영어로 어떻게 하는지 알아봅시다.

실제 상황 SOS

직장 동료가 갑자기 미국으로 돌아간다고 합니다. 웬일인가 했더니 아버님께서 많이 편찮으시다는군요. 뭔가 위로의 한마디를 해주고 싶습니다.

STEP 1 당장 떠오르는 키워드!

1. 재빨리 분위기 파악!

일단 그런 일이 있다니 안됐다는 뜻을 전합시다. 그런 다음 뭔가 도와줄 일이 없을지 묻는 것도 좋겠군요.

2. 핵심단어 떠올리기

저런	그런 일	안됐다	도와줄까?	뭐라도
Oh	that	bad	can I help	anything

STEP 2 상황 종료, 미션 해결!

I'm sorry / to hear that. / Can I help you / with anything?

위의 상황에서는 우선 Oh, that's too bad. 정도가 가능합니다. 여기에, '그런 말을 듣게 되니 내 마음이 아프다.'라는 것까지 표현하려면 I'm sorry...로 시작하고 to hear that, 즉 '그런 말을 듣게 되니'라고 붙여 말하세요. 이어서 "뭐라도 도울 일이 없을까?"라는 말을 전하려면 먼저 Can I...로 시작해 호의를 보이고 help you를 덧붙입니다.

STEP 3 자신있게 말해 보자!

A My dad is very sick. 우리 아버지가 많이 아프세요.

B **I'm sorry to hear that.** Can I help you with anything?
그렇다니 안됐네요. 내가 뭐 도와줄 거라도 없나요?

도전! 조금 실력이 붙으면 해 볼 만한 말들

That's too bad. 정말 안됐군요.

이때 That은 상대방에게 일어난 좋지 않은 일, 상황을 가리킨다. "그 일은 참으로 유감이다."라는 말이 된다.

If you need any help just let me know.
도울 일이 있으면 언제든 연락해.

Let me know.는 "나에게 알려 줘.", "연락해라."라는 말.

변신! 다른 상황에서 응용할 표현들

Too bad. 애석하군.

'유감이다, 안됐다'라는 뜻의 Too bad.라는 표현은 때로 약간 냉소적으로 쓰여서 "그야 안됐기는 하지만 나도 어쩔 수 없다.", "하는 수 없지 뭐." 정도의 말로 들리기도 한다.

But what can you do about it? 그래도 어쩔 수 없잖아요?

이미 닥친 일에 대한 상당히 냉소적이고 비관적인 표현. do about…은 '어떤 일, 상황 등을 해결하기 위해 조치를 취하다'라는 뜻이므로 위 문장은 "어떻게 해결해 볼 도리가 없잖아요?"라는 말이 된다. 실제 말할 때의 어투에 따라 한편으로는 그럴 수 없지 않냐고 동의를 구하는 표현이 되기도 한다.

완성! 네이티브처럼 말하기

Poor Sandy! 저런 샌디가 가엽게 됐구나!

어떤 사람의 상황이 안됐다고 말할 때 사용한다.

It must be so hard on her. 그녀가 참 힘들겠네요.

어떤 사람의 안된 상황에 대해 듣고 그를 안타까워하며 말할 때 사용한다.

If you need my help, call me anytime.
내 도움이 필요하면 언제든지 연락해요.

도와주겠다는 의사를 말할 때 사용한다.

Exercise 25

Part I 문장을 만들어 보세요.

박자에 맞추어 문장을 점점 늘려가며 따라해 보세요.

wonderful
That's wonderful!

for you
happy for you
I'm so happy for you.

it
did it / made it
You did it! / You made it!

okay
it'll be okay
I'm sure it'll be okay.

worry about it
you don't have to worry about it
I'm sure you don't have to worry about it.

that
hear that
I'm sorry to hear that.

know
let me know
If you need any help, let me know.

Part Ⅱ 대화를 완성하고 따라해 보세요.

1 우선, MP3를 듣기 전에 대화 속 괄호 안에서 맞는 것을 고르세요.
그리고, MP3를 듣고 따라하면서 자신이 고른 것이 맞는지 확인하세요.

휴게실 / 철수, 민식, 미스 송

철수 **We finally set the wedding date!**

민식 **(This is / That's) wonderful! Congratulations!**

미스 송 **(It's / That's) great! I'm so (good / happy) for you.**

민식 **So, when's the big day?**

철수 **November 7th. Can you believe it?**

미스 송 **Oh, that's so soon!**

철수 **I know. I only have a month to prepare. I'm so worried.**

민식 **I'm (believe / sure) it'll be (nice / okay).**

미스 송 **Yeah, you don't (must / have) to worry.**

2 먼저 대화를 영어로 완성한 후, MP3를 듣고 따라하면서 확인하세요.

사무실 / 철수, 과장, 현진

과장 그래, 드디어 해냈군요! **Congratulations!**

철수 **Thank you.**

과장 **So, how many days do you need to take off? A week?**

철수 **Well, I wish. But I have to be back before the 12th for a meeting.**

현진 저런, 그거 안됐다.

과장 **Wow, this is what I call professional!** 하지만 걱정할 필요 없어요.

현진 **We will take care of it. So, take your time. No need to rush.**

철수 **Wow, thank you. You are the best!**

26 낙담·분노하기 - (1) 일반적인 실망

I'm disappointed...

정말 실망했어요.

기대하고 있던 파티가 취소되었거나 계획이 무산되었을 때 실망스런 기분이 되죠. 이런 때 "실망이야."라고 하는 말입니다. "비가 와서 소풍이 취소되어 실망했다." 또는 "그가 나를 바람맞혀서 실망했다."라는 식으로 왜 실망했는지 더 자세히 말하고 싶으면 접속사 that과 문장을 이어 말하면 됩니다.

실제 상황 SOS

꼭 보고 싶었던 영화를 모처럼 시간을 내어 보러 갔더니 표가 매진이었습니다. 아, 이럴 수가! 가는 날이 장날이라더니!

STEP 1 당장 떠오르는 키워드!

1. 재빨리 분위기 파악!

'실망했다'라는 것은 상황이 나를 실망시킨 것!

2. 핵심단어 떠올리기

실망했다	표	매진되다
I'm disappointed	**tickets**	**sold out**

※ 꼭 알아야 할 표현: tickets / sold out

STEP 2 상황 종료, 미션 해결!

I'm disappointed that / the tickets were sold out.

실망한 '나' 즉 I를 주어로 해서 말하면 I'm disappointed...라고 시작하고, '나를 실망시킨 일'을 주어로 하려면 It is so disappointing...이라고 시작합니다.

STEP 3 자신있게 말해 보자!

A **I'm disappointed that** the tickets were sold out.
표가 매진이라니 실망이야.

B I know. We should've made reservations.
그러게 말야. 예약을 했어야 했는데.

도전! 조금 실력이 붙으면 해 볼 만한 말들

What a shame! 그렇게 유감스러운 일이!

shame에는 '수치스러운 일'이라는 뜻 외에 '유감스러운 일'이라는 뜻도 있다. Shame on you!는 "부끄러운 줄 알아라!"는 말이다. 그러나 함께 볼링을 하러 가지 못하겠다는 사람에게 What a shame!이라고 하면 강한 아쉬움을 담아 "그렇게 안타까운 일이!"라고 말하는 것이 된다. 이 말을 평서문인 That's a shame.으로 바꿔 쓸 수도 있다.

I really wanted to see the show.
난 그 공연을 정말 보고 싶었거든요.

변신! 다른 상황에서 응용할 표현들

The show was a disappointment.
그 공연은 정말 실망스러운 것이었죠.

실망스러운 대상을 주어로 삼고 '실망'이라는 뜻의 명사 disappointment를 이용해서 표현한 경우다. show 대신 book, drama, he, they 등 실망을 안겨준 사물 및 사람에 대해서 마찬가지로 표현할 수 있다.

It didn't live up to my expectations.
그것은 내 기대에 못 미치더라고요.

live up to one's expectations라고 하면 '(~이) 기대한 수준에 미치다'라는 뜻이다. 이 표현을 부정문으로 활용하면 기대에 못 미쳤다는 실망감을 표현할 수 있다.

완성! 네이티브처럼 말하기

You really let me down. 너에게 정말 실망이야.

상대방에게 대단히 실망했다고 할 때 사용한다.

It wasn't all that. 그게 알고 보니 별 거 아니더라고.

생각했던 것보다 별 것 없어서 실망했다고 말할 때 사용한다.

It was completely overstated. 그건 완전히 부풀려진 거였죠.

사람, 사물, 상황 등이 실체보다 부풀려진 거라고 할 때 사용한다.

26 낙담·분노하기 - (2) 답답해하기

This is so frustrating!

정말 짜증나요!.

속상하고 불만스러운 일이 생겼을 때 하는 말. "답답하군요.", "정말 안타깝네요." 정도로 곧잘 해석되는 말입니다. 유쾌하지 않은 상태를 표현하는 경우에도 자주 쓰입니다.

실제 상황 SOS

중요한 작업을 하는데 컴퓨터가 자꾸 다운됩니다. 아아, 이럴 수가! 벌써 열 번도 넘게 다운됐잖아! 짜증이 머리 끝까지 뻗쳐오르는군요!

STEP 1 당장 떠오르는 키워드!

1. 재빨리 분위기 파악!

아무리 노력을 해도 문제를 해결할 수 없을 때, 자꾸만 같은 문제가 일어날 때 느끼는 좌절이나 실망을 표현해 봅시다.

2. 핵심단어 떠올리기

이런 상황	너무	짜증나는
This	so	frustrating

※ 꼭 알아야 할 표현: frustrating

STEP 2 상황 종료, 미션 해결!

This is so frustrating.

'일어난 일, 상황'을 표현하려면 This is...로 시작하는 것이 가장 무난합니다. 다음에 '짜증나게 하는'이라는 뜻의 frustrating을 붙입니다. 발음은 조금 복잡하지만 상당히 자주 쓰이는 단어랍니다. 중간의 so는 없어도 되지만 일단 조금 길고 강하게 발음하면서 머릿속으로 다음에 올 말, 즉 frustrating을 떠올릴 시간을 벌 수 있습니다.

STEP 3 자신있게 말해 보자!

A **This is so frustrating!** 정말 짜증난다!

B What's wrong? 무슨 일인데?

A My computer keeps crashing! 내 컴퓨터가 계속 다운되잖아!

도전! 조금 실력이 붙으면 해 볼 만한 말들

I'm frustrated. 짜증나는군!

어떤 일 자체가 모든 사람을 답답하게 한다기보다 그 상황에 대해 '나 자신'이 느끼는 바를 강조하고자 한다면 I'm...으로 시작할 수 있다. 대신 내가 답답한 일을 '당한' 상태이므로 수동의 의미를 나타내기 위해 frustrated라는 과거분사 형태를 사용한다.

This is killing me! 차라리 죽여라 죽여!

이때 this는 잘 풀리지 않는 일, 상황 등을 가리킨다. 여기서 동사 kill은 '~를 애먹이다, 힘들게 하다'라는 뜻을 아주 강하게 표현해 준다.

I can't stand it anymore. 더는 못 참겠어!

동사 stand는 '~을 참고 견디다'라는 뜻.

변신! 다른 상황에서 응용할 표현들

This is crazy! 이건 정말 말도 안 되는 일이야!

crazy는 여기서 '말도 안 될 정도로 기가 막히다'라는 뜻. 어떤 상황에서 This is crazy!라고 하면 "이건 정말 미친 짓이야!"라는 말로 대단히 답답한 심정을 강렬하게 표현할 수 있다. 무언가 강력하게 부인하거나, 부정할 때에도 쓰이는 표현이다.

완성! 네이티브처럼 말하기

This is causing a problem. 이것 때문에 문제가 발생하고 있다고요.

말썽을 일으키고 있다고 여기는 것에 대해서 말할 때 사용한다.

It's really getting on my nerves! 이건 정말 사람 짜증나게 하는구먼!

본격적으로 불만을 표현할 때 사용한다.

I find this situation really frustrating. 이 상황이 정말 짜증스럽게 느껴지네요.

어떤 상황에 대한 불만스러운 느낌을 표현할 때 사용한다.

26 낙담·분노하기 - ③ 화내기

I'm angry at...!

~ 때문에 화가 나요!

어떤 상황이나 사람 때문에 화가 나는 경우에 하는 말입니다. "어쩜 그런 결정을 내릴 수가 있지? 화나네, 정말."이나 "뭐 그런 사람이 다 있어?"라고 표현할 수 있겠죠.

실제 상황 SOS

이번에는 오디션도 정말 잘해냈는데, 결국 나의 라이벌에게 주연이 돌아갔습니다. 감독이 외모만을 중시했다는 소문이 들리는군요. 에잇, 감독이 그런 식으로 결정했다는 것에 정말로 화가 나는군요!

STEP 1 당장 떠오르는 키워드!

1. 재빨리 분위기 파악!

화가 난다는 것은 be동사와 형용사 angry로 표현합니다. 그럼 누구에게 화가 난다거나 무엇 때문에 화가 난다는 것은 어떻게 표현할까요? 사람이든 사물이든 화가 나는 대상에 대해서 얘기할 때는 모두 전치사 at을 쓴답니다!

2. 핵심단어 떠올리기

난 화가 난다	그가	결정하다	방식
I'm angry	**he**	**decide**	**the way**

※ 꼭 알아야 할 표현: the way / decide

STEP 2 상황 종료, 미션 해결!

I'm angry at the way he decided.

'그가 결정을 내린 방식'은 the way he decided 혹은 his way to decide로 표현할 수 있습니다. 전자의 경우 '결정을 내린 것'은 과거의 일이니 decide의 시제는 과거가 됩니다.

STEP 3 자신있게 말해 보자!

A **I'm angry at** the way he decided!
He thinks beauty is more important than talent!
그가 결정한 방식**이 화가 나요!** 재능보다 외모를 중시하잖아요!

B Sorry to hear that. 그 말을 들으니 좀 그렇다.

도전! 조금 실력이 붙으면 해 볼 만한 말들

I'm very mad that he chose beauty over talent.

그가 재능보다 미모를 선택했다니 정말 화가 난다.

mad는 '화가난'이라는 뜻의 형용사. 이 단어 뒤에 전치사 at과 명사, 또는 접속사 that과 문장을 붙여 말할 수 있다. choose A over B는 'B보다 A를 택하다'라는 뜻이다.

The way he decided really makes me upset.

그가 결정을 내린 방식이 나를 정말 화나게 한다.

upset은 원래의 모습에서 뒤집어진 상태를 떠올리게 하는 말. make [누구] upset이라고 하면 누군가를 대단히 짜증나고 속상하게 만든다는 뜻이다.

변신! 다른 상황에서 응용할 표현들

This is so annoying! 정말 짜증나요!!

끝없이 밀려드는 스팸 메일이라든가 조용한 도서관에서 껌 씹는 소리, 영화관에서 울리는 휴대폰 벨 소리 등은 모두 짜증나고 화나는 annoying한 일들이다. annoying phone calls는 '짜증나는 전화', annoying pop ups는 짜증나는 팝업 창을 말한다. annoying은 무언가가 나를 짜증나게 한다는 의미를 담고 있다.

완성! 네이티브처럼 말하기

This is driving me crazy. 이 상황 때문에 나 정말 미치겠어!

어떤 상황 속에서 대단히 화가 나고 짜증난다고 할 때. '상황'을 가리키는 This를 주어로 해서 말하는 표현이다.

This is totally unacceptable! 이건 도저히 받아들일 수 없는 거라고!

역시 '상황'을 주어로 해서 말하는 표현. 도저히 받아들일 수 있는 상황이 아니라고 말할 때 사용한다.

I just can't take it anymore! 나 도저히 더는 못 참겠어!

자신이 그 상황을 참는 데 한계를 느낀다고 할 때 사용한다.

26 낙담·분노하기 - ⑷ 강한 분노

How could...!

도대체 어떻게 ~할 수가!

"아니 도대체 어떻게 이럴 수가!"라며 정말 기가 막히는 상황이 생겼을 때 말하는 표현입니다. 이 뒤에는 "어떻게 이런 일이 일어날 수가 있지!", "당신이 어떻게 이럴 수가!" 등 다양한 말이 이어질 수 있습니다.

실제 상황 SOS

아직 하늘을 날지 못하는 아기 독수리. 어미 독수리가 어느 날 멀리 떨어진 곳에 먹이를 두고 그냥 날아가 버렸습니다. 자신을 위해 그러는 줄도 모르는 아기 독수리는 엄마를 원망하는데….

STEP 1 당장 떠오르는 키워드!

1. 재빨리 분위기 파악!

"어쩜 나한테 이럴 수가 있어요!"라고 원망하는 상황. 도저히 믿어지지 않을 정도로 놀라고 당황했다는 것을 강조해서 말하고자 합니다.

2. 핵심단어 떠올리기

당신이 어떻게 ~할 수가 있나요!	나에게	이런 일을	하다
How could you	**to me**	**this**	**do**

STEP 2 상황 종료, 미션 해결!

How could you do this to me!

상대에게 강한 놀라움과 원망의 감정을 전하려고 할 때 일단 How could you...라고 시작합시다. 이때 How can you...라고 하면 황당함이나 경악은 별로 전달되지 않고 그냥 "어떻게 그렇게 할 수 있느냐?"라고 상대의 '능력'에 대해 묻는 말이 되므로 꼭 could를 사용합니다. 다음 '그런 일을 내게 하다니'라는 의미로 do this to me라고 덧붙이면 됩니다.

STEP 3 자신있게 말해 보자!

A **How could you do this to me!** 나한테 어쩜 이럴 수가 있어요!

B Calm down, honey. I got you some food. Now try some.
진정해라, 얘야. 먹을 것 좀 갖고 왔어. 좀 먹어 보렴.

도전! 조금 실력이 붙으면 해 볼 만한 말들

How dare you! 감히 어떻게 그럴 수가!

"감히 네가 덤비는구나."라고 할 때 쓸 만한 말이다. 좀 더 자세하게 말하고 싶다면 How dare you say that! 즉, "어떻게 감히 그런 말을 할 수가 있죠?"처럼 표현할 수 있다.

I'm surprised at you. 나 너한테 놀랐어.

be surprised at…은 '어떤 일, 상황, 사람 등에 대해 깜짝 놀라다'라는 표현. 위 예문의 경우는 상대의 의외의 행동에 당황했다는 뜻으로 쓰였다. 좋게 해석하면 "너한테 그런 면이 있었나?"라고 묻는 말일 수도 있고 반대로 크게 실망했다는 뜻으로도 말할 수 있다.

변신! 다른 상황에서 응용할 표현들

Can you be any more stupid than that?

그 이상 더 어리석게 행동할 수도 있나요?

How could you be so stupid!(어떻게 그렇게 어리석을 수가 있지?)라는 말을 한 번 더 돌려서 오히려 상대방을 더 무안하게 만드는 경우라고 할 수 있다.

I don't think I know you anymore.

당신이라는 사람을 더 이상은 모르겠군요.

I don't think… 다음에 이런 식으로 문장을 이어 말하면 '나는 ~라고는 생각하지 않는다'라는 부정적인 견해, 느낌 등을 돌려서 말하는 셈이 된다.

완성! 네이티브처럼 말하기

Come on, you can't be serious!

이봐요, 설마 진담으로 그러는 건 아니겠죠?

상대방의 행동이나 태도가 답답할 정도로 이해하기 어렵다고 할 때. on, can't, se- 부분에 힘을 주어 조금 더 길게 발음한다.

I never thought you would do such a thing.

당신이 그런 일을 할 거라고는 미처 생각하지 못했었는데.

상대방에 대한 강한 실망과 배신감마저 가진다고 표현할 때 사용한다.

I trusted you. 난 널 믿었었는데.

짧지만 단호하고 강하게 상대방에 대한 강한 배신감과 실망을 말할 때 사용한다.

Exercise 26

Part Ⅰ 문장을 만들어 보세요.

박자에 맞추어 문장을 점점 늘려가며 따라해 보세요.

sold out
the tickets were sold out
I'm disappointed that the tickets were sold out.

disappointment
was a disappointment
The show was a disappointment.

expectations
my expectations
live up to my expectations
It didn't live up to my expectations.

decided
the way he decided
I'm angry at the way he decided!

upset
makes me upset
That really makes me upset!

at him
mad at him
I'm very mad at him.

to me
do this to me
How could you do this to me!

▶▶ 정답 및 해석 p. 248

Part Ⅱ 대화를 완성하고 따라해 보세요.

1 우선, MP3를 듣기 전에 대화 속 괄호 안에서 맞는 것을 고르세요.
그리고, MP3를 듣고 따라하면서 자신이 고른 것이 맞는지 확인하세요.

극장 앞 / 철수, 선희

선희 (How / What) a shame!
I'm so (disagreed / disappointed) that the tickets were sold out.

철수 I'm sorry. I (could've / should've) bought them earlier.

선희 You know I really (wished / wanted) to see the movie.

철수 I know. Well, I saw the preview and it didn't look good.

선희 Really?

철수 Oh, yeah. It didn't (get up / live up) to my expectations.

선희 Hmm, don't (have / get) your hopes up too (big / high), remember?

철수 You still remember that?

2 먼저 대화를 영어로 완성한 후, MP3를 듣고 따라하면서 확인하세요.

회사 / 과장, 철수

철수 What? But you said I can take a whole week off!

과장 I know. But the boss says he'll need you there at the meeting.

철수 어떻게 저한테 이러실 수 있어요? 정말 화나려고 해요.

과장 이 회사에서 일 돌아가는 방식에 나도 정말 화가 나요!

철수 Well,... okay. I'll see what I can do.

과장 Ha ha ha! Gotcha! This is so funny!

철수 Come on! You really scared me!

27 놀라기 - (1) 경악하기

I can't believe it!

믿을 수가 없군요!

놀라운 소식이나 믿기 어려운 말을 듣고 충격 받았을 때, "믿을 수가 없다.", "그게 정말이냐?" 라는 말을 영어로 어떻게 표현할 수 있을까요?

실제 상황 SOS

친구가 애인과 헤어졌다고 합니다. 글쎄 남자 친구가 다른 여자를 만나고 있었다나요. 세상에 그럴 수가! 정말 괜찮은 사람이라고 생각했는데….

STEP 1 당장 떠오르는 키워드!

1. 재빨리 분위기 파악!

세상에 그런 일이! 도대체 믿을 수 없다고 말해 봅시다. "난 그 사람 그렇게 보지 않았는데…"라고도 한마디 덧붙이고 싶네요.

2. 핵심단어 떠올리기

~할 수 없다	믿다	그런 일	생각했다	그 사람	좋은 사람
can't	**believe**	**it**	**thought**	**he**	**a good man**

※ 꼭 알아야 할 표현: believe / thought / a good man

STEP 2 상황 종료, 미션 해결!

I can't believe it! / I thought / he was a good man!

'기가 막히다, 믿을 수 없다, 충격적이다'라고 할 때에는 일단 I can't believe it!이라고 하세요. "난 이렇게 생각했는데 그게 틀렸다니!"라고 덧붙이려면 I thought...라고 시작하면 좋겠네요. 소위 '좋은 사람, 믿을 만한 사람'을 가리켜서는 a good man이라고 합니다.

STEP 3 자신있게 말해 보자!

A My boyfriend was dating my best friend!
내 남자 친구가 내 제일 친한 친구랑 사귀고 있었어!

B What? **I can't believe it**! I thought he was a good man.
뭐? **믿을 수가 없군!** 좋은 사람인 줄 알았는데.

도전! 조금 실력이 붙으면 해 볼 만한 말들

I can't believe what I'm hearing! 정말 내 귀가 의심스러워!

I can't believe 다음에 it이라고만 해도 되지만, 조금 구체적으로 얘기하고 싶다면 what I'm hearing이라고 덧붙여 보자.

That's unbelievable. 믿을 수 없는 얘기군요!

이번에는 이미 있었던 일이나 상황(that)을 주어로 하고 '믿을 수 없는'이란 뜻의 형용사 unbelievable을 사용해서 표현해 보자.

How is that possible? 어떻게 그럴 수가 있죠?

"어떻게 그런 일이 가능하지?"라고 강하게 반문함으로써 있을 수 없는 일, 또는 있어서는 안 될 일이 일어난 것에 대한 놀라움을 표현하는 말이다.

변신! 다른 상황에서 응용할 표현들

I don't believe you. 못 믿겠는걸.

동사 believe를 can't 대신에 don't와 함께 쓰면 충격적이라는 표현이 아니라 정말 의심이 가서 믿을 수 없다는 뜻이 된다. 그러나 이 말은 간혹 지나치게 겸손해하는 상대방에게 '그런 겸손의 말을 곧이곧대로 믿을 수는 없다.'라는 뜻으로 쓰이기도 한다.

완성! 네이티브처럼 말하기

This is ridiculous! 이건 말도 안 되는 일이야!

어떤 상황이 말도 안 될 정도로 이해할 수 없다고 말할 때. 이때 ridiculous를 발음하면서 중간에 di- 부분을 강하게 올려주듯 말한다.

This just doesn't make any sense! 이건 도저히 말도 안 돼.!

중간에 just는 아무래도, 도저히 정도의 뜻으로 강조하는 역할을 한다. 어떤 상황이 전혀 상식 밖이라고 강하게 말할 때 사용한다.

This just throws me off. 이건 정말 나를 너무 당황하게 하는걸!

너무나 당황스러울 정도로 의외의 상황에 대해 말할 때 사용한다.

27 놀라기 - (2) 상황을 강조하는 경우

It's so surprising that...

~라니 정말 놀랍군요.

놀라운 소식을 들었을 때 surprise를 이용해서 표현하는 방식은 여러 가지가 있죠. 앞에서처럼 놀란 사람이 주어가 되는 경우는 'be동사+surprised'의 형태를 이용해서 말하고, 놀라운 사실이 주어가 되면 현재분사를 써서 'be동사+surprising'으로 표현할 수 있습니다. 다양하게 주어를 달리하여 말해 봅시다.

실제 상황 SOS

항상 내 말에는 "이의를 제기합니다."라며 반대만 하던 친구가 오늘 회의에선 뜻밖에도 나의 제안에 동의를 했답니다. 어머, 웬일이지?

STEP 1 당장 떠오르는 키워드!

1. 재빨리 분위기 파악!

당신이 내 생각에 동의를 하다니? '그것이' 놀랍다고 말합시다. 어떤 사실에 대해 놀랍다고 말하는 것이니 가주어 it을 씁니다.

2. 핵심단어 떠올리기

놀라운 일이었다	그가	내 말에	동의했다
It was surprising	he	with me	agreed

※ 꼭 알아야 할 표현: agree with

STEP 2 상황 종료, 미션 해결!

It was so surprising / that he agreed with me.

'그가 내 말에 동의했다.'(He agreed with me.)라는 사실 자체가 '놀라운 일'이라는 의미의 주어입니다. 그렇지만 주어가 너무 길어지므로 가주어 it을 대신 써서 It was surprising...으로 문장을 시작한 뒤, 다시 주어를 that 뒤에 따라오는 절로 설명해 줍니다.

STEP 3 자신있게 말해 보자!

A **It was so surprising that** he agreed with me.
그가 내 말에 동의하다니 정말 놀랍군.

B Well, actually, I was surprised, too. 음, 사실 나 역시 놀랐어.

도전! 조금 실력이 붙으면 해 볼 만한 말들

I was so surprised to hear that. 난 그 말을 듣고 깜짝 놀랐지요.

이번에는 놀란 당사자인 I를 주어로 해서 'be동사+surprised'로 이어 말한 경우다. 그 뒤에는 'to+동사원형'을 사용해서 '~를 하게 되어'라는 의미를 살려 말해 보자.

I never expected him to agree with me.
그가 나한테 동의할 줄은 진짜 몰랐어.

expect someone to do something은 '어떤 사람이 어떤 행동을 하리라고 기대하며, 예상하다'라는 뜻이다.

변신! 다른 상황에서 응용할 표현들

What a pleasant surprise! 이렇게 기쁜 일이!

What a surprise!에 반가움을 강조해서 말할 때 pleasant를 넣는다. 그렇다고 전혀 반갑지 않은 일에 갑자기 놀랐다고 해서 bad나 awful 같은 형용사를 대신 넣어 말하지는 않는다.

Are you serious about learning Japanese?
일본어 배우겠다는 거 정말인가요?

Are you serious?는 들은 말에 대해 의심하면서 정말 그러냐고 반문하는 표현. 상대방의 특정한 상황에 대해 정말 그렇게 할 것이냐고 물을 때는 전치사 about을 사용해 Are you serious about learning Japanese?(너 정말 일본어 배울 거니?)와 같이 쓰기도 한다.

완성! 네이티브처럼 말하기

(I mean) Who would have thought?
(그러니까) 아니 누가 생각이나 했겠느냐고요?

그 상황이 전혀 예상할 수 없었다는 것을 반문하듯 말하는 표현이다.

I've never even imagined that. 난 전혀 상상조차 하지 못했었죠.

상상조차 하지 못했다고 말할 때 사용한다.

He's full of surprises. 그 사람 정말 사람 놀라게 하는 데는 뭐 있다니까!

어떤 사람을 가리켜서 놀라게 하는 재주가 있다는 식으로 말할 때 사용한다.

27 놀라기 - ⑶ 반문하기

Isn't it amazing that...?

~라니 정말 대단하지 않아요?

'~하지 않아요?'와 같은 부정의문문은 의도적이면서도 부드러운 권유의 의미를 포함합니다. 상대방에게 나의 느낌이나 생각에 동의를 구하며 묻는 말이죠. "그렇게 부자인 사람이 겸손하기까지 하다니 정말 멋지지 않아요?"처럼 긍정적으로 말한다면 amazing 같은 형용사를, 아주 끔찍한 일이었다고 한다면 horrible 같은 단어를 사용해 보세요.

실제 상황 SOS

어렵게 고학으로 대학을 마친 친구가 결국 변호사가 되겠다는 꿈을 이루었다는 소식을 들었습니다. 나도 다른 동창에게 어서 말해 줘야겠네요!

STEP 1 당장 떠오르는 키워드!

1. 재빨리 분위기 파악!

일단은 내가 '대단한 일'이라고 생각한다는 것에 대해 상대방에게도 은근히 동의를 구하며 말을 겁니다.

2. 핵심단어 떠올리기

그렇지 않아요?	대단하죠	그가	변호사	되다
Isn't it	amazing	he	lawyer	become

STEP 2 상황 종료, 미션 해결!

Isn't it amazing that / he became a lawyer?

거의 감탄조로 마치 물어보듯 하는 말. Isn't it amazing...으로 말문을 연 다음 주어와 동사를 갖춘 문장을 만들어 that을 이용해 이어 말합니다. 여기서는 '그가 변호사가 되었다'라는 뜻으로 he became a lawyer를 붙이면 되는데, 이때에도 시제에 유의하세요!

STEP 3 자신있게 말해 보자!

A **Isn't it amazing that** he became a lawyer?
그가 변호사가 됐다니 **놀랍지 않아?**

B That's wonderful! He worked hard. He deserves it.
대단하다! 그 사람 열심히 공부했지. 그럴 만해.

도전! 조금 실력이 붙으면 해 볼 만한 말들

It really amazes me that he actually made it!

그가 결국 해냈다니 정말 놀랍고 대단한 일이에요!

역시 주어인 '그가 해냈다는 것'(that he made it)이 너무 기니까 이를 간단히 it이라는 가주어로 대체해서 문장 앞머리에 둔 경우다.

I never thought he could make it. Did you?

그가 해낼 줄은 꿈에도 몰랐어. 넌?

never thought...는 '~인 줄은 미처 몰랐다'라는 뜻. 뜻밖의 결과에 놀랐음을 강조하는 표현이다. 부가의문문 Did you?의 뒤에는 물론 think he could make it이 생략된 것이다.

변신! 다른 상황에서 응용할 표현들

I'm not surprised. 난 그럴 줄 알았어요.

직역하면 '나는 하나도 놀라지 않는다.'이지만 이는 곧 '이런 결과가 있을 줄 뻔히 알고 있었다.'라는 뜻. 좋은 일이나 나쁜 일 모든 경우에 쓰일 수 있다.

Wasn't that expected? 그건 당연한 일 아니었나요?

be expected, 즉 '이미 기대되던 바'라는 의미의 표현을 이용해서 반문하는 표현. "사실 놀랄 일도 아니지 않냐?"라고 상대방의 동의를 구하는 말이다.

완성! 네이티브처럼 말하기

(That's) Awesome! 끝내주는군!

주로 격의 없는 상황에서 간단하지만 강하게 한마디로 감정을 표현하는 말이다.

How cool is that? 와, 그거 정말 멋지지 않아요?

상당히 많이 쓰는 표현. "이 정도면 정말 ~하지 않아요?" 라면서 마치 묻는 말 같지만 확신을 가지고 상대방의 동의를 구하는 표현으로 가벼운 뜻으로 쓰인다. 여기서는 cool과 끝에 오는 that을 강하고 길게 말한다.

That's incredible! 저거야 말로 대단하군!

경우에 따라서 That에 힘을 주기도 하고 빼기도 한다. "저거야말로! ~대단하군!" 이라고 할 때는 That에 힘을 주고 심지어 그 뒤에 약간의 pause를 두기도 한다.

Exercise 27

Part Ⅰ 문장을 만들어 보세요.

박자에 맞추어 문장을 점점 늘려가며 따라해 보세요.

with me
he agreed with me
It was surprising that he agreed with me.

hear that
surprised to hear that
I was so surprised to hear that.

a lawyer
he became a lawyer
Isn't it amazing that he became a lawyer?

made it
he made it
It amazes me that he made it!

make it
he could make it
I never thought he could make it.

it
believe it
I can't believe it!

man
a good man
he was a good man
I thought he was a good man!

Part Ⅱ 대화를 완성하고 따라해 보세요.

1 우선, MP3를 듣기 전에 대화 속 괄호 안에서 맞는 것을 고르세요.
그리고, MP3를 듣고 따라하면서 자신이 고른 것이 맞는지 확인하세요.

통화 중 / 철수, 선희

철수 **After tomorrow, you'll be Mrs. Lee.**

선희 **I know. I can't wait!**

철수 **Actually, it is so (exciting / surprising) that time flew so fast!**

선희 **It only seemed like yesterday that you proposed to me.**

철수 **When I proposed to you, I was so (surprised / surprising) to hear 'yes' so soon.**

선희 **What?**

철수 **I never (supposed / expected) you to agree with me so easily.**

선희 **So, I was easy?**

철수 **No, no, I mean I was so happy that you said 'yes' so soon. That's all.**

2 먼저 대화를 영어로 완성한 후, MP3를 듣고 따라하면서 확인하세요.

선희 아버지의 회사 / 선희, 선희 아버지

아버지 **Sun-hee! What are you doing here in my office?**

선희 그냥 아빠 놀라시게 해드리려고요.

아버지 **Well,** 너 왔단 얘기 듣고 깜짝 놀랐다.

선희 아빠, 아빠의 어린 딸이 결혼을 한다니 놀랍지 않으세요?

아버지 **It is. And I'm really happy for you.**

선희 제가 결혼을 하게 되다니 저도 믿어지지 않아요.

정답 및 해석

Exercise 01 ~ 27

Exercise 정답 및 해석

Exercise 01

1 (afternoon/evening/morning) / (Not really/That's right) / (meeting you/to meet you) / (a little/a lot) / (Of course/Not at all) / (been waiting to/been looking forward to)

해석 철수: 안녕하십니까? / 과장: 안녕하세요? 당신이 철수 씨 맞지요? / 철수: 그렇습니다. 뵙게 돼서 반갑습니다. / 과장: 저도요. / 철수: 말씀 많이 들었습니다. / 과장: 좋은 얘기만 들었다면 좋겠네요. / 철수: 그야 물론이죠. 전부터 뵙기를 고대하고 있었습니다.

2 Hi, everybody! Long time no see! / Good to see you! / I've really been looking forward to seeing you. / It's good to be here!

해석 선희: 얘들아, 안녕! 정말 오랜만이다! / 동창: 반갑다, 야! / 선희: 너희들 정말 빨리 만나 보고 싶었어. / 동창: 나도 그랬어. / 선희: 이렇게 오니까 참 좋다!

Exercise 02

1 (Will I/May I) / (what do you do/whats you do)

해석 사서: 성함과 전화번호 좀 알려주시겠습니까? / 철수: 그러죠. 제 이름은 이철수, 영어로는 L-E-E C-H-E-O-L S-U입니다. 그리고 제 전화번호는 555-1243이고요. / 사서: 네, 됐습니다. 그리고 뭘 하시는 분이죠? 학생이신가요? / 철수: 아, 전 컴퓨터 프로그래머입니다. 컴퓨터 회사에서 일하죠.

2 Is that you, Mi-ra? / What brings you here? / What are you doing here? / Let's get together some time. / See you around.

해석 미라: 실례지만, 철수 아니니? / 철수: 너 미라 아냐? / 미라: 세상에, 정말 오랜만이다! 여긴 어쩐 일이야? / 철수: 도서관 대출증 만들고 있었어. 이 근처에 살거든. 그런 너는 여기서 뭐 하는 거야? / 미라: 나 여기서 일하잖아! 야, 우리 언제 한번 뭉치자! / 철수: 좋지. 그럼 또 보자!

Exercise 03

1 (listen/hear) / (know/see) / (looked out/found out) / (guessed/heard)

해석 민경: 미라 얘기 들었니? / 순영: 걔가 뭐 어쨌는데? / 민경: 걔 요즘 데이트하는 거 알아? / 순영: 뭐?! 정말 말도 안 돼! 난 걔랑 제일 친한 친구인데 그런 줄도 몰랐다니! / 민경: 근데 걔 남자 친구에 대해서 내가 뭘 또 알아냈게? / 순영: 뭔데? / 민경: 글쎄, 듣자 하니까 이미 여자 친구가 있대!

2 Guess what I found out about Cheol-su today. / You won't believe this. / I heard he got a new girlfriend. / I can't believe this!

해석 현진: 오늘 내가 철수에 대해서 뭘 알게 됐는지 알아? / 민식: 뭔데? / 현진: 들어도 믿지 못할 걸. 듣자 하니 새로운 여자 친구가 생겼다고 하더라. / 민식: 말도 안 돼! 걘 이미 여자 친구 있잖아! / 현진: 난 정말 믿을 수가 없어! 난 철수가 어떤 앤지 안다고. 걘 그런 애가 아니야! / 민식: 그리고 선희가 얼마나 좋은 여자앤데. 철수가 걔한테 그럼 안 되지!

Exercise 04

1 (What's / How's) / (felt / heard) / (would appreciate / would help)

해석 현진: 안녕, 철수야. 어떻게 지내? / 철수: 별로 나쁘진 않지 뭐. / 현진: 선희 씨는 어때? / 철수: 음, 잘 지내고 있어, 고맙다. / 현진: 철수야, 실은 너에 대해서 이상한 소리를 들었어. / 철수: 무슨 소리야? / 현진: 내가 너에 대해 들은 얘기를 해줘도 되겠니? / 철수: 그래 주면 고맙겠는걸. / 현진: 좋아.

2 I can't believe this! / I really appreciate it. / Don't mention it. I'm glad I could help. / And I'm sorry. / That's all right.

해석 철수: 정말 믿을 수가 없군! 너 나 알잖아! 그건 사실이 아냐! / 현진: 그래, 난 널 믿어. / 철수: 어떻든, 그 소문 얘기해 줘서 고마워. 정말 고맙게 생각해. / 현진: 무슨 그런 말을. 도움이 되었다니 다행이다. / 철수: 그리고 미안하다. 너희들 걱정하게 만들었구나. / 현진: 괜찮아.

Exercise 05

1 (like your/think that) / (Yours/That) / (suits/fits) / (won't have to/shouldn't have) / (if I reserve/if I deserve)

해석 철수: 자기 그 새로운 머리 스타일 마음에 드는걸. / 선희: 고마워. 자기 입고 있는 그 셔츠 좋다. 색깔이 자기랑 잘 어울려. / 철수: 고마워. 있잖아, 자기 주려고 뭐 사왔어. 자, 여기. / 선희: 정말 이러지 않아도 되는데…. 어머나! / 철수: 마음에 들어? / 선희: 마음에 들고말고! 하지만 이건 너무 비싸잖아. 내가 이런 거 받아도 되는 건지 모르겠다. / 철수: 있잖아, 나랑 미라 사이에 있었던 일 정말 미안해. / 선희: 미라가 누구야?

2 I shouldn't have said that. / You really didn't have to tell her that. / Hmm, I like the idea.

해석 민식: 뭐? 걔가 미라에 대해서 몰랐단 말야? / 철수: 그렇다니까. 그런 얘긴 하지 말았어야 했는데! 나 정말 바보였어! / 민식: 너 정말 그런 말은 할 필요가 없었어. / 철수: 그래서 나 그 두 사람을 서로 소개시킬까 해. / 민식: 흠, 그거 좋은 생각 같다. 아마도 그 둘이 친구가 될 수도 있겠지.

Exercise 06

1 (get you/give you) / (Would you/How about) / (will you/would you)

해석 철수: 저…, 뭐 마실 것 좀 가져다 줄까? / 선희: 아니, 됐어. / 철수: 그럼, 맥주나 뭐 다른 것 어때? / 선희: 됐다니까. 게다가 난 지금 몸이 별로 좋지 않아. 아무것도 못 먹겠어. / 철수: 그래, 그럼 우리 오늘 밤 영화 보러 갈까? / 선희: 아니, 그럴 기분 아니야. / 철수: 어휴, 왜 그래? 아직도 내 말을 못 믿는 거지, 그렇지?

2 I think you should try it on. / Feel free to talk in there. / would you like to try on this jacket?

해석 미라: 어이, 철수야! 안녕! / 철수: 아, 안녕, 미라!… 반갑다. / 미라: 멋진 스웨터네! 너 그거 아무래도 꼭 입어봐야겠다. 그거 입으면 아주 멋질 것 같은데! / 철수: 그래? 음…. / 점원: 두 분이 친구이신가 봐요? 잘됐네요! 저기 접견실이 있는데, 거기서 편하게 얘기 나누시죠. / 철수: 아, 됐어요. 나가려던 참이었어요. / 점원: 네, 그럼, 이 재킷 입어보시겠습니까? / 철수: 아뇨, 괜찮습니다. 저…, 나중에 올게요. 미안해, 미라야! 나중에 보자!

Exercise 정답 및 해석

Exercise 07

1 (glad/nice) / (listened/heard) / (something/a lot) / (Could you/Would you) / (could/would) / (nice/good) / (I would/I'd love to)

해석 철수: 정희 씨, 만나게 돼서 반가워요. 민식이한테서 얘기 많이 들었어요. / 정희: 그래요? 자기 내 얘기 뭐 했어? / 민식: 물론 좋은 것만 얘기했지. / 철수: 뭐 마실 것 좀 드실래요? / 정희: 아, 그냥 물이면 좋겠어요, 감사합니다. / 철수: 그러죠. 참, 클럽에서 찍었던 사진이 방금 나왔는데. 볼래요? / 민식: 물론이지, 어서 보여줘!

2 I wouldn't miss it for the world. / You bet! / Absolutely! / That would be nice.

해석 민식: 그건 그렇고, 너 올 수 있는 거지, 응? / 철수: 야, 세상을 다 준대도 내가 네 결혼식에 빠질 수는 없지! / 민식: 고마워. 근데, 너 결혼식 끝나고 우리 공항까지 좀 태워 줄 수 있냐? / 철수: 당연히 되고말고! 그리고 비행기편 확인하는 것 잊지 마! / 민식: 그럼! 그런데 차가 밀릴까봐 걱정이야. / 철수: 식 끝나면 짐을 다 차에다 실어 둘게. 그럼 어떨까? / 정희: 그렇게 해 주면 좋겠네요.

Exercise 08

1 (wish to/love to) / (can't/won't) / (hope/wish) / (can/could) / (asking/offering)

해석 철수: 여보세요, 김철수입니다. 어떻게 도와드릴까요? / 미라: 안녕, 철수. 나야, 미라. / 철수: 오, 그래, 잘 있었니? / 미라: 철수야, 이번 토요일에 나 조그맣게 집들이할 건데 와줄래? / 철수: 이번 토요일? 오, 가고는 싶지만 안 되겠다. 그날 다른 계획이 있어. / 미라: 늦게 와도 되는데. / 철수: 나도 그럴 수 있으면 좋겠는데, 파티에 갈 일이 있거든. 그래도 물어봐 줘서 고맙다.

2 I think I can do it myself. / Thank you, but I'm okay.

해석 철수: 나 요리 무지 잘하는 거 알잖아. 너 도와줄 수 있어. / 선희: 고맙지만 혼자 할 수 있을 것 같아. / 철수: 그래. 아, 그거 정말 무겁겠다. 내가 대신 들어 줄게. / 선희: 정말 됐어. / 철수: 제발, 내가 해줄게! / 선희: 고맙지만 난 괜찮대도!

Exercise 09

1 (would you/do you) / (Can you/Do you)

해석 철수: 안녕하세요? 방해해서 미안하지만 차 좀 빼주시겠어요? / 여자: 왜요? 무슨 일이죠? / 철수: 제 차를 막고 있어서 그래요. 지금 가봐야 하거든요. / 여자: 오, 그렇군요. 미안합니다. / 철수: 아닙니다. 감사합니다. / 여자: 그 의자 좀 치워 주시겠어요? / 철수: 그럼요. / 여자: 고마워요. 늦지 않아야 할 텐데요. / 철수: 아직은 괜찮아요. 고맙습니다.

2 do me a favor, will you? / I'd like you to proofread the speech by this afternoon. / I want you to start now. / please email it to the president for me. / I'd like to send this package to the US. Can you mail it for me?

해석 과장: 미스터 리, 한 가지 부탁 좀 들어 줄래요? / 철수: 네, 뭐든지요. 뭘 해드릴까요? / 과장: 오늘 오후까지 이 연설문을 좀 교정해 줬으면 좋겠어요. 할 수 있겠어요? / 철수: 아, 네. 길이가 얼마나 되죠? …12페이지라! 와! 음, 최선을 다해 볼게요. / 과장: 좋아요. 지금 당장 시작하세요. 그리고 나면 그걸 나 대신 사장님께 이메일로 보내 주세요. / 철수: 네, 그러겠습니다. / 과장: 아, 그리고 이 소포를 미국으로 부치고 싶은데, 좀 부쳐 줄래요? / 철수: 물론이죠.

Exercise 10

1 (Are you/Can you) / (Maybe/Certainly) / (For fun/With pleasure) / (I'm happy to say/I'm afraid)

해석 선희: 남자 친구 줄 선물을 고르는 중인데 좀 도와주실래요? / 점원1: 물론이죠. 음, 이 다이어리는 어떠세요? / 선희: 아주 좋은 걸요! 그럼… 이걸로 할게요. 포장해 주실래요? / 점원1: 기꺼이 해드리고말고요. 잠깐만요. 매리, 여기 좀 도와줄래? 이것에 맞는 상자를 못 찾겠어. / 점원2: 미안하지만 안 되겠는 걸. / 점원1: 그러지 말고. 손님이 기다리시잖아. / 점원2: 음, 나도 그러고 싶은데, 나 지금 정말 가야 해. 미안. / 선희: 어, 됐어요. 그냥 집에 가지고 갈게요. / 점원1: 정말 죄송합니다.

2 Sun-hee, I'd like you to finish the report today. / I really don't think I can. / I'm afraid I can't do that.

해석 상사: 선희 씨, 그 보고서 오늘까지 마쳐 주세요. / 선희: 아, 죄송하지만 그렇게는 정말 할 수 없을 것 같은데요. / 상사: 그래요? 그럼 내일 아침까지는 어때요? / 선희: 죄송하지만 그러기도 어려울 것 같아요. 사실 오늘 밤에 정말로 중요한 미팅이 있거든요. 정말 죄송해요. 하지만 내일 12시까지는 다 해놓기로 약속할게요. / 상사: 음, 그럼 됐어요. 당신은 항상 열심히 일하니까. 걱정하지 말아요.

Exercise 11

1 (see/look) / (could/should) / (I were you/I am you)

해석 철수: 괜찮으세요? 별로 안 좋아 보이세요. / 과장: 머리가 쾅쾅 울리는 것 같네요. 벌써 며칠 됐어요. / 철수: 이런. 그렇다면 의사한테 가보셔야죠. / 과장: 아니, 괜찮아요. 난 병원 가는 거 딱 질색이거든요. / 철수: 글쎄, 저라면 마사지를 받으러 가겠어요. / 과장: 스포츠 마사지 말인가요? / 철수: 그렇죠. 저도 머리가 깨질 듯 아팠을 때 많이 도움이 됐거든요.

2 Cheol-su, can you get me some coffee, please? / Sorry, but I don't think you can drink coffee. / I don't think that's a good idea. / I really think you shouldn't do that.

해석 과장: 철수 씨, 나 커피 좀 가져다 줄 수 있겠어요? / 철수: 죄송하지만 커피 드시면 안 될 텐데요. / 과장: 아, 당신 말이 맞아요. 한약 먹고 있다는 걸 깜박했네. 그럼, 일 끝난 후에 한잔 어떨까? / 철수: 그것도 별로 좋은 생각 같지 않은데요. / 과장: 맥주 몇 잔 정도는 괜찮겠지. / 철수: 그러시면 정말 안 돼요. / 과장: 알았어, 알았다고요. 철수 씨, 꼭 우리 할머니 같군요!

Exercise 12

1 (get/see) / (it's/you're) / (idea/thought) / (we will/we should) / (look/see) / (thought/point) / (much time/no time)

해석 민식: 정말 이해가 안 가는군. 뭐 때문에 이렇게들 늦는 거지? / 정희: 걱정 마. 이 시간에 교통이 얼마나 막히는데. / 민식: 하긴 자기 말이 맞다. 그래도 그렇지… / 선희: 우리 늦겠다. 전철 타자. / 철수: 좋은 생각이야. 아무래도 그래야겠어. / 선희: 참, 선물 사야 돼! 자기 제일 친한 친구가 승진했잖아! / 철수: 자기 말은 이해가 되는데 그래도 그럴 시간 없어. / 선희: 에이, 그러지 말고 꽃이라도 사자고요.

2 I think you're right. We should do that. / I don't think so.

해석 철수: 자, 이제 프레젠테이션 준비는 전부 된 거지? / 현진: 그런 것 같아. 그래도 혹시 모르니까 복사본 하나 더 만들어 놓자. / 철수: 네 말이 맞아. 그러는 게 좋겠다. / 현진: 그리고 OHP 기계가 잘 작동하는지도 확인해 보자. / 철수: 그럴 필요는 없다고 보는데. 미스 진이 우리 대신 벌써 확인했어. 게다가 시간도 별로 없고.

Exercise 정답 및 해석

Exercise 13

1 (Will I/May I) / (being/feeling) / (I want to/I'd like to) / (this/that)

해석 철수: 오늘 좀 일찍 가도 될까요? 몸이 안 좋아서요. / 과장: 창백해 보이는군. 그래, 집에 가서 좀 쉬어요. / 철수: 감사합니다. / 민식: 어, 저도 집에 일찍 갔으면 하는데요, 괜찮을까요? / 과장: 왜요? 당신도 어디 아픈가요? / 민식: 아니요, 그냥 저… / 과장: 그 보고서 작성 다 끝냈어요? 나 내일까지 그거 필요해요! / 민식: 그게, 거의 다 되어 가는데요, 하지만… / 과장: 그리고 내일 아침에 공항에서 존슨 씨 픽업하는 것 잊지 말고요.

2 Would it be okay if I stay at your place tonight? / That's alright. All I need is a place to stay tonight. Am I asking too much?

해석 민식: 아, 묵을 방이 없네요. 어떻게 하죠? / 존슨: 아, 전 지쳤어요. 제가 오늘 밤 댁의 집에서 좀 신세 져도 괜찮을까요? / 민식: 아…네. 하지만 집이 엉망이에요. / 존슨: 괜찮아요. 그저 오늘 밤 묵을 곳만 있으면 되니까요. 제가 너무 무리한 부탁을 하는 건가요? / 민식: 아니죠! 제가 영광이죠! 자, 가시죠.

Exercise 14

1 (did you/was there) / (any idea/no idea) / (Please tell me/Don't tell me) / (if you can tell me/go ahead and tell me)

해석 사장: 김 과장, 보고서 나한테 넘기기 전에 한번 봤나요? / 과장: 왜요, 뭐 잘못된 거라도 있습니까? / 사장: 정말 모른단 말입니까? / 과장: 무슨 말씀이신지 전 전혀 모르겠는데요. / 사장: 설마 본인이 직접 하지 않은 것은 아니겠지요? / 과장: 물론 제가 했죠. 하지만 완벽하다고 생각했는데요. 저, 뭐가 잘못됐는지 말씀해 주실 수 있으면… / 사장: 그럼, 우리 저녁이나 먹으면서 함께 얘기해 보면 어떻겠습니까? / 과장: 그거… 좋은 생각이십니다, 사장님.

2 Don't tell me there was a problem with that report. / You have no idea how hard I worked on it. / You have no idea how embarrassed I was!

해석 과장: 철수 씨, 지금 얘기 좀 할 수 있을까요? / 철수: 그럼요. 어, 설마 보고서에 문제라도 있었던 것은 아니겠죠. / 과장: 그거 당신이 직접 한 건가요? 사실대로 말해 주세요. / 철수: 예…, 제가 했습니다. 무슨 문제라도 있었나요? / 과장: 숫자가 틀렸어요! 잘못 계산되었다고! / 철수: 뭐라고요? 그럴 리가 없어요! 제가 얼마나 열심히 그 일을 했는지 과장님은 모르실 거예요. / 과장: 철수 씨야말로 내가 얼마나 민망했는지 정말 모를 거야!

Exercise 15

1 (thought/opinion) / (more better/much better) / (that/so) / (As I see it/As I think) / (when/if)

해석 과장: 스티븐 킹의 새 책 『진저브레드』 읽어 봤어요? / 철수: 물론이죠. 전 그의 대단한 팬이거든요. / 과장: 그래, 그 책 어떻게 생각해요? / 철수: 글쎄, 제 생각으로는 그의 다른 책들보다 훨씬 낫던데요. / 과장: 그런 가요? 글쎄, 내가 보기에는 『사인』이 최고였던 것 같던데. / 철수: 그럴지도 모르죠. 하지만 『진저브레드』는 제가 단연코 제일 좋아하는 책이에요. / 과장: 어쨌든 내 생각을 말하자면, 킹이야말로 세계 최고의 작가인 것 같아요. / 철수: 물론이죠. 저도 그렇게 생각합니다.

2 What do you think about this book, Sun-hee? / As I see it, this is the best book he's ever written. / If you ask me, ***Gingerbread*** is the best book ever!

해석 철수: 선희, 이 책 어떤 것 같아? / 선희: 『진저브레드』? 내가 보기에는 이 책이 그가 쓴 것 중에 최고인 것 같아! / 철수: 그래? 정말 그렇게 생각해? / 선희: 그렇고말고! 난 이 책 정말 좋아해! / 철수: 나도 그래! 내 생각을 말하자면, 난 『진저브레드』가 최고의 책이라고 생각해! / 선희: 두말하면 잔소리지!

Exercise 16

1 (you'll do/you would be) / (study/job) / (I imagine/I guess) / (I think/I'm sure) / (of course/maybe)

해석 미라: 나 다음 주에 런던 가. / 철수: 휴가로? / 미라: 아니 내 공부 때문에. 나 거기 대학으로 가. / 철수: 정말? 난 전혀 몰랐었어. / 미라: 조금 걱정돼. / 철수: 난 네가 거기서 아주 잘 해낼 것 같아. / 미라: 그래. 나도 잘 지낼 것 같아. 하지만 매일 시험을 봐야 한다고 하더라! / 철수: 걱정 마. 넌 아주 잘할 거라고 난 확신해. / 미라: 고마워. 어렵겠지만 어쩌면 그렇게 바쁜 일정을 좋아하게 될지도 모르지. / 철수: 그럼.

2 Maybe he does. / I'm sure his health is okay. / I think he will move closer to the company.

해석 철수: 이한중 씨의 이력서입니다. / 과장: 고마워요. 흠, 이 친구 어떤 것 같아요? 조금… 약해 보이지 않나? / 철수: 그렇게 보일지도 모르죠. 하지만 그는 그 분야에서 경험이 많습니다. 그의 건강은 별 탈 없을 거라고 확신합니다. / 과장: 좋아요. 그런데 회사에서 너무 멀리 사는군요. / 철수: 곧 회사 근처로 이사 올 것 같은데요. / 과장: 당신이 이 사람에 대해 어떻게 그리 잘 알죠? / 철수: 사실은 제 사촌이거든요.

Exercise 17

1 (I suppose/I don't think) / (sure think so/never thought of that) / (guess/doubt)

해석 현진: 오늘 구름이 정말 많이 끼었군. / 철수: 응, 그래도 오늘 비올 것 같지는 않아. / 현진: 잘됐네. 나 우산 없는데. 그런데 말이야, 오늘이 김 과장님 생신이거든. 우리 선물 하나 해드리는 거 어때? / 철수: 그거 좋은 생각이다. 흠, 난 그런 거 생각도 못했는데. / 현진: 실은 미스 조가 깜짝 파티를 준비하고 있거든. / 철수: 정말? 하지만 오늘 사무실에 돌아오실 것 같지는 않은데. / 현진: 뭐? 아니 어째서? / 철수: 편찮으셔서 일찍 댁에 들어가셨거든.

2 I can't make up my mind. / I'm not sure if he'll like this. / I doubt if he'll ever wear suspenders.

해석 점원: 자, 어떤 것으로 하실지 결정하셨나요? / 현진: 나한테는 다 좋아 보여요. 마음을 못 정하겠네요. / 철수: 이건 어때? 그분 파란색 좋아하시잖아. / 점원: 좋습니다! 이것으로 선물 포장해 드릴게요. / 현진: 그분이 과연 이걸 좋아하실지 모르겠어. / 철수: 분명히 좋아하실 거야! 파란색 좋아하신다니까! / 현진: 그분이 이런 멜빵을 하고 다니실지 난 상당히 의심스러운걸.

Exercise 18

1 (on/with) / (on/with)

해석 철수: 전 이 건물을 금연 지역으로 해야 한다고 생각해요. / 현진: 사실 저도 그 의견에 동의해요. / 과장: 아니, 다들 왜 그래요? 그럼 흡연자의 권리는 어떻게 하지? 자, 자, 내 생각에 동의하는 사람? / 현진: 이 안에 신선한 공기가 더 필요하거든요. / 철수: 전 늘 골치가 심하게 아파요. / 과장: 알았어요, 생각해 볼게요. 자, 이제 점심이나 하러 가죠. / 철수: 그건 좋은데요, 과장님, 점심 먹는 중에는 담배 피우지 말아 주세요, 네? / 과장: 알았어요, 알았다고.

2 Well, I agree with you that we need to make a better working environment. / Exactly! / Then, do you agree that we need to make this building smoke-free? / Absolutely!

해석 과장: 글쎄, 물론 좀 더 나은 작업 환경을 만들어야겠다는 점은 사장님께 동의합니다. / 사장: 어젯밤 TV에서 한 다큐멘터리 봤나요? / 과장: 흡연에 관한 것 말씀이세요? / 사장: 맞아요! 와, 충격적이었어요! / 과장: 그럼, 이 건물을 금연 지역으로 만들자는 데 찬성하시는 건가요? / 사장: 물론이죠! 그럼 나도 좀 더 쉽게 담배를 끊을 수 있겠죠!

Exercise 19

1 (I need to agree/I have to disagree) / (can't/won't) / (I won't/I don't) / (we can do that/we must do that) / (point/question)

해석 사장: 이젠 정말 감원을 고려할 때가 됐군! / 철수: 저도 상황을 이해하겠습니다만 그 부분은 부득이 반대해야겠습니다. 사실 저희는 더 채용을 해야 할 형편입니다. / 과장: 사람이 더 많으면 생산성도 그만큼 올라갈 수도 있지만 난 우리가 당장 그럴 수 있는 여유가 있다는 데는 동의할 수 없군요. / 사장: 나도 그렇게 생각하지 않아. 곧 우리가 그럴 수 있을 것 같지는 않네. / 철수: 그럼 다음 달이면 채용을 시작할 수 있을까요? / 사장: 그거 좋은 질문이야. 안됐지만 지금 당장으로서는 말해 주기가 곤란하네.

2 No way! / that's the thing. / No, I didn't mean that.

해석 철수: 결국 오늘 사람들이 인원 감축 얘기를 하더군. 나 해직되면 어떻게 하지? / 선희: 절대 그럴 리 없어. 너는 열심히 일하잖아! / 철수: 하지만 사람들도 그렇게 생각할까? / 선희: 음, 바로 그게 문제긴 하지. / 철수: 무슨 말이야? 사람들이 내가 열심히 일하는 걸 알아주지 않을지도 모른다는 얘기야? / 선희: 아냐. 난 그런 뜻이 아니었어. / 철수: 미안. 내가 긴장하고 있나 봐.

Exercise 20

1 (getting more mysterious/getting more curious) / (annoyed/surprised) / (inside/out of) / (diving/dying)

해석 철수: 뭐 읽어? / 선희: 아무것도 아니야. / 철수: 에이, 더 궁금해지잖아. / 선희: 요리책이야. / 철수: 와, 정말 자기한테 놀랐는걸! 내 말은, 진짜 멋있다고! 그래, 이제 나한테 뭐 만들어 줄 건데? / 선희: 그건 왜 물어? / 철수: 그냥 궁금해서. 사실, 자기가 처음 만들어 주는 음식 빨리 맛보고 싶어 죽겠다고!

2 I'm really curious about marriage itself. / I wish someone could tell me in detail about married life. / I wonder what makes a happy marriage.

해석 현진: 난 결혼 그 자체에 대해서 참 궁금해. / 철수: 난 누군가 결혼 생활에 대해 좀 자세히 말해 줬으면 좋겠어. / 현진: 그래, 과연 행복한 결혼 생활을 만드는 것이 뭘까. / 철수: 음, 내 생각엔 신뢰가 가장 중요한 것 같아. / 현진: 동감이야. 사랑 말고도 신뢰와 지원이 핵심임에 틀림없어. / 철수: 뭐가 되었든 간에, 나는 최선을 다할 준비가 되어 있어!

Exercise 21

1 (would be/will be) / (must be/are going to be) / (would not go/are not going) / (aren /are) / (forgot to/had no idea)

해석 철수: 우리 서두르는 게 좋겠어. 교통이 끔찍하게 혼잡할 거라고. / 선희: 어머, 방에 가방을 두고 왔네! / 철수: 자, 어서! 이러다가 우리 영화 상영 시간에 늦겠어! / 선희: 오케이, 이제 됐어! 가자. / 철수: 이런! 자기 정말 그 슬리퍼 신고 가려는 건 아니겠지? / 선희: 뭐가? 어머, 이렇게 바보 같아! 아직도 슬리퍼를 신고 있다는 생각을 전혀 못했지 뭐야!

2 Acually, I've been thinking about it for a long time. / I'm thinking of travelling around, just you and me. / I know we I become great parents! / I never expected you get upset like that.

해석 철수: 그래, 우리 아이는 몇 명이나 가질지 생각해 봤어? / 선희: 사실은 나 오래 전부터 생각해 왔는데 말야. 그냥 우리끼리 여행이나 하면 어떨까 해. / 철수: 아이를 데리고도 여행은 당연히 할 수 있는 거잖아! 우리는 분명히 훌륭한 부모가 될 거라고! / 선희: 하하, 농담이야. 시험해 본 거라고. 미안해. 난 사실 자기가 그렇게 화낼 거라고는 예상하지 못했어. / 철수: 자기야, 우린 세상에서 가장 행복한 가정이 될 거야. 날 믿어. / 선희: 물론 믿지

Exercise 22

1 (I hope/I want) / (I wish/I think) / (your wishes/your hopes) / (Actually/Hopefully)

해석 철수: 그래 결혼식은 어디서 하고 싶어? / 선희: 음, 호텔에서 결혼했으면 좋겠어. / 철수: 뭐? 하지만…그러면 비쌀 텐데. / 선희: 그럼 우리 신혼여행은 어떻게 해? 난 말이야 어딜 갔으면 하냐 하면…. / 철수: 자기야, 제발 기대를 너무 많이 갖지는 마. / 선희: 그게 무슨 소리야? 다른 것도 아니고 바로 우리 결혼 얘긴데! / 철수: 알아. 모쪼록 붐비지 않고 비싸지 않은 곳으로 갈수 있으면 좋겠어.

2 I hope things will work out well for you. / I wish I knew. / I wish you good luck!

해석 철수: 지금 선희가 나한테 무지 화나 있어. / 현진: 왜? 너희들 싸웠어? / 철수: 그런 건 아냐. 다만 선희가 호화스런 결혼식을 올리고 싶어 해서. 하지만 우리는 호텔에서 결혼식 올릴 형편이 안 돼. / 현진: 모든 일이 잘 해결되었으면 좋겠다. / 철수: 어떻게 하면 그녀 마음을 돌려놓을 수 있을까? 충고해 줄 것 없어? / 현진: 나도 그 답을 좀 알았으면 좋겠어. 하지만, 그녀도 틀림없이 이해할 거야. 음, 행운을 빌어!

Exercise 23

1 (I wish/I regret) / (I suppose/I know) / (would/could) / (could've/should've)

해석 철수: 그래 시험은 어떻게 봤니? / 조카: 제발 묻지 마세요. 아주 절망적이라니까요. / 철수: 하지만 너 공부 열심히 했잖아, 안 그래? / 조카: 아니에요. 좀 더 열심히 하지 않은 게 후회된다고요. / 철수: 그래? / 조카: 원했다면 더 열심히 할 수도 있었다고요. / 철수: 그렇게 실망하지 마. 이젠 다 끝났잖아. 어쩌겠어? / 조카: 이제 다 '끝났다'라고요? 그래요, 선생님 말씀을 들었어야 했어요. 하지만 이젠 너무 늦었어요! / 철수: 아니, 아니야. 내 말은 그런 뜻이 아니라고!

2 I should have been more careful with her. / Why didn't I listen to your advice? / Now I'm feeling sorry that I didn't study harder. / you could try if you really wanted to. / I just hope it's not too late to start now.

해석 철수: 그 애한테 좀 더 조심했어야 했어. / 선희: 내가 그랬잖아, 자기 가끔 너무 무심하다니까. / 철수: 내가 생각해도 그런 것 같아. 왜 내가 자기 충고를 듣지 않았을까? / 선희: 자기가 바보 같으니까 그렇지. / 철수: 자기 말이 맞는 것 같아. 있잖아, 난 요즘 내가 왜 공부를 더 열심히 하지 않았는지 후회돼. 유학 장학금도 받을 수 있었는데. / 선희: 사실, 정말 원했으면 해볼 수도 있었던 일이었잖아. / 철수: 지금이라도 시작하기에 너무 늦은 게 아니라면 좋겠는데.

Exercise 24

1 (happy/afraid) / (excited/afraid) / (What of/What if) / (Think/Suppose)

해석 선희: 난 정말… 자기 아버지 만나는 게 겁나. / 철수: 뭐? 농담하지 마! 아버지는 친절하고 좋은 분이셔. / 선희: 그럴지도 모르지. 하지만 난 그분이 나를 좋아하지 않으실까봐 겁이 나. / 철수: 걱정 그만 해, 자기야. 아버지는 자기를 무척 좋아하실 거야. / 선희: 내가 옷 입는 것을 마음에 들어 하지 않으시면 어쩌지? 내가 말하는 투를 좋아하지 않으신다고 쳐보자고. 그럼 어떻게 해야 하지? / 철수: 그럼… 그냥 계속 미소만 지어. 말하지 말고. / 선희: 뭐야? / 철수: 하하하! 자, 어서 가자.

2 What if she's afraid of me? / I'm worried that she might not like my cooking.

해석 어머니: 당신 좀 긴장한 것 같네요. / 아버지: 사실 좀 그래. 그 애가 나를 무섭게 느끼면 어쩌지? 내가 그렇게 다정해 보이지는 않잖아. / 어머니: 어머, 당신도 그걸 알아요? / 아버지: 이거 왜 이래? / 어머니: 농담이에요. 음, 난 그 애가 내가 한 음식을 좋아하지 않을까봐 걱정되네요.

Exercise 정답 및 해석

Exercise 25

1 (This is/That's) / (It's/That's) / (good/happy) / (believe/sure) / (nice/okay) / (must/have)

해석 철수: 우리 드디어 결혼 날짜 잡았어! / 민식: 와, 정말 잘됐다! 축하해! / 미스 송: 잘됐네요! 정말 기쁘네요. / 민식: 그래, 거사를 치르실 날은 언제야? / 철수: 11월 7일. 이거 말 되나? / 미스 송: 어머, 이제 곧이잖아요! / 철수: 그러게요. 준비할 시간이 겨우 한 달밖에 없어요. 그래서 걱정이에요. / 민식: 그래도 괜찮을 거야. / 미스 송: 그래요. 걱정할 필요 없어요.

2 So, you made it! / Oh, I'm sorry to hear that. / But you don't have to worry.

해석 과장: 그래, 드디어 해냈군요! 축하해요! / 철수: 감사합니다. / 과장: 그래, 며칠이나 쉬어야겠나요? 일주일? / 철수: 음, 그러면 좋죠. 그렇지만 회의가 있어서 12일 이전에는 돌아와야 해요. / 현진: 저런, 그거 안됐다. / 과장: 와, 이게 바로 내가 말하는 '프로페셔널'이라는 것이지! 하지만 걱정할 필요 없어요. / 현진: 우리가 처리해 줄게. 그러니까 여유 있게 하라고. 서두를 필요 없어. / 철수: 와, 고맙습니다. 여러분이 최고예요!

Exercise 26

1 (How/What) / (disagreed/disappointed) / (could've/should've) / (wished/wanted) / (get up/live up) / (have/get) / (big/high)

해석 선희: 너무 안타깝다! 표가 다 팔렸다니 정말 실망이야. / 철수: 미안. 내가 좀 일찍 표를 샀어야 했는데. / 선희: 나 이 영화 정말 보고 싶어 했는데. / 철수: 알아. 사실 내가 예고편을 봤는데 별로인 것 같더라. / 선희: 정말? / 철수: 그래. 내 기대엔 못 미치더라고. / 선희: 흠, "너무 기대를 많이 하지는 말아요." 기억나? / 철수: 그걸 아직도 기억하고 있었어?

2 How could you do this to me! I'm getting really angry. / The way things work here really upsets me, too.

해석 철수: 뭐라고요? 하지만 일주일 내내 쉴 수 있다고 하셨잖아요! / 과장: 나도 알아요. 하지만 사장님이 철수 씨가 회의 때 꼭 있어야 한다고 하셨어요. / 철수: 어떻게 저한테 이러실 수 있어요? 정말 화나려고 해요. / 과장: 이 회사에서 일 돌아가는 방식에 나도 정말 화가 나요! / 철수: 어휴,… 알았어요. 어떻게 할 수 있을지 알아볼게요. / 과장: 호호! 속았지! 이거 정말 재밌다! / 철수: 어유, 참! 정말 기겁했잖아요!

Exercise 27

1 (exciting/surprising) / (surprised/surprising) / (supposed/expected)

해석 철수: 내일 이후로는 자긴 김철수 씨 부인이 되는 거네. / 선희: 그러게 말이야. 아, 기다려진다! / 철수: 사실 시간이 그렇게 빨리 가다니 놀라워. / 선희: 자기가 청혼한 게 바로 어제 같은데 말이야. / 철수: 내가 청혼했을 때 난 사실 자기가 그렇게 빨리 'yes'라고 해서 놀랐어. / 선희: 뭐? / 철수: 난 자기가 나한테 그렇게 쉽게 동의해 줄 거라고 예상하지 못했거든. / 선희: 그래서 내가 쉬웠다는 거야? / 철수: 아니, 아니. 내 말은 자기가 그렇게 빨리 'Yes"라고 해줘서 정말 좋았다는 거야. 그거야, 정말.

2 I just wanted to surprise you, dad. / I was surprised to hear that you came. / Dad, isn't it amazing that your little girl is getting married? / I can't believe I'm getting married.

해석 아버지: 선희야! 내 사무실에 어쩐 일이냐? / 선희: 그냥 아빠 놀라시게 해드리려고요. / 아버지: 야, 너 왔단 얘기 듣고 깜짝 놀랐다. / 선희: 아빠, 아빠의 어린 딸이 결혼을 한다니 놀랍지 않으세요? / 아버지: 놀랍지. 그리고 네 덕분에 기쁘기 그지없다. / 선희: 제가 결혼을 하게 되다니 저도 믿어지지가 않아요.

핵심 문장 자동암기 트레이닝

Day 01~27

영어 말하기는 훈련이 중요합니다.
앞서 배운 내용 중에서 핵심 문장을
반복해서 듣고 말하는 트레이닝을 통해서
최종 마무리 연습을 하겠습니다.

DAY 01

MP3를 들으며 반복해서 말하는 연습을 해 봅시다. 굵게 강조된 부분을 힘주어 읽으면서 리듬 언어인 영어의 감각을 익혀 보세요. □에 √표시를 하면서 세 번씩 말해 보세요.

√ 1 2 3

1 당신 얘기 많이 들었어요.

I've heard a lot about you.

√ 1 2 3

2 만나 뵙고 싶었어요.

I've been looking forward to meeting you.

√ 1 2 3

3 여기 오니까 좋다.

It's good to be here.

√ 1 2 3

4 요새 어떻게 지내세요?

How are you doing?

√ 1 2 3

5 요즘 어때?

How's it going?

✓ 1 2 3

6 별일 없어?

What's up?

✓ 1 2 3

7 오랜만에 다시 만나니 반갑네요!

Good to see you again.

✓ 1 2 3

8 이보다 더 좋을 순 없지.

Couldn't be better, thanks.

✓ 1 2 3

9 힘들어.

I'm tired.

✓ 1 2 3

10 어디가 좋지 않은데? / 뭐가 잘못됐는데?

What's wrong?

DAY 02

MP3를 들으며 반복해서 말하는 연습을 해 봅시다. 굵게 강조된 부분을 힘주어 읽으면서 리듬 언어인 영어의 감각을 익혀 보세요. □에 ✓표시를 하면서 세 번씩 말해 보세요.

✓ 1 2 3

1 성함이 어떻게 되세요?

What's your name?

✓ 1 2 3

2 죄송하지만 이름이 뭐라고 하셨죠?

Sorry, what's your name again?

✓ 1 2 3

3 전화번호가 어떻게 되시죠?

May I have your phone number?

✓ 1 2 3

4 이게 웬일이야!

What a surprise!

✓ 1 2 3

5 여긴 어쩐 일이야?

What brings you here?

√ 1 2 3

6 세상 참 좁다! / 널 여기서 보게 되다니!

It's a small world!

√ 1 2 3

7 본 지 꽤 됐지!

It's been a while!

√ 1 2 3

8 그럼 또 보자.

See you around.

√ 1 2 3

9 정말 기가 막히게 좋은 생각이다!

What a great idea!

√ 1 2 3

10 언제 한번 만나자고요.

Let's get together sometime.

DAY 03

MP3를 들으며 반복해서 말하는 연습을 해 봅시다. 굵게 강조된 부분을 힘주어 읽으면서 리듬 언어인 영어의 감각을 익혀 보세요. □에 ✓표시를 하면서 세 번씩 말해 보세요.

✓ 1 2 3

1 여행은 어땠어?

How was your trip?

✓ 1 2 3

2 요즘 어떻게 지내?

How are things with you?

✓ 1 2 3

3 그래, 가족들은 어떻게 지내나요?

So, how is your family doing?

✓ 1 2 3

4 그 프로젝트는 잘돼 가고 있나?

How is that project going?

✓ 1 2 3

5 제인 얘기 들었어?

Did you hear about Jane?

√ 1 2 3

6 제인이 결혼한다는 말을 들었어?

Did you hear that she's getting married?

√ 1 2 3

7 이럴 수가!

I can't believe this!

√ 1 2 3

8 내가 무슨 얘기 들었게!

Guess what I heard!

√ 1 2 3

9 내가 들은 이 소식, 말해도 넌 안 믿을 거야.

You'll never believe what I heard!

√ 1 2 3

10 빌이 나한테 뭘 말해 줬는지 들어도 안 믿을걸!

You won't believe what Bill told me.

DAY 04

MP3를 들으며 반복해서 말하는 연습을 해 봅시다. 굵게 강조된 부분을 힘주어 읽으면서 리듬 언어인 영어의 감각을 익혀 보세요. □에 ✓표시를 하면서 세 번씩 말해 보세요.

✓ 1 2 3

1 도와줘서 고맙습니다.

Thank you for your help.

✓ 1 2 3

2 정말 감사드립니다.

I really appreciate it.

✓ 1 2 3

3 (그런 행동을 하다니) 참 친절하시군요.

It's very kind of you.

✓ 1 2 3

4 그런 말씀 마세요.

Don't mention it.

✓ 1 2 3

5 도움이 돼서 기쁘네요.

I'm glad I could help.

√ 1 2 3

6 전혀요. 제가 감사하죠.

Not at all. I thank you.

√ 1 2 3

7 내 잘못입니다.

It's my fault.

√ 1 2 3

8 그렇다니 정말 유감이네요.

I'm sorry to hear that.

√ 1 2 3

9 정말 괜찮아요.

That's all right.

√ 1 2 3

10 신경 쓰지 않으셔도 돼요.

Please don't worry.

DAY 05

MP3를 들으며 반복해서 말하는 연습을 해 봅시다. 굵게 강조된 부분을 힘주어 읽으면서 리듬 언어인 영어의 감각을 익혀 보세요. □에 ✓표시를 하면서 세 번씩 말해 보세요.

✓ 1 2 3

1 새 헤어스타일 멋진데!

I like your new hair style!

✓ 1 2 3

2 당신이 하고 있는 스카프 참 좋은데요.

I like that scarf you're wearing.

✓ 1 2 3

3 멋진 드레스네요.

That's a nice dress!

✓ 1 2 3

4 그거 좋은 생각 같은데요. / 마음에 들어요.

I like that idea!

✓ 1 2 3

5 그거 당신에게 잘 어울리네요.

That suits you well!

√ 1 2 3

6 이러지 않으셔도 되는데요.

You didn't have to.

√ 1 2 3

7 그런 말은 하지 말지 그랬어.

You shouldn't have said that.

√ 1 2 3

8 정말 이러지 마셨어야 했는데요.

You really shouldn't have.

√ 1 2 3

9 이러시면 안 되는데…….

You didn't need to do this.

√ 1 2 3

10 이런 것 받을 자격이 있는 건지 모르겠네요.

I don't know if I deserve this.

DAY 06

MP3를 들으며 반복해서 말하는 연습을 해 봅시다. 굵게 강조된 부분을 힘주어 읽으면서 리듬 언어인 영어의 감각을 익혀 보세요. □에 ✓표시를 하면서 세 번씩 말해 보세요.

✓ 1 2 3

1 커피 좀 드실래요?

Would you like some coffee?

✓ 1 2 3

2 뭘 드릴까요?

What can I get you?

✓ 1 2 3

3 뭐라도 좀 갖다 드릴까요?

Can I get you something?

✓ 1 2 3

4 사탕 좀 드실래요?

How about some candy?

✓ 1 2 3

5 이제 주문하시겠습니까?

Would you like to order now?

√ 1 2 3

6 메시지를 남기시겠어요, 아니면 나중에 다시 거시겠어요?

Would you like to leave a message or call again later?

√ 1 2 3

7 한번 입어 보지 그래?

Why don't you try it on?

√ 1 2 3

8 맘껏 입어 봐.

Feel free to try it on.

√ 1 2 3

9 그거 입어 보면 좋겠다.

I think you should try it on.

√ 1 2 3

10 좀 쉬지 그러니? / 왜 쉬지 않니?

Why don't you take a break?

DAY 07

MP3를 들으며 반복해서 말하는 연습을 해 봅시다. 굵게 강조된 부분을 힘주어 읽으면서 리듬 언어인 영어의 감각을 익혀 보세요. □에 ✓표시를 하면서 세 번씩 말해 보세요.

✓ 1 2 3

1 콜라 좀 주세요.

I'd like some cola.

✓ 1 2 3

2 커피가 좋겠네요.

Coffee would be very nice.

✓ 1 2 3

3 커피 좀 주세요.

I'd love some coffee.

✓ 1 2 3

4 그러면 좋겠네요.

That would be nice.

✓ 1 2 3

5 네, 좀 주시면 좋지요.

Sure. I would love some.

√ 1 2 3

6 감사합니다. (근데) 조금만 주세요.

Thank you. I'll take just a little.

√ 1 2 3

7 그럼요, 물론이죠!

Yes, I'd love to!

√ 1 2 3

8 세상이 끝나는 한이 있어도 그렇게 할게.

I wouldn't miss it for the world!

√ 1 2 3

9 내기해도 좋아.

You bet!

√ 1 2 3

10 무슨 일이 있어도 꼭 갈게요.

I'll be there no matter what.

DAY 08

MP3를 들으며 반복해서 말하는 연습을 해 봅시다. 굵게 강조된 부분을 힘주어 읽으면서 리듬 언어인 영어의 감각을 익혀 보세요. □에 ✓표시를 하면서 세 번씩 말해 보세요.

✓ 1 2 3

1 아뇨, 괜찮습니다. 배가 불러서요.

No, thank you. I'm full.

✓ 1 2 3

2 고맙습니다만, 저는 됐습니다.

Not for me, thank you.

✓ 1 2 3

3 난 빠질래!

I'll pass!

✓ 1 2 3

4 그냥 둘러보는 거예요.

I'm just looking around.

✓ 1 2 3

5 마음은 굴뚝같지만 안 되겠네요.

I'd love to, but I can't.

√ 1 2 3

6 나도 그럴 수 있으면 좋겠는데 이미 다른 계획이 있어서요.

I wish I could, but I already have plans.

√ 1 2 3

7 꼭 가려고 노력은 해 보겠지만, 실은 정말 못 갈 것 같아요.

I'll try, but I really don't think I can make it.

√ 1 2 3

8 그래도 어쨌든 물어봐 주셔서 고마워요.

Thank you for asking though.

√ 1 2 3

9 고맙습니다만 혼자도 할 수 있을 것 같아요.

Thank you, but I think I can do it myself.

√ 1 2 3

10 다음에 하면 안 될까요?

Can I take a rain check?

DAY 09

MP3를 들으며 반복해서 말하는 연습을 해 봅시다. 굵게 강조된 부분을 힘주어 읽으면서 리듬 언어인 영어의 감각을 익혀 보세요. □에 ✓표시를 하면서 세 번씩 말해 보세요.

✓ 1 2 3

1 차 좀 빼 주시겠습니까?

Would you **please move** your **car?**

✓ 1 2 3

2 괜찮습니까?

Do you **mind?**

✓ 1 2 3

3 죄송하지만 그 전화 좀 (대신) 받아 주시겠어요?

Could you **please answer** the **phone?**

✓ 1 2 3

4 부탁인데, 나 물 좀 갖다 줄래?

Can you **get** me some **water, please?**

✓ 1 2 3

5 우체국에서 소포 좀 찾아다 줄래요?

Can you **pick up** the **parcel** at the **post office** for **me?**

√ 1 2 3

6 부탁 좀 하나 들어줄래요?

Could you do me a favor?

√ 1 2 3

7 이 일을 내일까지 끝내 줬으면 좋겠군요.

I'd like you to finish this by tomorrow.

√ 1 2 3

8 이 편지 좀 부쳐 줘.

Please mail this letter for me.

√ 1 2 3

9 이 짐을 한국에 보내고 싶습니다.

I'd like to send this package to Korea.

√ 1 2 3

10 당신이 나를 꼭 좀 도와줘야겠어요.

I need you to help me.

DAY 10

MP3를 들으며 반복해서 말하는 연습을 해 봅시다. 굵게 강조된 부분을 힘주어 읽으면서 리듬 언어인 영어의 감각을 익혀 보세요. □에 √표시를 하면서 세 번씩 말해 보세요.

√ 1 2 3

1 물론이죠. 해 드릴게요.

Sure, I can do that.

√ 1 2 3

2 문제없어요.

No problem.

√ 1 2 3

3 누워서 떡 먹기죠.

That's a piece of cake.

√ 1 2 3

4 미안하지만 지금은 너무 바빠서 안 되겠는데요.

I'm sorry, but I'm too busy now.

√ 1 2 3

5 나도 도울 수 있으면 좋겠는데 어떻게 해야 할지 모르겠다.

I wish I could, but I don't know how.

√ 1 2 3

6 미안하지만 지금은 못 도와줄 것 같아.

I'm afraid I can't help you now.

√ 1 2 3

7 미안하지만 그 말에는 동의할 수가 없어요.

I'm sorry, but I can't agree with you on that.

√ 1 2 3

8 정말 못할 것 같은데요.

I really don't think I can.

√ 1 2 3

9 정말 죄송합니다만 그렇게 할 수 없을 것 같습니다.

I'm afraid I can't do that.

√ 1 2 3

10 과연 그럴까요?

Do you think so?

DAY 11

MP3를 들으며 반복해서 말하는 연습을 해 봅시다. 굵게 강조된 부분을 힘주어 읽으면서 리듬 언어인 영어의 감각을 익혀 보세요. □에 √표시를 하면서 세 번씩 말해 보세요.

√ 1 2 3

1 너 병원에 가 보는 게 좋겠다.

I think you should see a doctor.

√ 1 2 3

2 너 의사에게 진찰받지 않으면 안 되겠다.

You'd better see a doctor.

√ 1 2 3

3 내가 너라면 의사에게 가 보겠어.

If I were you, I'd go see a doctor.

√ 1 2 3

4 내가 너라면, 나는 거기에 혼자 가지 않을 것이다.

If I were you, I would not go there alone.

√ 1 2 3

5 당연히 그렇게 해야지, 지금 무슨 소리야?

Of course you should, what are you talking about?

√ 1 2 3

6 너 그 치킨 먹지 않는 게 좋을 것 같아.

I don't think you can eat that chicken.

√ 1 2 3

7 그건 별로 좋은 생각 같지 않은걸.

I don't think it's a good idea.

√ 1 2 3

8 정말 그러면 안 될 것 같아.

I really think you shouldn't do that.

√ 1 2 3

9 권하고 싶지 않군요.

I wouldn't recommend it.

√ 1 2 3

10 나라면 그렇게는 하지 않겠어요.

I wouldn't do that.

DAY 12

MP3를 들으며 반복해서 말하는 연습을 해 봅시다. 굵게 강조된 부분을 힘주어 읽으면서 리듬 언어인 영어의 감각을 익혀 보세요. □에 ✓표시를 하면서 세 번씩 말해 보세요.

✓ 1 2 3

1 네 말이 맞는 것 같아.

I think you're right.

✓ 1 2 3

2 아무래도 우리는 그렇게 해야겠군요.

I think we should.

✓ 1 2 3

3 그 생각이 맞는 것 같아요.

I like the sound of that.

✓ 1 2 3

4 두말하면 잔소리지.

You can say that again.

✓ 1 2 3

5 그거 말 되는군.

That makes sense.

√ 1 2 3

6 당신 말이 일리 있는 부분이 있네요.

You have a point there.

√ 1 2 3

7 말씀하시는 건 알겠지만, 시간이 없군요.

I see your point, but we have no time.

√ 1 2 3

8 그럴지도 모르지요. 하지만 우리한테 그럴 시간이 있을까요?

Maybe. But do we have time?

√ 1 2 3

9 우리가 그럴 형편이 된다고는 생각하지 않아요.

I don't think we can afford it.

√ 1 2 3

10 무슨 말인지는 알겠어요.

I see what you mean.

DAY 13

MP3를 들으며 반복해서 말하는 연습을 해 봅시다. 굵게 강조된 부분을 힘주어 읽으면서 리듬 언어인 영어의 감각을 익혀 보세요. □에 ✓표시를 하면서 세 번씩 말해 보세요.

✓ 1 2 3

1 조퇴해도 괜찮을까요?

May I leave early?

✓ 1 2 3

2 몸이 좀 안 좋지 않아서요.

I'm not feeling well.

✓ 1 2 3

3 크게 문제가 되지 않는다면 조퇴했으면 합니다.

If it's not too much trouble, I'd like to leave early.

✓ 1 2 3

4 오늘 좀 일찍 갔으면 하는데요. 괜찮을까요?

I'd like to go home early today. Is that okay?

✓ 1 2 3

5 제가 여기 앉아도 될까요?

Is it okay if I sit here?

√ 1 2 3

6 음식을 여기 가지고 들어가도 되나요?

Can we bring food in here?

√ 1 2 3

7 오늘 당신 집에서 신세 져도 괜찮을까요?

Would it be okay if I stay at your place tonight?

√ 1 2 3

8 내가 무리한 요구를 하고 있는 건가요?

Am I asking too much?

√ 1 2 3

9 난 그저 오늘 밤을 보낼 곳만 있으면 돼요.

All I need is a place to stay tonight.

√ 1 2 3

10 괜찮으시다면 앞줄에 앉고 싶은데요.

I'd like to sit in the front row if you don't mind.

DAY 14

MP3를 들으며 반복해서 말하는 연습을 해 봅시다. 굵게 강조된 부분을 힘주어 읽으면서 리듬 언어인 영어의 감각을 익혀 보세요. □에 ✓표시를 하면서 세 번씩 말해 보세요.

✓ 1 2 3

1 파티에 오지 않다니, 어떻게 된 일이야?

How come you didn't come to the party?

✓ 1 2 3

2 이유를 말씀해 주셨으면 좋겠습니다.

I wish you could tell me why.

✓ 1 2 3

3 왜 그러시는지 말씀해 주실 수 있으신지요?

Can you tell me why?

✓ 1 2 3

4 이 물건에 무슨 하자라도 있었나요?

Was there anything wrong with this?

✓ 1 2 3

5 차이를 알겠어요?

Can you tell the difference?

√ 1 2 3

6 무슨 뜻입니까?

What do you mean?

√ 1 2 3

7 이해가 안 돼요.

I just don't get it.

√ 1 2 3

8 난 컴퓨터에 대해서는 아무것도 몰라요.

I don't know anything about computers.

√ 1 2 3

9 난 전혀 알 길이 없답니다.

I have no idea.

√ 1 2 3

10 그런 걸 저한테 물으시면 안 돼요.

You're asking the wrong person.

DAY 15

MP3를 들으며 반복해서 말하는 연습을 해 봅시다. 굵게 강조된 부분을 힘주어 읽으면서 리듬 언어인 영어의 감각을 익혀 보세요. □에 ✓표시를 하면서 세 번씩 말해 보세요.

✓ 1 2 3

1 내 새 차 어때?

What do you think about my new car?

✓ 1 2 3

2 그것에 대해 어떻게 생각하세요?

How do you feel about it?

✓ 1 2 3

3 어디 네 생각을 한번 말해 봐.

Tell me what you think.

✓ 1 2 3

4 제 생각에는 그 작가의 첫 번째 책보다 나은 것 같아요.

In my opinion, it's better than his first book.

✓ 1 2 3

5 말하자면, 조던이 최고 선수라고 할 수 있지.

Jordan is the best player, if you ask me.

√ 1 2 3

6 제 생각은 이래요.

This is what I think.

√ 1 2 3

7 상관없어. 아무거나 먹을래.

I don't care. I'll eat anything.

√ 1 2 3

8 어떻든 상관없어요.

It doesn't matter.

√ 1 2 3

9 아무거나 좋아요.

Anything will do.

√ 1 2 3

10 그렇게 전혀 신경 쓰이지 않아요?

Don't you care at all?

DAY 16

MP3를 들으며 반복해서 말하는 연습을 해 봅시다. 굵게 강조된 부분을 힘주어 읽으면서 리듬 언어인 영어의 감각을 익혀 보세요. □에 ✓표시를 하면서 세 번씩 말해 보세요.

✓ 1 2 3

1 아마 그 사람도 이미 알고 있을 거야.

Maybe he already knows.

✓ 1 2 3

2 나 오늘 저녁에 올지도 몰라요.

I'll probably come tonight.

✓ 1 2 3

3 다음 기회로 미루죠.

Maybe some other time.

✓ 1 2 3

4 그 사람 성공할 거라고 생각해.

I think he will succeed.

✓ 1 2 3

5 난 반드시 그가 훌륭하게 해낼 거라고 믿는다.

I bet he will do a great job.

√ 1 2 3

6 그럴 수도 있는 것 같은데요.

I think it's possible.

√ 1 2 3

7 넌 분명히 시험에 합격할 거야.

I'm sure you'll pass the test.

√ 1 2 3

8 그녀는 지금 충분히 자기가 알아서 다 잘하고 있는 게 확실해요.

I'm sure she knows what she's doing.

√ 1 2 3

9 그건 시간문제일 뿐이야.

It's only a matter of time.

√ 1 2 3

10 글쎄 과연 그게 그럴까?

Are you sure about that?

DAY 17

MP3를 들으며 반복해서 말하는 연습을 해 봅시다. 굵게 강조된 부분을 힘주어 읽으면서 리듬 언어인 영어의 감각을 익혀 보세요. □에 ✓표시를 하면서 세 번씩 말해 보세요.

✓ 1 2 3

1 오늘은 비가 올 것 같지 않은데.

I don't think it will rain today.

✓ 1 2 3

2 나는 돌아가는 상황이 별로 좋아 보이지 않는 걸요.

Things don't look good to me.

✓ 1 2 3

3 난 그런 생각 해 본 적이 없는데요.

I never thought of that.

✓ 1 2 3

4 그 사람은 그 일을 해내지 못할 거예요.

I doubt he can do the job.

✓ 1 2 3

5 틀림없다.

No doubt about it.

✓ 1 2 3

6 그런 일은 일어나지 않을 거예요.

That's not going to happen.

✓ 1 2 3

7 그가 나를 사랑하는지 아닌지 잘 모르겠어.

I'm not sure if he loves me.

✓ 1 2 3

8 그건 나도 잘 모르겠어.

I'm not sure about that.

✓ 1 2 3

9 결정을 내릴 수가 없다.

I can't make up my mind.

✓ 1 2 3

10 아무것도 확정된 것이 없다.

Nothing's decided yet.

DAY 18

MP3를 들으며 반복해서 말하는 연습을 해 봅시다. 굵게 강조된 부분을 힘주어 읽으면서 리듬 언어인 영어의 감각을 익혀 보세요. □에 ✓표시를 하면서 세 번씩 말해 보세요.

✓ 1 2 3

1 맑은 공기가 좀 더 필요하다는 당신 말에 동의해요.

I agree with you that we need more fresh air.

✓ 1 2 3

2 동감입니다.

I feel the same way.

✓ 1 2 3

3 그 점에 대해서는 저도 당신과 같은 생각입니다.

I'm with you on that.

✓ 1 2 3

4 저도 그렇게 생각해요.

I think so, too.

✓ 1 2 3

5 찬성이야, 반대야?

Are you in or out?

√ 1 2 3

6 난 당신 편이에요.

I'm on your side.

√ 1 2 3

7 바로 그거예요!

Exactly!

√ 1 2 3

8 네, 바로 그겁니다.

Yes, that's it.

√ 1 2 3

9 그렇죠!

There you go.

√ 1 2 3

10 바로 맞았어요!

You're exactly right!

DAY 19

MP3를 들으며 반복해서 말하는 연습을 해 봅시다. 굵게 강조된 부분을 힘주어 읽으면서 리듬 언어인 영어의 감각을 익혀 보세요. □에 ✓표시를 하면서 세 번씩 말해 보세요.

✓ 1 2 3

1 그 점에 있어 나는 당신 의견에 반대해요.

I disagree with you on that.

✓ 1 2 3

2 (마음은 안 그렇지만) 당신의 그 점에는 찬성할 수 없어요.

I can't agree with you on that.

✓ 1 2 3

3 그렇게 말하고 싶지는 않군요.

I wouldn't say that.

✓ 1 2 3

4 그래서는 안 될 것 같아요.

I don't think we can do that.

✓ 1 2 3

5 아뇨, 그런 것 같지 않은데.

No, I don't think so.

√ 1 2 3

6 글쎄요.

That's a good question.

√ 1 2 3

7 그런 뜻이 아니었어.

I didn't mean that.

√ 1 2 3

8 그런 식으로 받아들이지 말아요.

Don't take it that way.

√ 1 2 3

9 내 말은 그런 뜻이 아니었어.

That's not what I meant.

√ 1 2 3

10 (당신이) 나를 오해하셨군요.

You got me wrong.

DAY 20

MP3를 들으며 반복해서 말하는 연습을 해 봅시다. 굵게 강조된 부분을 힘주어 읽으면서 리듬 언어인 영어의 감각을 익혀 보세요. □에 ✓표시를 하면서 세 번씩 말해 보세요.

✓ 1 2 3

1 그 책이 (어떤 내용인지) 궁금해.

I'm curious about the book.

✓ 1 2 3

2 나도 그 책에 대해 좀 알고 싶어요.

I wouldn't mind knowing about the book.

✓ 1 2 3

3 그냥 궁금해서 묻는 건데요.

Just out of curiosity.

✓ 1 2 3

4 그 책에 대해 알고 싶어 죽겠어.

I'm dying to know about the book.

✓ 1 2 3

5 참견 좀 그만해라.

Stop being so nosy.

√ 1 2 3

6 왜 나한테 이래라저래라 하니?

Why are you bossing me around?

√ 1 2 3

7 이 안에 뭐가 있을까요?

I wonder what's inside.

√ 1 2 3

8 누가 이게 뭔지 좀 얘기해 줬으면 좋겠는데.

I wish someone could tell me what it is.

√ 1 2 3

9 그것이 뭔지 정말 알고 싶네요.

I'd really like to find out what it is.

√ 1 2 3

10 아픈 것도 당연하지!

No wonder she got sick!

DAY 21

MP3를 들으며 반복해서 말하는 연습을 해 봅시다. 굵게 강조된 부분을 힘주어 읽으면서 리듬 언어인 영어의 감각을 익혀 보세요. □에 ✓표시를 하면서 세 번씩 말해 보세요.

✓ 1 2 3

1 나 다음 주에 유럽 갈 거예요.

I'm going to Europe next week.

✓ 1 2 3

2 정말 그럴 생각은 아니겠죠?

You're not really going to do that, are you?

✓ 1 2 3

3 나도 바로 그 말을 하려던 참이었어요.

I was going to say the same thing.

✓ 1 2 3

4 우리 사무실 사람들은 다 올 거예요.

I'm expecting everyone from my office.

✓ 1 2 3

5 세 시에 미스터 김을 만나기로 되어 있습니다.

I'm expected to meet Mr. Kim at three.

✓ 1 2 3

6 또 누가 오기로 했어요.

I'm expecting someone.

✓ 1 2 3

7 그런 일은 기대하지 않는 게 좋을 거예요.

I wouldn't expect that.

✓ 1 2 3

8 나 그녀한테 데이트 신청할까 해.

I'm thinking of asking her out.

✓ 1 2 3

9 난 사실 오랫동안 그 일을 생각해 왔답니다.

I've been thinking about it for a long time.

✓ 1 2 3

10 이번에는 유럽에 가 보려고 계획 중이에요.

I'm planning to go to Europe this time.

DAY 22

MP3를 들으며 반복해서 말하는 연습을 해 봅시다. 굵게 강조된 부분을 힘주어 읽으면서 리듬 언어인 영어의 감각을 익혀 보세요. □에 ✓표시를 하면서 세 번씩 말해 보세요.

✓ 1 2 3

1 이번 여름엔 파리에 갈 수 있으면 좋겠어요.

I hope I can go to Paris this summer.

✓ 1 2 3

2 바라건대, 누가 이 일 좀 해결해 주었으면!

Hopefully, someone can resolve this.

✓ 1 2 3

3 지나치게 희망을 걸지는 마세요.

Don't get your hopes up too high.

✓ 1 2 3

4 희망을 가지세요.

Keep your hopes up.

✓ 1 2 3

5 그렇게 되지 않길 바랍니다.

I hope not.

✓ 1 2 3

6 행운을 빌어요.

I wish you good luck.

✓ 1 2 3

7 부디 당신에게 모든 일들이 다 잘되었으면 좋겠어요.

I hope things will work out well for you.

✓ 1 2 3

8 나도 알았으면 좋겠어요.

I wish I knew.

✓ 1 2 3

9 차라리 태어나지 말았으면 좋았을 것을!

I wish I hadn't been born at all.

✓ 1 2 3

10 모든 일이 다 잘 되기를 바랍니다.

I wish you the best of luck.

DAY 23

MP3를 들으며 반복해서 말하는 연습을 해 봅시다. 굵게 강조된 부분을 힘주어 읽으면서 리듬 언어인 영어의 감각을 익혀 보세요. □에 ✓표시를 하면서 세 번씩 말해 보세요.

✓ 1 2 3

1 네 충고를 들었어야 하는 건데.

I should have listened to your advice.

✓ 1 2 3

2 너의 충고를 듣지 않았다니 난 정말 어리석었어.

I was so stupid not to listen to your advice.

✓ 1 2 3

3 왜 그걸 진작 생각하지 못했을까?

Why didn't I think of that?

✓ 1 2 3

4 아니 내가 무슨 생각으로 그랬던 거지?

What was I thinking?

✓ 1 2 3

5 너에게 절대로 말하는 게 아니었어!

I should never have told you.

√ 1 2 3

6 미리미리 준비하지 않은 것이 후회돼.

I regret that I didn't prepare in advance.

√ 1 2 3

7 이제 와서 시작한다고 해서 너무 늦은 것은 아니었으면 좋겠어요.

I just hope it's not too late to start.

√ 1 2 3

8 더 열심히 공부하지 않은 것이 이제 와서 후회돼요.

I'm feeling sorry that I didn't study hard enough.

√ 1 2 3

9 그 당시에는 내가 무슨 생각으로 그랬는지 모르겠어요.

I don't know what I was thinking.

√ 1 2 3

10 분명 정말 원했다면 해 볼 수도 있었던 일이었죠.

I know I could try if I wanted to.

DAY 24

MP3를 들으며 반복해서 말하는 연습을 해 봅시다. 굵게 강조된 부분을 힘주어 읽으면서 리듬 언어인 영어의 감각을 익혀 보세요. □에 ✓표시를 하면서 세 번씩 말해 보세요.

✓ 1 2 3

1 네가 걱정돼.

I'm worried about you.

✓ 1 2 3

2 너 슬슬 걱정되기 시작한다.

I'm getting worried about you.

✓ 1 2 3

3 난 우리 회사의 미래가 우려된다.

I'm concerned about the company's future.

✓ 1 2 3

4 그 선생님은 무서워요.

I'm afraid of the teacher.

✓ 1 2 3

5 유감이지만 안 될 것 같군요.

I'm afraid not.

√ 1 2 3

6 안됐지만 그런 것 같군요.

I'm afraid so.

√ 1 2 3

7 걔가 장미를 좋아하지 않으면 어쩌지?

What if she doesn't like roses?

√ 1 2 3

8 그럼 난 어쩌죠?

What shall I do?

√ 1 2 3

9 난 다른 방도가 뭐가 있는 건가요?

What other choices do I have?

√ 1 2 3

10 하지만 그게 아니라면요?

But what if?

DAY 25

MP3를 들으며 반복해서 말하는 연습을 해 봅시다. 굵게 강조된 부분을 힘주어 읽으면서 리듬 언어인 영어의 감각을 익혀 보세요. □에 √표시를 하면서 세 번씩 말해 보세요.

√ 1 2 3

1 그거 정말 잘됐다!

That's wonderful!

√ 1 2 3

2 정말 기쁘다.

I'm so happy for you.

√ 1 2 3

3 해냈구나!

You did it!

√ 1 2 3

4 잘됐다!

Good for you!

√ 1 2 3

5 괜찮을 거야.

I'm sure it'll be okay.

√ 1 2 3

6 그 일은 신경 쓰지 않아도 될 겁니다.

I'm sure you don't have to worry about it.

√ 1 2 3

7 걱정 마세요. 저 별일 없을 거예요.

Don't worry, I'll be fine.

√ 1 2 3

8 그렇다니 안됐네요.

I'm sorry to hear that.

√ 1 2 3

9 정말 안됐군요.

That's too bad.

√ 1 2 3

10 도울 일이 있으면 언제든 연락해.

If you need any help, let me know.

DAY 26

MP3를 들으며 반복해서 말하는 연습을 해 봅시다. 굵게 강조된 부분을 힘주어 읽으면서 리듬 언어인 영어의 감각을 익혀 보세요. □에 ✓표시를 하면서 세 번씩 말해 보세요.

✓ 1 2 3

1 표가 매진이라니 실망이야.

I'm disappointed that the **tickets** were **sold out.**

✓ 1 2 3

2 그 공연은 정말 실망스러운 것이었죠.

The **show** was a **disappointment.**

✓ 1 2 3

3 그것은 내 기대에 못 미치더라고요.

It **didn't live up** to my **expectations.**

✓ 1 2 3

4 너에게 정말 실망이야.

You really let me **down.**

✓ 1 2 3

5 정말 짜증난다!

This is **so frustrating!**

√ 1 2 3

6 더는 못 참겠어!

I can't stand it anymore.

√ 1 2 3

7 이건 정말 사람 짜증나게 하는구먼!

It's really getting on my nerves!

√ 1 2 3

8 그가 결정한 방식이 화가 나요!

I'm angry at the way he decided!

√ 1 2 3

9 그게 나를 정말 화나게 한다.

That really makes me upset!

√ 1 2 3

10 나한테 어쩜 이럴 수가 있어요!

How could you do this to me!

DAY 27

MP3를 들으며 반복해서 말하는 연습을 해 봅시다. 굵게 강조된 부분을 힘주어 읽으면서 리듬 언어인 영어의 감각을 익혀 보세요. □에 √표시를 하면서 세 번씩 말해 보세요.

√ 1 2 3

1 믿을 수가 없군!

I can't believe it!

√ 1 2 3

2 정말 내 귀가 의심스러워!

I can't believe what I'm hearing!

√ 1 2 3

3 이건 도저히 말도 안 돼!

This just doesn't make any sense!

√ 1 2 3

4 그가 내 말에 동의하다니 정말 놀랍군.

It was surprising that he agreed with me.

√ 1 2 3

5 난 그 말을 듣고 깜짝 놀랐지요.

I was so surprised to hear that.

√ 1 2 3

6 그가 나한테 동의할 줄은 진짜 몰랐어.

I never expected him to agree with me.

√ 1 2 3

7 그가 변호사가 됐다니 놀랍지 않아?

Isn't it amazing that he became a lawyer?

√ 1 2 3

8 그가 해냈다니 놀랍고 대단한 일이에요!

It amazes me that he made it!

√ 1 2 3

9 그가 해낼 줄은 꿈에도 몰랐어.

I never thought he could make it.

√ 1 2 3

10 난 그럴 줄 알았어요.

I'm not surprised.